**教育智慧"久久"丛书**

华东师范大学211三期工程"教师教育的历史传统与实践变革"课题成果之一
教育部人文社会科学重点研究基地华东师范大学基础教育改革与发展研究所
重点课题"以和谐课堂促教学质效的教师专业发展实践研究"阶段成果之一

# 教师金言

## 99则

金忠明 / 主　编
金忠明　杜永清 / 著

上海教育出版社
SHANGHAI EDUCATIONAL
PUBLISHING HOUSE

图书在版编目(CIP)数据

教师金言99则/金忠明,杜永清著.–上海:上海
教育出版社,2013.3(2017.6重印)
(教育智慧"久久"丛书)
ISBN 978-7-5444-3980-0

Ⅰ.①教… Ⅱ.①金…②杜… Ⅲ.①中小学教育
Ⅳ.①G63

中国版本图书馆CIP数据核字(2013)第042767号

责任编辑 黄强华
封面设计 陈 芸

**教师金言99则**

金忠明 杜永清 著

——————————————————————

出 版 上海世纪出版股份有限公司
上 海 教 育 出 版 社
官 网 www.seph.com.cn
易文网 www.ewen.co
地 址 上海永福路123号
邮 编 200031
发 行 上海世纪出版股份有限公司发行中心
印 刷 江苏启东市人民印刷有限公司
开 本 700×1000 1/16 印张21.5 插页2
版 次 2013年3月第1版
印 次 2017年6月第3次印刷
书 号 ISBN 978-7-5444-3980-0/G·3108
定 价 47.00元

——————————————————————

(如发现质量问题,读者可向工厂调换)

# 序 言
## Preface

　　孔子向师襄子学琴，一首乐曲学了十天仍在弹，师襄子说："可以增加学习内容了。"孔子说："我已经熟悉乐曲的形式，但还没有掌握方法。"过了一段时间，师襄子说："你已经会弹奏的技巧了，可以增加学习内容了。"孔子说："我还没有领会乐曲的意境。"过了一段时间，师襄子说："你已经领会了乐曲的意境，可以增加学习内容了。"孔子说："我还不了解作者。"又过了一段时间，孔子神情俨然，仿佛进入新的境界：时而庄重穆然，若有所思，时而怡然高望，志意深远。孔子说："我知道他是谁了：目光深邃，心系苍生，王者气度，胸怀天下，除了文王，还能有谁会写这首乐曲？"师襄子听到后，赶紧起身再拜，答道："我的老师也认为这的确是《文王操》。"（载于《史记·孔子世家》，《韩诗外传》《孔子家语》《列子》等均有记载）这一段故事反映出大教育家孔子好学、善学的精神和品质，也透露出孔子的学习智慧和方法。孔子学琴经历了三个阶段：知识、方法和意境。最后达到豁然贯通的高度，与作曲者心心相印、一脉相承。

　　身处学习型社会和终身教育时代，我们的学生、教师、校长、父母都面临着如何学习的问题。现代人日理万机，苦于没有学习的时间，怎样提供一套适切的读本，通过一个个实例或故事，提升我们的智慧？史载诗三百篇孔子皆弦歌之，以求合《韶》《武》《雅》《颂》之音。礼乐自此可得而述，以备王道，成六艺。说明孔子精湛的艺术素养来自具体的音乐实践。而"熟读唐诗三百首，不会作诗也会吟"之所以至今脍炙人口，也印证了诗歌女神只会眷恋有志之学者。

教育智慧"久久"丛书，拟包括：《教育历史故事 99 则》《校长魅力案例 99 则》《教师金言 99 则》《学生成长案例 99 则》《父母良方 99 则》《健康教育案例 99 则》等。

该丛书是一套定位于普及大众教育知识的雅俗共赏的读物，通过精选富有启迪意义的故事、案例，配以哲理、名言，以史释经，经史结合，分别与教师、学生、父母、校长等分享具体教育情景中的人生智慧。注重趣味性、可读性、操作性、实用性，具有言近旨远、事简义丰的特点。身处快节奏的当代社会，人们忙中偷闲，日读数则，即能于怡情养性中益智添趣，在轻松快乐中邂逅成功。

"久久"与"99"谐音，喻示教育是恒久的事业，教师智慧是教师专业发展的永恒追求，同时意味着本丛书致力于成为具有长久性、延续性、开放性特征的教育读物中的品牌。

金忠明

2012 年 4 月 6 日于沪上

# 目　录
## Contents

# 第一篇

## 关 爱 学 生

教育是引领人成长的神圣事业。俗话说："教育没有情爱，就如无水之池。"没有情感，没有爱，也就没有教育。教书育人是教师的天职，而育人是最根本的，教师不仅要有知识和学问，更要有甘为人梯的人格和品格，有着对学生的一种无私奉献的爱。

教育的秘密是爱学生，因为爱能温暖学生的心，能激发他们前进的动力，能产生神奇的效果。教育是爱的共鸣，是心与心的呼应。教师只有热爱学生，才能公平地对待学生，才能发现他们身上的积极因素，才能因势利导、循循善诱地教育好学生。

热爱学生是教师的天职，是构建和谐师生关系的基础。只有这样，教育才能走进学生的心灵，才会有和谐的师生关系的构建。只有教师爱教育事业，教育事业才会爱教师，教师才能获得事业上的乐趣。只有教师爱学生，学生才会爱教师，在和学生的交往中，教师才会忘记外面的世界，才会忘记生活的烦恼。在教育教学工作中，教师一定要以一颗"博爱"之心对待成长中的每一位孩子，让他们在快乐中健康地成长。只有教师对学生抱以真诚的爱，学生的智力、情感、个性才能顺利发展。

## 第一则
# 爱的力量是无穷的

### 1. 教育絮语

爱是一座无形的桥梁,能沟通师生的心灵;爱是一条宽敞的大道,指向未来美好的理想。只要心中有爱,教师就能赢得学生的喜欢和尊敬。教师的爱,能让学生更健康地成长。教师要用博大的爱来包容学生的一切,在日常教育过程中,教师应该用行动来诠释爱,这种行动本身就是教育。

### 2. 经典案例

语文的熏陶感染作用,往往是隐性的、生成的、长效的、综合的,不能指望立竿见影、一蹴而就。下面是一位特级教师精彩课堂的一个片段:

师:面对同一篇文章,大家可能各有各的体会,这是很正常的。现在,孙老师愿意再一次聆听你们的声音。

生:由"回归大树地下的根",我想到"落叶"不是无情物,化作春泥更护"树"。

师:有意思,这句话孙老师似乎有些耳熟。

生:因为我曾经背诵过"落花不是无情物,化作春泥更护花",其实,不管是护花还是护树,道理都是一样的。

师:这就叫活学活用。孙老师送给你一片枫叶,这片枫叶是我从北京香山上摘来的。(该生双手接过叶子,连声称谢)

生:中国是一棵大树,把56个民族结为一个整体,每一个民族在中国都有自己的位置。地球也是一棵大树,把每一个国家结为一个整体,每一个国家在地球上也都有自己的位置。

师:好!你真是"先天下之忧而忧",把书本与现实结合起来了,这叫活读书。大家掌声鼓励!

生:(十分羞愧)我的爸爸、妈妈离婚了,我们家的这棵大树倒了,他们都不肯要我,我没有自己的位置了……有时,我想到了死。

师:孩子,你是无辜的、坦诚的、坚强的!老师和同学都会关心你,班级就是你的家,学校就是你的家,朋友就是你的家。你的经历和心灵的体验就是你的财富。从中,你会体悟很多,你会学会珍惜自己、珍惜生活!

生:(激动得热泪盈眶)我真想喊你一声爸爸。

师:(总结)叶美,因为有树;树美,因为有叶。如果每一片叶子都很美,那么,这棵大树一定美;如果每一个同学都很美,那么,这个班级一定美;如果每一个人都很棒,那么,这个民族一定有希望!"水尝无华,相荡乃成涟漪;石本无火,对击始发灵光。"课堂上,教师把学生看作心上的朋友,学生就将教师视为眼中的亲人;教师坦诚洒脱,学生就心门洞开;教师柔情似水,学生则情深如海。这样的课堂,哪有心声不能聆听?哪有心灵不能理喻?

**3. 案例分析**

在本案例的教学过程中,教师随时关注着学生的学习情况,注视着学生的思维动向,他的每一句话都说在了点子上,如:"孙老师愿意再一次聆听你们的声音"。学生在孙老师的有效引导下,带着自己的感受与理解,和文本进行亲密接触。

教师在教学时,处处体现了对学生生命成长的真切关爱,通过有目的、有计划、有系统的教学,促进学生的自主发展,拓宽了学生的视野。如:"叶美,因为有树;树美,因为有叶。如果每一片叶子都很美,那么,这棵大树一定美;如果每一个同学都很美,那么,这个班级一定美;如果每一个人都很棒,那么,这个民族一定有希望!"

**4. 案例启示**

在教育教学的过程中,教师的爱不但能感动学生,提高学生的自尊心和自信心,而且能让学生产生自强不息的动力。

**5. 学海泛舟**

德国文化教育学派的主要代表人物斯普朗格认为,教育的本质是以爱作为根本的文化传递过程。他说:"教育是基于对他人的精神施予之爱,使他人的全部价值经由人性及价值创造性从内部发展出来。"因此,他特别强调,教育者的首要条件是对受教育者具有真挚的爱，他甚至认为，所谓教育，就是教育者的爱倾注于受教育者心田的过程。

孔子提倡"有教无类"的办学方针。"有教无类"本来的意思是不分贵贱贫富和种族，人人都可以入学受教育，这体现了关爱学生的思想。爱学生就是不管学生的家庭贫富，不管学生的天资智愚，都能施予爱心。只有有教无类才能显出教育者的无私与伟大。没有爱的教育是教条的、苍白的、失败的。

**6. 智慧心语**

教师要有一颗"爱满天下"的博爱之心，这不仅体现在教师应在思想上、学习上、生活上真诚地关心和爱护学生，更要表现于对学生的尊重、理解和信赖。多尊重、保护学生的自尊心；多激励、增强学生的自信心；多期待、激发学生的上进心。当学生表现出色时，由衷的笑容是最感人的赞扬，能给学生带来快乐；当学生犯错误时，"动之以情，晓之以理"是最有力的教育，能给学生带来希望；当学生缺乏信心时，"老师相信你"是最高明的鼓励，能给学生带来信心。

第二则

# 爱能创造奇迹

## 1. 教育絮语

教育的爱心是一种教育的圣心。爱,是眼神的传递,是心灵的交流,是人与人之间最微妙的情感。教师对学生的爱,是师爱,是一种最能打动学生的心灵力量,是对学生的一种信任、一种尊重以及一种鞭策。师爱,是沙漠中的绿洲,能带给学生清泉;师爱是一颗闪耀着璀璨光芒的北极星,能为学生指明在学海中航行的方向,能为学生的人生旅途点亮一盏灯。

## 2. 经典案例

案例一

我们都是平凡的人,我们虽无法做伟大的事,却可以用小爱来做小事。一个人再穷,也拥有一样东西,那就是爱心。"最穷"的人是那些丢失爱心的人。

25 年前,有位社会学的教授,曾叫班上学生到一个贫民窟,调查 200 名男孩的成长背景和生活环境,并对他们未来的发展做一个评估,结果每个学生得出的结论几乎相同:"这些贫民窟的男孩毫无出头的机会。"

25 年后,其中一个学生当了大学教授,他无意中在办公室的档案中发现了这份研究报告,他对这些男孩目前的光景很好奇,因此,他叫自己的学生继续做追踪调查。调查结果显示:这些已经长大成人的男孩,除了 20 人搬迁或过世,剩下的 180 人中有 176 名成就非凡,其中担任律师、医生或企业家的比比皆是。

这位教授惊讶之余,决定深入调查此事。他拜访了当年被评估的年轻人:"你今日成功的最大原因是什么?"结果每个人都不约而同地回答:"因为我们遇到了一位好老师。"教授找到了这位虽然年迈,但仍然耳聪目明的女教师,请教她到底用了什么神奇的方法,能让这些贫民窟里长大的孩子个个出人头地。这位老太太眼中闪着慈祥的光芒,嘴角带着微笑回答道:"其实也没什么,我爱这些孩子。"

案例二

新调入学校的张老师担任某班班主任,上英语课。

一次,在为全校英语老师展示汇报课时,看到个别学生总是不举手回答问题,于是就说:"下面我提一个简单的问题让差生回答。"谁知,当她连叫三声一个不举手的学生的名字时,那个学生不但没站起来回答问题,反而用眼睛直瞪她,张老师很是尴尬。下课后她找那个学生谈话,想问明原因,但让她想不到的是那个学生先是不吱声,后来说了声"问问你自己吧",然后径直跑开了。张老师红着脸在那里思考这个问题:"问问我自己?这到底是怎么回事啊?"但静下心来一想:"是呀,是该问问我自己了。我来这里上班已经三个月了,但对学生的情况却一点儿也不了解,是该和学生交流思想了。"想到这里,他的气消了一半,心情也平静了许多。下午,六年级召开了主题班会。班会上,张老师说:"今天,老师给同学们每人准备了一张卡片。"他边说边发:"老师送给同学们的是一张'知心卡',正面是由握着的两只手组成的'心'字图案,上面写着你们各自的优点,是老师送给你们的一片爱心和真心的祝福。背面是留给同学给老师写心里话的。谢谢同学们的合作。"

两天内,张老师陆续收到了一些"知心卡"。有学生写道:"老师,您难道没发现调皮鬼已经变了吗?自从上次单元测试我考了 70 分,您不仅表扬了我,还亲切地拍了拍我的肩膀,我兴奋了好几天。从此,我就下决心往好里学。老师,我真心地谢谢你。"张老师看着一张张"知心卡",陷入了沉思,好像觉得应该马上做点什么了。因此,他决定再次召开主题班会。经过一夜的深思,张老师决定推行"以爱为主题"的班级管理方式和教育方法。第二天的主题班会上,张老师郑重宣布:一、从现在起,我愿意和每一个同学交朋友,并坚持"蹲下来"和你们讲话,做到互相尊重,以诚相待。二、开展"爱心帮助特困生"活动。我和班干部带头帮助生活和学习上有困难的学生。三、以后咱们班里再不能有"差生"或"后进生"的说法。张老师的话音刚落,教室里立刻响起了一阵热烈的掌声……

**3. 案例分析**

在案例一中,这位女教师特别爱那些孩子们,正是由于她对学生的爱,才使他们取得了非凡的成就。在案例二中,张老师则在班级的管理和教学中倾注了自己对孩子们的一片爱心,正是由于他对孩子们的爱,才赢得了孩子们的尊重,并使一些平时不受关注的所谓差生有了足够的信心去努力学习。

其实差学生和好学生只有一步之遥,没有一个学生天生就是差生。只要教师能执著地去爱自己所教的那些学生,就能开垦出一片学子们得以成长的沃土,就能为他们创造出一种积极向上的学习氛围,就能激发他们的潜能和创造力。

**4. 案例启示**

教师对学生的关爱是一种巨大的力量,是指引学生人生旅途的一盏明灯。

**5. 学海泛舟**

陶行知在给他儿子陶宏的一封信中写道:"人生最大的目的是博爱。"这封信是陶行知听说陶宏为了帮助一位苦孩子就把自己吃鸡蛋的钱省下来而写的。陶行知认为,作为教师也应该这样,这种行动对于老师来说是高贵的。陶行知热爱儿童,尊重儿童,甚至不耻于以儿童为师,他是教师无私奉献爱心的典范。

裴斯泰洛齐说:"从早到晚我一直生活在他们中间,我的手牵着他们的手,我的眼睛注视他们的眼睛,我随着他们流泪而流泪,我随着他们微笑而微笑。"只要教师以爱心相待,以浓浓的师爱激励学生成长,以无私的爱心给学生阳光和雨露,他们就能健康成长。

**6. 智慧心语**

教师要善待差异,宽容所谓的"差生",对学生富有同情之心。善良、宽容是一个人的美德,更是教师的人格魅力所在。教师要像爱迪生的母亲那样宽容爱迪生,要像利波老板那样宽容法拉第。教师要同情每一位学生,要用心去体会每一位"差生",因为"差生"在一定程度上需要老师更多的关照和帮助。教师在实施各种教育活动时,要与学生平等相处,尊重学生的人格;要消除学生的疑惧心理,对抗情绪,满腔热情地去帮助他们,用爱心去浇灌他们;要主动地接近他们,了解他们的兴趣爱好,赢得他们的信任和爱戴。此外,教师要转变教育观念,树立正确的学生观。学生是具有巨大发展潜力的个体。"差生"虽然在学习上有一定的困难,但他们也是教育过程中享有平等权利的独立个体,当他们被认为是有责任、有能力的学生时,他们就有可能养成良好的性格。

第三则

# 用爱温暖学生的心灵

## 1. 教育絮语

爱是人类永恒的话题，在教育中，爱更是教育者的灵魂和生命。对孩子进行爱的教育，是教育的关键，也是教育的基本要求。爱需要教育，教育也需要爱，爱是教育的生命，爱是教育的催化剂，爱是教育的原动力。没有爱的教育是死亡的教育，不能培养爱的教育是失败的教育。

## 2. 经典案例

在这所乡村学校一个班级的 62 名学生中，没有课本的近 20 人。这些没有课本的学生上课只是坐着，老师们常常称他们为"坐家学生"。然就是其中之一，然的父母为他订购了课本，但然疏于学习，将全套课本卖给了复读的学生，卖书的钱在网吧里挥霍了。

有一次，我正在办公室备课，突然有两个学生跑来找我说，有人到班上来找然，因为他上网欠钱。我便和他们到了教室。教室的讲台上正站着两个社会青年，他们呵斥道："你们告诉然，赶快还账！否则的话别怪我们不客气！"我说："我是然的老师，也是然的亲戚，然欠你们多少钱？这钱够吗？"我边说边拿出一百元钱。他们说"够了"，将钱接了过去，还找给我五十块。我把这两个青年叫到办公室，和他们秘密地做了一笔交易：每阻止然上网一次，我给他们一个小时的上网费。

第二天，然到办公室找我，只对我说了一句话就走了："那五十块钱我会还给你的！"又过了几天，然又到办公室找我："老师，咱班的学生说咱俩是亲戚，真的还是假的？"我听得出然的语气有了缓和的余地，便抓住这次机会说："当然是真的,要不然我怎么会替你还账呢!我是你老师,你是我学生。"沉默了一会儿,然说:"老师,以后我不再上网了。""为什么不去了?"我问。"不知道为什么他们就是不让我上,而且我还欠你五十块钱呢!"然说。"欠我的钱自然是要还的,不过,我不要你用钱还,我要你用一个懂事的然来还,你能做到吗?"然告诉我说,他能做到。从他那种少有的坚毅目光中,我看到了一个全新的他。

后来,在我的教育下,然读了职业中专并学习了数控机床。在元旦前夕,然寄给我一张明信片,写着:"谢谢老师的指引,我再也没有去过网吧,因为我知道,每去一次都会让我欠您更多。"

### 3. 案例分析

"爱"是教育的主题,在这个案例中,作为一名乡村教师,他能设身处地地为学生着想,为了教育因欠网吧的上网费而被两个青年追到学校讨债的然,他从容地应对了当时紧张的局面,并且暗地里与那两个社会青年达成了那桩"交易",阻止了然继续上网,随后再用师生之情感染他,赢得了然的信任和承诺,最终使然得到了转变。在这一过程中,"爱"起着至关重要的作用,他用"爱"的方式唤醒了学生迷惘的心灵。

### 4. 案例启示

教师要用爱心温暖学生,教师对于学生的爱无异于学生心目中的光芒。在教育过程中,教师对于学生的关爱必然会激发学生学习和生活的激情与热情,引导学生走向丰富多彩的人生。

### 5. 学海泛舟

苏霍姆林斯基是一个为了爱孩子而来到这个世界的人。他把35年奉献给了家乡的中小学教育事业,把整个心灵都献给了孩子,在他的生活中最重要的就是"爱孩子",他为3 700名学生做过观察记录,他能指名道姓地讲出几百名最难教育的学生曲折成长的历程。

他在《给儿子的信》中是这样袒露自己心迹的:"我热爱自己所从事的教育工作,因为它的主要任务是认识人、了解人。在工作中,我首先去认识人,从各个方面去观察他们的内心世界。玉石不琢不成器,作为教师,要善于对待,善于琢磨,才能使人成才。教育的艺术就在于能够看到人类精神世界中那些取之不尽的各个方面。"

日本教育家小原国芳说:"爱! 一颗诲人不倦的父母心,一种企望学生提高到自己那种程度的同情心，一种对弱者和失败者的怜悯心，一种对优秀者和日益上进者的尊敬心。这样，生动活泼的教学法就会产生。"

### 6. 智慧心语

在教育工作中，教师一定要关爱自己所教的所有学生，要正确对待品行不良的学生，尤其是要尊重并赏识每一位所谓的"差生"。教师要纠正对"差生"的世俗偏见，要用宽广的胸怀去包容他们，对他们少一些歧视，多一些重视；少一些冷漠，多一份理解。只有这样，教师才有足够的信心和耐心去指导和帮助他们建立自尊心、自信心。

第四则
# 关爱需要持之以恒

### 1. 教育絮语

教师对学生的爱心是教育成功的原动力。在教育工作中,教师要对学生施以同情的理解,对学生的境遇做到感同身受。尤其是对于有学习障碍的学生更要给予足够的关心、爱护以及行之有效的帮助。只有这样,学生们才能健康、快乐地成长。

### 2. 经典案例

2003 年 8 月,当我从其他教师手中接过三年级档案后,便仔细地阅读起来。当翻到小黄的学籍卡时,我格外认真地阅读,深入地思考。这是一个家庭背景比较特殊的学生,其父亲已经去世,母亲也扔下她改嫁,她只能依附在年事已高的祖父母身边。特殊的家庭,养成了她厌恶学习、行为不良的习性。我又向其他教师和她的同班同学了解了情况。经过分析,确定她是一个"学习困难,品格障碍"的学生。如何教育和培养小黄是摆在我面前的一项任务。

首先,我疏通了学校与家庭之间的信息渠道。还没有开学,我就及时地到小黄家进行家访。通过家访,我对她的家庭情况有了基本了解,初步弄清了她在家的表现,知道了她的祖父母在教育孙女上存在的欠缺,也知道了老人"望子成龙"的拳拳之心。我向老人反映了小黄在学校的情况,介绍了特殊家庭教育的几种方法。我又找了几名班级干部和两名与小黄住得比较近的学生,由这几名学生及时向其他教师汇报小黄在校、在家的各种情况。

其次,我会同副班主任(数学老师)、外语老师、班长、纪律委员、学习委员、组长七个人,确定了行为品质、文化知识方面的帮教计划,分阶段、分层次地帮助她。

再次，我细化了对她的评价，分别评价她在校和在家的表现，然后综合评估，明确要求她做到在校和在家一个样。我又客观地评价她的行为，一旦她比过去有进步就给予鼓励，而出现问题时，大家就仔细分析，设法找出原因，以便对症下药。因为她是一个残缺的孩子，我对她给予了特别的关怀，生活上经常问寒问暖，学习上坚持拉差补缺，做到循循善诱，耐心细致。针对她爱拿他人东西的不良行为，我对她进行个别教育，讲了一些她所熟悉的伟人、名人等品行端正、自强不息、自尊自爱的事例。

"锲而不舍，金石可镂"，"人非草木，孰能无情"，师生们孜孜不倦的工作总能换来一定的收获。经过将近一学年努力刻苦的工作，她的学习成绩和品格行为较过去有了明显进步。

**3. 案例分析**

小黄同学由于幸运地遇到了这样一位关心、爱护她的老师，因而也就改变了她自己的人生命运。这个案例明显地展示了这位班主任老师对"后进生"的关心、爱和所采取的有针对性的教育措施。如："我对她给予特别的关怀，生活上经常问寒问暖，学习上坚持拉差补缺，做到循循善诱，耐心细致。"总的来说，在教育小黄这个同学时，班主任老师给予了更多的帮助和关爱，经过一个学年的努力，黄璐璐同学在学习和做人方面都取得了长足的进步。

**4. 案例启示**

教师不仅要了解学生的学习和生活，而且一定要坚持不懈地关爱学生。

**5. 学海泛舟**

夸美纽斯指出："一个乐师，正要演奏而遇到乐器不能应手的时候，只是耐着心重理琴弦，轻拢细捻，使它发出和谐的音调来，绝不会暴躁地把乐器扔在地上，或挥拳把它击成粉碎的，教师对于儿童，不也应该有这样的同情和爱惜吗？"在教育工作中，教师要耐心细致地关爱学生，不管这个学生是特优生、优秀生还是所谓的"后进生"。

**6. 智慧心语**

在教育"学习困难、品格障碍"学生时，教师要在"知、情、意、行"上下功夫。在"知"上，针对其不良认识，摆事实，讲道理；在"情"上，通过感化，使其形成积极而良好的道德情感；在"意"上，为学生养成良好的行为习惯，采用一定的监督措施;在"行"上要注意其良好行为的培养。一言以蔽之,教师要做到"动之以情,晓之以理,导之以行,持之以恒"。教师要用恒心去看待学生的每一步发展,学会耐心地等待学生的转变,还应该不断地挖掘学生身上的闪光点。

# 第二篇

## 尊 重 学 生

教育要从尊重每一个学生做起。"教育成功的秘密在于尊重学生"。教师要尊重学生的人格，尊重学生的情感，尊重学生的思想，尊重学生的个性，尊重学生的差异，尊重学生的兴趣，尊重学生的爱好，尊重学生的创造力。如果在教学中对学生不尊重，经常对他们讽刺挖苦，甚至斥责、辱骂、体罚，其结果就会使学生丧失自信心和自尊心，从而产生逆反心理。

只有尊重学生，教师才能平等地对待每一个学生，才能信任学生，才可能深入学生的内心世界，才能聆听学生的心声，才能准确把握学生的心理状态，才能与学生进行心灵的沟通，收到良好的教育教学效果。学生需要教师的尊重，教育如果能顺应或激发学生的这种需要，就能最大限度地激发学生的潜能。

第五则

# 教育始于尊重

### 1. 教育絮语

人性深处最渴望的就是尊重。教育要从尊重与赏识学生开始。尊重是一个人的立身之本,如果爱是从事教育工作的基础和前提,那么尊重就是实施爱的教育的基础。

### 2. 经典案例

案例一

某纽约商人看到一个衣衫褴褛的铅笔推销员,顿生一股怜悯之情,他把一元钱丢进卖铅笔人的怀中就走开了。但他忽然觉得这样做不妥,就连忙返回,从卖铅笔人那里取出几支铅笔,并抱歉地解释说自己忘记取笔了,希望不要介意。最后他说:"你跟我一样都是商人,你有东西要卖,而且上面有标价。"

几个月后,在一个社交场合,一位穿着整齐的推销商迎上这位纽约商人,并自我介绍:"你可能已经忘了我,我也不知道你的名字,但我永远也忘不了你,你就是那个重新给了我自尊的人。我一直觉得自己是个推销铅笔的乞丐,直到你跑来告诉我,我也是个商人为止。"纽约商人没想到,简简单单的一句话,竟使一个身处窘境的人重新树立了自信心,并通过自己的努力最终取得了可喜的成绩。

案例二

小藤同学经常被各科老师请到办公室里,不是因为作业被老师狠狠地呵斥,就是因为上课不认真听讲、上课没有带书籍等而被老师罚站。有一次,他弯着腰伏在办公桌上补语文作业,头低得快触到作业本了。"坐下来写吧,这儿没有老师坐。"我指着他身边的空椅子说。他摇摇头,两个多小时,就那么弯着腰趴在桌子上写字。我有好几次让他坐下来，可他始终没有坐下。

下课时，他经常一个人站在教室的走廊里，靠着墙，专注地看着别的学生跳皮筋、踢毽子、捉迷藏等，虽然他不参与其中，但他的脸上总是挂着满足和幸福的微笑。"这家伙非常笨，也不努力学习，不用管他了！"其他老师也都这么对我说，虽然作为班主任的我不愿随便放弃一个学生，但是随着时间的推移，老师们的话也渐渐得到了验证。比如说，在我的课上，只有他从不带英语书。有一天，我忍无可忍地把他推到教室的角落里，让他整节课站在那里，就算是对他不带课本的惩罚吧。时间一长，我对他也渐渐失去了仅有的一点爱心和耐心。直到第二次月考的前一天，我在晚自习前走进教室，看到学生们都在认真地复习，只有他的座位空着。"他到哪里去了？"我问。学生们都摇摇头。不会是逃学了吧？我急忙出门去找。这时候，我看到他正抱着粗大的纯净水桶，跟跟跄跄地过来了。我赶快跑过去帮忙并责问道："干嘛不让教工老师来换水呢？"他涨红着脸说道："刘……刘老师，我看他很忙……""刚吃过晚饭，不能搬这么重的东西。"我一边说着，一边抱起水桶。回到教室，他熟练地帮我装好水桶。"平时你经常换水吗？"我问。"是的，有时候刘老师换。"他低声地说。此时的我只有一个感觉：眼前这个脏兮兮的孩子是那么可爱和善良。

从那天以后，在每节英语课上，我都把自己的书借给他，而他也表现出特别高兴的样子。下课时，他会一脸恭敬地把书还给我，书崭新笔挺的，没有一个折角，看得出来他是多么爱惜老师借给的这本书啊。于是，我想法给他买了一本英语书，他可高兴极了。我想，每个孩子都是向善的，每个孩子都渴望得到老师的关爱。也许他永远达不到我们眼里的"优秀"，但只要给他尊重和信任，他也会和别的孩子一样快乐成长，因为他有一颗非常纯洁的心灵，作为老师的我们为什么总感觉不到呢？

### 3. 案例分析

案例一中的纽约商人发自内心的对于一个衣衫褴褛的铅笔推销员的尊重，致使这个推销员有信心去做自己的事，并且取得了好的业绩。

案例二中的学生，由于学习不好，很多老师都认为他是个不求上进的学生，都不去管他，也瞧不起他。可是这位班主任兼英语老师却通过一件偶然的事情（学生主动为班级换水），发现他是一位心地善良的学生，于是在后来的英语课上给予这个学生特别的关注。正是由于受到老师的关爱和尊重，他才得以在学校重新快乐地生活、成长。

**4. 案例启示**

尊重学生是教师从事教育工作的基础和前提。

**5. 学海泛舟**

美国心理学家和教育学家布卢姆主张："所有的学生都能学好。"他的教学理论的核心是"掌握学习"理论，他通过广泛的调查和长期的实验研究发现，学生学习能力的差异并不是人们所想象的那么大。他强调说："世界上任何人都能学习，如果在早先与现在都提供适当的学习条件的话，几乎所有的人都能学好。"因此，布卢姆主张实施"掌握学习"，就是在"所有学生都能学好"的思想指导下，以集体教学（班级授课制）为基础，辅之以经常、及时的反馈，为学生提供个别化的引领以及相应的自修时间，从而使大多数学生达到课程目标所规定的掌握标准。

掌握学习理论基于布卢姆对人的学习抱有乐观的态度，强调教学应该面向全体学生，关键是要改变教师和家长们对待学习者和学习本身的态度。

**6. 智慧心语**

真正理解、尊重学生，不是一件容易的事情。尤其当学生犯错误时，教师更容易忽略这一点，如碰到一些调皮捣蛋的"问题学生"，教师往往会戴着有色眼镜看待他们，极易对这类学生有失尊重。为了有助于了解学生、理解学生，教师要特别注意充分尊重学生，要从细微处做起，尊重学生的意见、尊重学生的自主性。教师要爱学生，爱是尊重的基础。多赞美褒扬，就会增添学生的自信和动力。此外，教师要多亲近学生。教师是师长，也是学生的朋友，在生活中，教师应该和学生多沟通；在教学过程中，应坚持平等相处，以心交心，学会与学生真正交朋友。

## 第六则
# 遵循学生的天性

### 1. 教育絮语

教育工作的核心是尊重学生的天性,因此,教育目的的制定和实施要符合人的天性,应当基于人的天性而改变教育的方式,而不是因教育的程序去扭曲人的天性。教育要与人的天性密切结合,相辅相成,相互促进。

### 2. 经典案例

案例一

一位著名的建筑师设计建造了一组现代化的办公大楼。这是三幢建设在一片空地上遥遥相望的漂亮大楼,建筑师出色的艺术素养得到了淋漓尽致的体现。大楼轮廓初具的时候,看到的人都赞不绝口。

工程快竣工时,工人们问建筑师:"三幢大楼之间的人行道如何铺设?""在大楼之间的空地上全种上草。"建筑师回答。大楼主人和工人们都感到纳闷,但这是著名的建筑师的话,他们不好反对,就在这片空地上全种上了草。

一个夏天过后,在三幢大楼之间和通往外面的草地上,已经被来来往往的行人踩出了若干条小路。这些小路有些因为走的人多,就宽一些,有些因为走的人少,就窄一些,但它们蜿蜒伸展、错落有致,就像是树林间的几条小道。

到了秋天,建筑师又带着工人们来了,他让工人沿着人们踩出的路痕铺就了大楼之间和通向外面的人行道,然后在道路两旁种上了树木和花草。每一个走在这些道路上的人都说:这几条路,是比大楼更伟大的杰作。

案例二

一次,一位世界级的教育家看见有个小女孩在花园里捧腹大笑,他觉得这对一个只有15个月大的孩子来说太不寻常了。女孩坐在平台的砖块上面,全部身心沉浸在一种神往之中。她的四周,美丽的花儿在阳光下生辉,美丽得令人心醉。

教育家非常好奇,便走过去,想知道女孩是不是因为花的美丽才这样愉快的,却失望地发现女孩没有看那些花,她的眼睛盯着地面。教育家仔细地看了看,什么也没有发现。他将困惑的目光又一次移向女孩,想知道答案。女孩还在那里看,看着看着,突然,用一种非常庄重的口吻说道:"瞧,它在那里动呢。"他这才发现,有一只与砖块颜色差不多、微小得几乎看不见的小虫子在地上迅速地移动……

### 3. 案例分析

在案例一中,建筑师用不同的方法创造了两件伟大的作品:一个出自清晰的蓝图,精心雕琢; 个则顺性而为,自然天成。尤其是那几条按人们的"脚印"量身定做的道路,确实耐人寻味,给了学校教育一个最好的启示。它告诉我们,教育在有着清晰目标的同时,更是一个"顺性而为"的过程。

在案例二中,这位教育家因为一次偶然的机会发现了儿童与成人是多么的不同,儿童所做的事情有时成人是无法理解的,儿童有他们自己的天性。这件事给了这位教育家以很大的启示,以至于她终身从事儿童教育的研究,她就是著名的儿童教育家蒙台梭利。

### 4. 案例启示

教师要善于观察,弄清楚每个学生的天性并尊重其天性。

### 5. 学海泛舟

古罗马教育理论家和实践家昆体良在《雄辩术原理》中说:"教学要能配植各人的天赋特长,要沿着学生的自然倾向最有效地发展他的能力。"《雄辩术原理》是西方古代第一部系统的教学法论著,在这本书中,昆体良充分肯定了教育的伟大作用,认为大多数人都具有一个基本的天资禀赋,都能敏捷地思考、灵敏地学习。

一切从学生的年龄特征出发,也就是从学生的自然倾向、个人禀赋出发,是昆体良教育思想的核心,他认为要发挥教育的作用,就必须以人的自然本性为基础,遵循教育对象的天性。儿童的禀赋、爱好、智力各有不同,教育工作者应当根据每个人的特点,运用不同的教育方法,选择适合个人志向的学习内容,使每一个人的独特才能和倾向都能得到充分发展，只有这样，教育才会真正取得良好的效果。

夸美纽斯也认为，教育应当考虑儿童的性格和年龄特征。他在《大教学论》中指出："有些人是伶俐的、有些人是迟钝的；有些人是温柔和顺从的，有些人是强硬不曲的；有些人渴望求取知识，有些人较爱获得机械技巧。"因此，教育应当区别对待他们。

**6. 智慧心语**

教师要尊重学生的差异性和自主选择。每个学生的智力、性格、知识和思想基础不同，所受的外部环境影响和家庭教育也不同，因而形成了各具特色的学习方式，不同的学生学习同一内容的速度及所需要的帮助也不尽相同。教师要充分认识这种差异性并尊重它，因为差异不仅是教育学生的基础，也是学生自我发展的基础。此外，要想提高学生的学习效率，教师就必须尊重学生对学习方法的自主选择。

## 第七则
# 尊重学生的主体性

### 1. 教育絮语

在教育过程中，学生既是教育的对象，又是教育活动的主体，教育能否对学生身心发展起到促进作用，关键之一是要了解学生身心发展的规律。学生在不同年龄阶段会表现出各自不同的特征，教育一定要在尊重学生身心发展规律的基础上，充分发挥学生的主体性。

### 2. 经典案例

小杨同学酷爱文学，自上小学起，就开始阅读有关文学方面的著作，起初是关于文学著作方面的一些简易读本，后来上了初中，不但阅读包括四大名著在内的中国历史上的一些名著，而且还阅读西方文学名著，如托尔斯泰、巴尔扎克、莎士比亚等的著作。通过阅读这些名著，他不但培养了良好的思维习惯和思维能力，而且善于质疑争辩。但是，由于他把大量的时间用在了研读文学名著上，所以学习成绩很一般。此外，由于经常在晚上熄灯后躲在宿舍拐角或洗手间里翻看这类书籍，被管理宿舍的老师和同学们看作是"另类"。

我是小杨同学初中四年的班主任，在他刚上初一年级后不久，我就发现这个学生很特别，对于他特别偏爱文学，我也和他进行过交流，因为他其他课的成绩很是一般，所以当时建议他把尽量多的时间放在各门功课的学习上，阅读文学著作只是当作业余爱好就行，可是他没有听从，仍然把大量时间用在看这些著作上。也就在那个阶段，我接触到了在教育学中要尊重学生主体性的教育理念，于是，我改变了教育观念，我觉得应该尊重他的主体性、他的自我设计，应该接纳这个具有独特思维品质的学生。

因此,我就利用种种机会鼓励他的个性发展,积极支持他参加各种有关文学方面的社团,另外,我还聘请语文老师指导他写一些有关文学方面的论文,并让他参加省、市一级的中学生作文大赛。在老师的鼓励和指导下,他成长很快。在初中四年,在有关文学的知识竞赛和作文大赛方面,他获得了很多荣誉。

在对小杨同学四年的培养和教育中,我深刻地体会到,每一个人都是独一无二的,每一个人都有无限发展的潜能,教师应当尊重每一个学生,让每一个学生觉得自己一定能够成功。

**3. 案例分析**

案例中的学生个性非常鲜明,自小酷爱文学,也就是由于在阅读文学著作方面花掉了太多的时间,以至于他的其他功课成绩平平,但班主任老师没有按照评价其他学生的标准来评价这位同学,而是采取措施积极引导他的个性发展。

教师的教育是在充分尊重他的主体性的基础上进行的,在教师的指导下,他在文学方面的天赋被充分地挖掘了出来。可见,尊重学生的主体性不但能调动学生的积极性,而且还能开启学生的智慧之门,使学生获得了一个自由发展的空间。

**4. 案例启示**

教师要尊重学生的主体性,要结合学生的年龄特征,从学生的爱好和兴趣出发来施教。

**5. 学海泛舟**

意大利幼儿教育家蒙台梭利认为:"儿童发展是有阶段性的,在发展中的每个阶段,儿童均有其特定的身心特点。"她将儿童的心理发展分为三个阶段。第一阶段:0~6岁,这是儿童个性形成的重要时期;第二阶段:6~12岁,是儿童增长学识和艺术才能,有意识地学习的时期;第三阶段:12~18岁,这时儿童进入青春期,身心有了更大的变化,能根据自己的兴趣探索事物。因此,在蒙台梭利看来,为了正确地对待儿童,必须研究、掌握、尊重儿童的心理特点和个性差异,尊重儿童的主体性特征。另外,蒙台梭利特别注重对儿童感官的教育,她认为这是一种"自我教育",她一再强调,"人之所以成人,不是因为教师的教,而是因为他自己的做"。

**6. 智慧心语**

教育必须培养和发展人的理性及心灵。教育的对象是人,教育应该立足于人的立场,构建有利于人的教育过程。学生是教育过程的主体,学生的主体性表现在自主性、能动性和创造性等各个方面。因此,在教育教学工作中,教师要尊重学生的主观能动性,尊重学生的主体性,尽可能地信任学生、理解学生和关心学生。

第八则

# 尊重学生的自尊心

### 1. 教育絮语

无论何时,教师都要牢记,教育从尊重开始。教师要尊重教育事业,尊重自己,尊重学生。教师是学生前进路上的合作者和引导者,而不是指挥者,教师应该放下身架和学生平等说话。

### 2. 经典案例

小晨是一个自尊心极强的男生,他的班主任沈老师有一段时间老觉得小晨在漠视她,并时不时向她表现出挑衅的意味。在那段时间里,小晨经常不带书,不认真听沈老师讲课,还故意惹她生气,作业也不好好做,有时候甚至一字未动就交了上去。开始,沈老师还责令他认真听课,并批评他没有好好做作业。而小晨却始终一副无所畏惧的样子,斜着眼睛爱答不理地瞄着沈老师,像在说:"我就不做,你能把我怎么样?"反倒让沈老师下不了台。有时候,沈老师让同学叫小晨去办公室,他都不去,甚至还有一些"狠话"放出。

随着时间的推移,情况愈演愈烈,小晨竟公然在沈老师上课的时候搞恶作剧,这让沈老师实在忍无可忍,课后将他强行带到了办公室。小晨虽然一副满不在乎的样子,但还是流露出了一些警惕的神情。他以为沈老师会对他爆发满腔怒火,然而沈老师却为他搬来了凳子,让他坐下,但他坚决不坐,在争执中,他的态度明显有了一些改变。沈老师对他说:"你不想坐就不坐吧。老师想真诚地给你道个歉,如果我无意伤害了你,请你原谅老师的过错,好吗?"听了沈老师的话,小晨愧疚地低下了头,眼泪大颗大颗地往下滴,断断续续地告诉了沈老师事情的起因。原来,有一次小晨与同学发生摩擦时,沈老师不问情由地责备了他,并说了句把他扔出教室的话,深深地伤害了他的自尊。

沈老师在知道自己无意间的过失差点毁了一个学生之后,深深地感到内疚。她跟小晨聊了很久,最后还送他回了家。因此,她也了解了他的家庭。最后他们约定,当小晨以后有过失时,沈老师只要稍作提示,他就要知晓并主动改过,如不改,沈老师可以责备他,但他不许生气。有了这个约定之后,小晨彻底改变了。在以后的日子里,沈老师还因为小晨的进步,多次当着其他同学的面表扬了他。这让小晨的学习劲头更大了,经常提前预习,并在下课时与沈老师共同讨论问题。

**3. 案例分析**

学生小晨的表现很是反常,沈老师不知问题出在哪里,但她感觉到这个问题的严重性。于是,在办公室里,她主动而真诚地向小晨同学道歉,沈老师的行动起到了非常大的作用,小晨也对老师敞开了心扉,原来是由于沈老师一次不问情由的责备伤害了小晨,这才导致了小晨不认真学习,甚至公开和老师作对。沈老师的这个道歉不仅换来了小晨同学的理解和尊重,而且激发了他学习的积极性。如果不道歉,沈老师或许永远都不会知道自己究竟在哪个方面得罪了小晨同学,更为严重的是,小晨也有可能就此荒废了学业。

**4. 案例启示**

师生之间的情感交流本身就是一种巨大的教育力量,为了学生,教师可以低下高贵的头颅,弯下尊贵的腰板。

**5. 学海泛舟**

德国教育家雅斯贝尔斯说:"尊重对于教育是不可或缺的,没有尊重,所有的劳作都将是无用功。尊重是所有教育模式的主旨所在。人类的本性要求他承认这条绝对真理的存在。"

英国哲学家和教育思想家约翰·洛克在《教育漫话》中说:"你愿意他向你开诚布公,请教一切吗?那么你便应该去这样对待他,用你自己的态度去取得他的信赖!"师生关系中,教师和学生都应该互相尊重对方。要想赢得别人对自己的尊重,首先就要尊重别人,通过师生间的相互尊重,能架起沟通的桥梁,能产生信赖。

尊重是教育的前提,是一条人人皆知的教育原理。《学记》云:"安其学而亲其师,乐其友而信其道。"有学者进一步论述:"亲其师,信其道;尊其师,奉其教;

敬其师，效其行。"意思是亲近自己的老师，就要相信他的方法；尊重自己的老师，就要听从他的教诲；敬佩自己的老师，就要依照他的做法。也就是说，学生应该尊重教师，但前提是教师要尊重学生，教师如果不尊重学生，怎么能让学生"亲其师，信其道"呢？

### 6. 智慧心语

教师尊重学生的人格在教育教学工作中是至关重要的。教师不要把自己的意志强加于学生，这是尊重学生的最起码要求。一位教育家说过："教师一定要尊重他人，尤其是学生的人格。"学生心灵世界的大厦要靠人格尊严来支撑，没有人格尊严，这座大厦就会崩塌。民主、平等的标志是彼此尊重。教师要尊重学生，首先就要学会宽容和接纳学生。宽容即理解，是对学生人格及自尊心的一种特殊尊重。

## 第九则
# 尊重理解学生

### 1. 教育絮语

教师都知道,理解、尊重学生是教育的前提,可要身体力行并不是一件容易的事情。当学生犯错误时,教师往往忽略了这一点,尤其是碰到一些平时调皮捣蛋的学生,教师更会戴着有色眼镜看待他们。

### 2. 经典案例

方老师是一位英语老师,在一次给学生布置默写英语单词的任务时,要求默写不过关的同学在下午放学后留下背诵默写。方老师知道学生们很怕下午放学被留,因为吃饭对学生们来说可是头等大事,谁也不愿意被留,于是同学们都在认真背诵,终于在下课铃响前完成了默写工作。

方老师在拿着默写本准备回办公室批改的路上,班上的一位同学追了出来告诉方老师,小琳同学在默写单词时看书。方老师忙把小琳的本子翻了出来看,的确这次默写全对。就方老师平时对她的了解,知道这不太可能,而且以前小琳也因为类似的事情被方老师批评过。一想到这,方老师就很生气,小琳怎么老毛病又犯了。

于是方老师把小琳叫到了办公室,问她:"这是你自己默写的吗?"

小琳说:"是的。"

方老师又说:"那我考考你。"

小琳顿时低下了头,方老师抽查了几个单词的拼写,果然不出所料,小琳没答上来。

此时此刻,方老师想狠狠地批评她,可就在方老师刚要开口时,小琳轻声地说:"老师,我不是有意要作弊的,我怕下午放学被留,因为你说过今天默写不过关的要留下来,而我昨天家里有事没有好好准备单词,所以今天怕批评怕被留才这样做的。"

方老师想了想,觉得她说的或许是真的,的确因为没时间准备,加之怕挨批评,所以偷偷地看书。于是,方老师相信她所说的,因为信任是人与人之间相处的基础。她压住心中的怒火,心平气和地教育了小琳。方老师发现小琳以很诚恳的态度认识到了自己的错误,并答应以后不会再这样做了。方老师抱着半信半疑的态度让小琳先去吃饭并在明天之前完成默写。第二天,小琳主动告诉方老师,她已到组长那里默写了。在以后的日子里,方老师觉得她的学习态度有了好转,而且再也没有发生过作弊的事件。

### 3. 案例分析

这个案例中,方老师没有粗暴地批评学生,而是倾听了小琳的解释,并且相信小琳,这给了小琳改过的动力和机会,她觉得老师理解和尊重自己。所以,老师面对学生的错误时,要站在学生的角度了解做错事的原因,要理解和尊重他们,因为尊重是对他人发自内心的真诚情感,尊重学生就意味着对学生的信任和鼓励,有助于学生形成积极向上的学习态度。

### 4. 案例启示

尊重和理解学生,不但能给予学生改过的动力,而且能让学生养成积极向上的学习态度。

### 5. 学海泛舟

美国人本主义心理学家马斯洛提出了需求层次理论,这是解释人格和动机的重要理论。他认为动机是由多种不同层次与性质的需求组成的,在各种需求之间又有层次高低与顺序之分,每个层次的需求与满足的程度,将决定个体的人格发展境界。需求层次理论将人的需求由低到高划分为五个层次,并且分别提出激励措施。其中底部的四种需要(生理需要、安全需要、归属和爱的需要、尊重的需要)可称为缺乏型需要,只有在满足了这些需要,个体才能感到基本满足。顶部的需要(自我实现需要)可称之为成长型需要,它主要是满足个体的成长与发展。

心理学家认为,应使学生感到教师会做出公正的、始终如一的反应,不会因自己出差错而遭到嘲笑或惩罚。对后进生的研究表明,他们一旦解除了受歧视、孤独、焦虑的情绪,感受到了尊重和爱的情感,就会树立自信心,逐步激发起上进的学习动机。

**6. 智慧心语**

在强调教育民主化的今天,尊重与理解学生显得尤为重要。尊重学生,就是充分尊重学生的思想,尊重学生的人格,平等地对待学生。理解学生,就是教师应走进学生的心里,是教师和学生之间心与心的交流、碰撞。尊重学生和理解学生是师生关系的一个重要内容,教师要善于运用亲和的话语、关切的眼神、细微的动作、尊重的态度,使学生获得心灵上的满足。

第十则
# 用心记住学生的名字

### 1. 教育絮语

教师记住每一个学生的名字是上好课的第一步,是班级管理的基础,也是教育成功的开始。教师记住每一个学生的名字,是对学生的一种尊重,是一种责任心。能随口说出学生的名字,对学生心理具有震撼作用,因为学生会觉得老师了解、重视和关心自己,同时,师生之间的距离就会缩短,师生间的沟通也会更加顺畅。如此,教师才能真正走进学生心中,了解其学习、生活及交友的需要,实现教师与学生的心灵交融,使学生"亲其师,信其道"。

### 2. 经典案例

接手新班,怎样在开学第一天给素不相识的孩子们留下一个美好的印象呢?要不,给给每位孩子送一句寄予希望的诗,再把他(她)的名字放进诗里去,那不是很别致吗?说行动就行动。毛晓凤:春风拂晓醉春烟,凤凰展翅傲枝头;张晓婷:晓荷绽颜无限娇,亭亭玉立性高洁;沈诗媛:唐诗宋词皆上品,琴棋书画小媛通;钱正芳:一身正气浩然,芳名流传人间;姜伊凡……整整两个晚上,终于把53位孩子的名字各编成了一句诗,打印、裁剪,一条一条整理好,放进了信封。

第一天,我来到班级。见进来的是陌生的我,孩子们一个个露出惊讶的表情。"孩子们,我将成为你们的班主任兼语文老师。"我笑着说。"朱老师呢?"他们问起了原班主任。"朱老师教一年级了。"啊!孩子们流露出失望的表情。"你们知道惦记自己的老师,我为朱老师高兴。我姓许,谁知道许老师的名字?"孩子们都摇着头。"丹心赤诚育英才,红艳凝香月绽颜",我在黑板上写下了这两行字。"孩子们猜猜,我的名字就在这两行字里。"

孩子们的情绪一下被调动了起来,他们抢着说。那个"丹"字一下子被猜出来了。"丹艳"、"丹凝",我连着摇头。"丹红",一男生响亮地说。"恭喜你,完全正确。"此刻,最初的陌生感一扫而光。"孩子们,在下面的这行字中,还有一个字是许老师网名里的关键字,再猜一猜。""香","不对";"艳","也不对"。一个可爱的小个子女孩高高地举了手:"月。""真聪明,你怎么猜出来的呢?"她笑着说:"我蒙的。"孩子们全都笑了起来。我拿起粉笔,在黑板上工工整整地写下了"一轮月儿","以后你们在网上看见这四个字,就是看见了许老师,欢迎你们去我的博客,随时与我交流。"我写下博客地址,孩子们都拿起笔来记录。

我笑着说:"今天,许老师与你们第一次见面。我给大家都准备了一份小礼物,希望你们能够喜欢。"啊? 礼物? 孩子们瞪大了眼睛,嘴微微抿着,十分兴奋。"我把你们的名字,都编成了一句诗,希望你们好好品读,那是老师对你们的希望和祝福。"我把昨天剪好的嵌名诗,发给孩子们。这下,他们可激动了,拿着小纸条读着,互相交流着,欢笑着,一种温馨和快乐缓缓地拉开了我与孩子们的共同生活。

### 3. 案例分析

这个案例展现了许老师高超的育人艺术。她课前准备得很充分,用两个晚上的时间,把 53 位孩子的名字各编成了一句诗,真正做到了用心记住每一位学生的名字。在介绍自己名字的时候,许老师又通过巧设游戏情境,让学生通过猜测得知自己的名字,将学生的情绪调动起来了,营造了一个融洽的班级氛围。许老师凭借高超的艺术和课前充分的准备,把学生的姓名牢牢记在心里,注重对学生名字的呼唤成为沟通老师和学生之间情感的桥梁,这是许老师教学成功的关键所在,也为以后的教育教学奠定了基础。

### 4. 案例启示

教师用心记住学生的名字是对学生的极大尊重,这能架起师生间愉快沟通的桥梁。

### 5. 学海泛舟

卢梭说:"每个人的心灵有它自己的形式,必须按它的形式去指导他;必须通过它这种形式而不能通过其他的形式去教育,才能使你对他花费的苦心取得成效……你必须好好地了解你的学生之后,才能对他说第一句话,先让他的性格的种子自由自在地表现出来,不要对它有任何束缚,以便全面地详详细细地观察它。"

苏霍姆林斯基强调:"尽可能深入地了解每个孩子的精神世界,是教师和校长的首条金科玉律。"深入学生精神世界的第一步,就是让他们感受老师对他们的关注,特别是尊重,而尊重学生的最起码的要求就是能够叫出学生的名字。

**6. 智慧心语**

教师熟记学生的名字,似乎是一个非常微小的细节,但正是这个细节很可能就决定了教育的成败。曾有一项针对中小学生的调查:世界上最美妙、最动听的声音是什么? 很多学生的回答是:听到自己的名字从老师的口中说出来!

熟记学生名字的方法很多,教师既可充分利用课余时间和学生聊天,到学生中去倾听、了解他们想些什么,家庭情况怎样,有什么爱好和兴趣等;也可让学生自我介绍,让大家互相认识,并把名字写在黑板上,从学生的表达中教师可进一步认识、了解学生。

# 第十一则
# 耐心倾听学生心声

## 1. 教育絮语

教师认真投入地倾听学生讲话，不仅代表教师对学生的尊重，也能赢得学生的信任，使学生讲出心里话；还能激发学生的潜能，促使其积极主动地学习，从而赢得教育契机。也只有这样，教师才能真正走进学生的内心世界。

## 2. 经典案例

小 A 拒绝了我们的家访，我经过反思认为，还得抽空再次登门，一定要做好小 A 回校上课的工作。在家访前我做了几件事：一是请她的好友每天给她发条短信，告诉她开学以来班级的情况；二是通过传话，对她的身体健康表示关心慰问；三是与家长联系，了解她每天心情变化的状况，四是托人告诉小 A，老师想去和她谈心，并愿为她保密；五是开学两周欠下的课，将来找老师给他补上。一天，我久等的家访机会终于来了，小 A 的家长打来电话说她开始吃饭了，并要求另找学校去上学。父母带她去看心理医生时，心理医生说："只要是适当休息，调整好情绪就能上学了。"

这次家访我不是直接上她家，而是先约好到一个没有很多人在场的地方与她交流。开始她依然有些拘束，我便鼓励她把心里的话都说出来，并说："你想哭就哭，想笑就笑，老师保证不对任何人乱说，给你保密。"小 A 的眼神逐渐由怀疑转为信任，她打开话匣后，说出了自己的许多想法及今后的打算，竟然讲了 40 多分钟。我耐心听完小 A 的倾诉，然后针对她的想法和顾虑，和声细语地开导她。我简要归纳她讲到的几个问题并一一进行解析，阐明速回学校上课的重要性和必要性，要求她面对生活、面对现实，不要回避现实，还为她分析了休学、退学、转学的利与弊。我说时,她能静静地听;她有疑惑时,我也能细细地答。慢慢地,我们师生之间你一句我一句地交谈起来,谈了大约一个小时。其间她还主动为我斟茶倒水。这时的小A已经不是谈话前的小A了,她脸上紧张的神情全消失了,并提出了补课等设想,表示争取把落下的功课补上去……

**3. 案例分析**

在这个案例中,老师主动的关心、真诚的帮助,使小A逐渐地信任了老师,从而打开了小A的心扉,对老师说出了内心的许多想法。在小A讲述心声时,老师不仅耐心倾听,而且针对她的想法和顾虑,和声细语地进行开导。小A之所以能够从困境中走出来,关键在于老师耐心地倾听,在学校教育工作中,教师如果能如此耐心地倾听学生,那么教师对学生的教育工作就会事半功倍。

**4. 案例启示**

耐心倾听学生说话是一种伟大的教育,是教师对学生最大的尊重和关爱。

**5. 学海泛舟**

一位当代教育家说过:"要学会用儿童的眼睛去观察,用儿童的耳朵去倾听,用儿童的大脑去思考,用儿童的情感去热爱。"通过耐心而专注地倾听,老师能够不知不觉地走进学生的心灵,同时也能让学生不知不觉地向老师敞开心灵的大门,这样,老师就能非常容易地和学生成为知己、朋友,而这种关系的建立又有利于对学生进行教育。

**6. 智慧心语**

教师要耐心倾听学生的心声,这是教师了解学生内心世界的一个重要途径。一方面,教师要和学生建立相互信任的关系,学生向教师敞开心扉的前提是学生接受并信任教师。信任是双方坦诚交流的基础,尊重学生、热爱学生、真诚地对待学生是教师获得学生信任的必要条件。真诚的倾听可以唤起学生交谈的兴趣,激发学生的积极性和主动性,打消学生的畏缩情绪。鼓励学生向教师倾诉,可使谈话达到最佳效果。

另一方面,教师要认真对待倾听过程。倾听不是路边偶遇的闲聊,在整个过程中,需要教师的精心准备。谈话前教师应针对不同学生设计不同的话题,明确谈话目的和需要解决的问题。只有认真对待沟通中的每一个环节,教师才能真正地了解学生,才能有的放矢地解开学生成长中的苦恼心结。

# 第三篇

## 欣 赏 学 生

青少年学生通常积极向上,有自尊心、荣誉感,对于教师来说,一定要善于发现学生的优点,因为从优点入手更能抓住学生发展的主流,充分调动他们的积极性,使教育事半功倍。从优点入手的教育首先要求教师学会赏识学生。在教师的日常教育工作中,赏识学生至关重要。人人都希望自己被别人赏识,而处于关键发展期的学生,尤其需要教师的赏识和鼓励。

　　赏识能穿越平凡,捕获人的优点和长处;赏识能帮助学生树立自信,激发起内在的动力和潜能;赏识可以培养学生的独立人格,使其自尊自强。赏识学生,要从善待学生的错误开始,要从尊重学生的差异开始,要从教育教学过程中的点滴细节开始。

## 第十二则
# 欣赏的魅力

### 1. 教育絮语

赏识教育的奥妙在于能激发学生的潜力,使所有的学习障碍在巨大的潜能面前变得微不足道。赏识本身是学生最渴望的精神追求。心理学家曾经做过一个调查:学生最怕什么? 研究结果表明,学生不是怕苦,也不是怕物质生活条件差,而是怕丢面子、失面子。

### 2. 经典案例

案例一

美国著名的心理学家罗森塔尔教授在1968年和助手们来到一所小学,说是要进行七项实验。他们从一至六年级各班中选了18个班,对班里的学生进行了"未来发展趋势测验"。之后,罗森塔尔以赞赏的口吻将一份占总人数20％的"最有发展前途者"的名单交给了校长和科任老师,并叮嘱他们一定要保密,否则会影响实验的正确性。8个月后,他们再次来到这所小学,对那18个班的学生进行复试。结果奇迹出现了:凡是上了名单的学生,个个成绩都有了较大的进步,且活泼开朗,自信心强,求知欲旺盛,更乐于和别人打交道。

案例二

我班的王某是一个学习、纪律都比较差的同学,对老师的话是左耳进右耳出,每天都要犯点小错误……就是这样一个孩子,就是这样一个被老师、同学遗忘的一分子,他的身上有没有优点呢? 经过仔细观察,发现他也有一颗渴望上进,渴望被老师称赞的心。如果从这方面入手,也许能使王某进步起来。于是,每天我都仔细地观察他,努力去发现他身上的优点,给予他特别的关注和表扬。

有一次上完美术课,教室里的废纸丢了一地,同学们有说有笑,似乎谁也没有发现教室里的脏与乱……是谁在扫地？是王某！只见他先把自己位置底下的纸捡起来,然后又把垃圾桶周围的废纸捡到桶里……

上课了,我慢慢地沿着每个组走了一遍,学生们全都不解地看着我,我又默默地注视了一会儿大家,才问:"同学们上完美术课以后,谁的座位底下最干净？"大家你看看我,我看看你,终于有一个同学说话了:"老师,是王某！只有他上完美术课后把地扫干净了……"大家的目光一齐朝向了王某,目光中充满了称赞和欣赏。

这以后的事情就不用说了,不仅上完美术课后大家注意维护教室的清洁卫生,而且王某的进步也更大了,他经常帮助值日生值日,擦黑板、倒垃圾、拖地……什么活儿他都抢着干。后来王某对我说:"庞老师,你是第一个表扬我的老师。"于是我就问他:"你想得到更多的表扬吗？想进步得更快吗？"他用力地点点头。"那你知道怎么做吗？"他又用力地点点头。

这一切全在不言之中了,从此以后在学习上、纪律上我都以表扬鼓励为主,哪怕是一丁点优点也不放过表扬他的机会,经常欣赏他,对他怀有好感和信心。孩子受到鼓励,就能发挥积极性和潜力,就会不断地取得进步。经过努力,王某无论是在学习上还是在纪律上都取得了很大的进步。可见,称赞、欣赏你的学生能取得多么大的效果呀！

### 3. 案例分析

学生王某是一个在学习、纪律各方面都比较差的学生,被老师和同学们遗忘了。但庞老师却发现该学生特别渴望被老师称赞,于是尽量发现他的优点给予表扬,即使是一丁点优点也要赞扬。由于经常欣赏王某,给了王某以极大的动力,在学习和纪律各方面王某也都取得了很大的进步。确实,在对学生的教育工作中,学生得到老师的肯定,就会情绪饱满,奋发向上。一名优秀的教师应该细心地观察学生,对于他们的点滴进步和微小的成绩都要及时、热情地给予肯定,使他们产生一种愉悦感。欣赏孩子不但是孩子的快乐之源,而且教师自己也能在工作中获得极大的快乐。

### 4. 案例启示

教师赏识学生,不但自己快乐,而且也能促使学生快乐成长。

### 5. 学海泛舟

洛克要求教师和父母尊重儿童的人格、权力,认为教学必须考虑儿童的特殊需要、兴趣和能力。他说:"我们教导儿童的主要技巧是把儿童应做的事也都变成一种游戏似的。"同时,洛克把儿童的好奇心视为一种追求知识的欲望,主张加以鼓励。他说:"教师的巨大技巧在于集中学生的注意,并且保持他的注意;一旦办到了这一点,他就可以在学生力所能及的范围以内,尽速前进了。"可见,在教育教学工作中,教师要经常对儿童表示一种慈爱和善意,多加赞赏和鼓励。

**6. 智慧心语**

教师要耐心教导调皮学生。一方面,教师不应该把调皮学生定格为坏学生,老师要了解并且尊重他们的个性,要以一颗宽容的心来对待他们,用一颗爱心去接近他们,与他们亲近、交流,了解他们的所需、所感;另一方面,教师要与学生进行心与心的沟通,与学生交朋友。只有这样,他们才愿意把自己的内心世界呈现在教师面前。

第十三则

# 赏识给人以力量

**1. 教育絮语**

每个学生的发展不可能完全一样,但只要教师坚信每个学生身上都有不可估量的潜在能力,都有自己的优点和长处,只要用欣赏的眼光去看待他们,就一定会发现学生身上的亮点,促进学生的进步,增进师生情谊。

**2. 经典案例**

2003年5月11日是母亲节,华盛顿大学的校园网上贴出这样一张问卷:你从母亲那儿继承了什么?为了吸引人们回答它,打开问卷的地方有一幅小小的动画:一位老太太注视着一个金鱼缸,缸中一只大白鳖正在鱼群中游动,你一点击,它就吃掉一条小金鱼,并传出一句话:任何会动的东西,都是我的猎物。这幅动画不是随便设计的,你点击后就会知道,注视鱼缸的老太太是华盛顿大学的董事长——比尔·盖茨的母亲玛丽·盖茨。

大白鳖的那句话是她儿子的名言,在2001年对微软公司的反垄断诉讼中,曾被联邦法院反复引用。大学的校园网之所以用这幅动画作引子,据说是为了纪念他们的董事长,因为前不久她去世了;同时也给访问者一个暗示,只要你回答这个问题,我们就告诉你,比尔·盖茨是怎样回答的。

众所周知,比尔·盖茨大学未毕业就去创业了,在短短20年的时间里,他聚集的私人财富,超过世界上38个国家的国民生产总值。这样一位旷世奇才,他从母亲那里继承了什么?或者他母亲给了他什么?对这样的问题,谁不感兴趣呢?为了知道比尔·盖茨的母亲给儿子留下的秘籍,有人按要求填上"虔诚"二字。点击"发送"之后,眼睛还没来得及眨一下,就弹出一句话:OK,你和比尔·

盖茨一样，从母亲那儿继承了同样的东西。

紧接着会有一个画面出现在屏幕上。它是一张实物问候卡的影印件，是比尔·盖茨在1975年母亲节时寄给他母亲的。这一年，他在哈佛大学读二年级。比尔·盖茨在卡上用斜体英文写着这样一段话："我爱你！妈妈，你从来不说我比别的孩子差；你总是在我干的事情中，不断寻找值得赞许的地方；我怀念和你在一起的所有时光！"

### 3. 案例分析

比尔·盖茨从小无论做什么事情，他的妈妈总会赞许、欣赏他，正是这种赞许和欣赏激发了他巨大的潜力，使他成为世界首富，成为一位旷世奇才。教师在教育工作中，也应该像比尔·盖茨的母亲一样，多用赞许和欣赏来激发学生的潜力。

### 4. 案例启示

教师要赞许和欣赏学生，因为只有赏识才能激发学生身上巨大的潜能。

### 5. 学海泛舟

近年来，生命教育受到教育界的广泛关注。叶澜说："教育除了有鲜明的社会性之外，还有鲜明的生命性。在一定意义上，教育是直面人的生命，为了人的生命质量的提高而进行的社会活动，是以人为本的社会中最体现生命关怀的一种事业。"强调教育只有回到生命的原点，才能培养出全面而自由发展的个体，即生命教育是以人为本的教育。"生命教育要帮助学生学会交往的规则，认识人与人之间的伦理关系，明白群己关系及公共道德的重要性，学会关心他人、尊重他人、关爱他人、悦纳他人、欣赏他人，关心弱势群体，创造和谐的人际关系。"

莎士比亚有言："赞美是照在人心灵上的阳光，没有阳光，我们就不能生长。"美国心理学家威廉姆·杰尔士则说："人性最深切的需求就是渴望别人欣赏。"在教师与学生的交往中，如果教师适当地称赞学生，就会增加和谐、温暖和美好的感情，同时，学生的存在价值也就会得到肯定，从而使学生得到一种成就感。如果教师能以真诚的欣赏来启迪学生内在的动力，学生就能自觉地克服缺点，弥补不足。

### 6. 智慧心语

在日常的教育活动中，教师要多留意一下学生的"独特"之处，一旦发现他们独特的、可挖掘的潜力，就要因势利导地给予肯定和鼓励，甚至创造条件来帮助学生强化和发展其独特之处。教师应培养学生的独特之处，利用学生的一技之长，激发学生的自信，把"你很优秀，你能行"作为教育学生的口头禅。一旦这样的夸奖经常回荡在学生的耳边，他们就会不自觉地树立起"我能行"的信念，坚信自己是最优秀的。

第十四则
# 鼓励的力量

### 1. 教育絮语

在教育教学中,除了"传道、授业、解惑"以外,教师一定要鼓励学生。鼓励的力量是巨大的,鼓励是火种,它可以点燃学生心中的希望和信心之火,鼓励是助推器,它能激励学生快速到达成功的终点。

### 2. 经典案例

罗杰·罗尔斯是纽约历史上第一位黑人州长,他出生在纽约声名狼藉的大沙头贫民窟。在这里出生的孩子,长大后很少有人获得较体面的职业。然而,罗杰·罗尔斯是个例外,他不仅考入了大学,而且成了州长。在他就职的记者招待会上,罗尔斯对自己的奋斗史只字不提,他仅说了一个非常陌生的名字——皮尔·保罗。后来人们才知道,皮尔·保罗是他读小学时的那位小学校长。

1961 年,皮尔·保罗被聘为诺必塔小学的董事兼校长。当时正值美国嬉皮士流行的时代。他走进诺必塔小学的时候,发现这里的穷孩子比"迷惘的一代"还要无所事事。他们旷课、斗殴,甚至砸烂教室里的黑板。当罗尔斯从窗台上跳上跳下,伸着小手走向讲台时,皮尔·保罗说,我一看你修长的小拇指就知道,将来你会成为纽约州的州长。保罗校长的这句话让罗杰·罗尔斯大吃一惊,因为长这么大,只有他奶奶让他振奋过一次,说他可以成为 5 吨重的小船的船长。而这一次皮尔·保罗先生竟说他可以成为纽约州州长,确实出乎他的意料。

他记下了这句话,并且相信了它。从那天起,纽约州州长就像一面旗帜时时飘扬在他的眼前。他的衣服不再沾满泥土,他说话时也不再夹着污言秽语,他开始挺直腰杆走路,他成了班主席。在以后的 40 多年间,他没有一天不按州长的身份要求自己。51 岁那年，他真的成了州长，而且就是纽约州州长。

在他的就职演说中，他说了这么一段话：在这个世界上，信念这种东西任何人都可以免费获得，所有成功者最初都是从一个小小的信念开始的。

### 3. 案例分析

这个案例体现的是"罗森塔尔效应"。"罗森塔尔效应"就是当老师把学生当作聪明的学生，并且用对待聪明学生的方法来对待他们时，这些学生就会成为聪明的学生；当教师把学生当作纽约州州长对待，并让学生知道他将成为纽约州州长的时候，教师的眼里就无"差生"可言。董事长兼校长皮尔·保罗对于调皮的学生罗尔斯说："我一看你修长的小拇指就知道，将来你会成为纽约州的州长。"就是这么一句鼓励的话语，给了罗尔斯以极大的信心，从此，他就在各方面严格要求自己，并最终真正成为纽约州的州长。

### 4. 案例启示

教师的鼓励能带给学生以无穷的力量。

### 5. 学海泛舟

宋朝著名教育家胡瑗对学生的学习非常关心，他常常采用激励的方法，促使学生立定志向，努力思考，深入钻研。他以孔子因学无止境而后成为孔子来鼓励学生立志成才，学为圣人，在实践中他还"择其过人远甚，人畏服者奖之激之，以劝其志"。

松下电器公司的创立者松下幸之助认为："在荆棘道路上，唯有信念和忍耐能开辟康庄大道。"松下幸之助于 1918 年创办了松下电器公司，在创立该公司之前，他几经周折才在一家电器工厂谋到一个职位，正是这个岗位上的工作，使他学到了很多关于电器方面的知识。他在创业过程中面临的困境是超乎想象的，但是松下幸之助始终没有放弃，他在成功之后的回忆录中给创业者们的建议就是，梦想十分重要，特别是在企业尚未获得成功之前，这种梦想可以说是支撑事业的唯一支柱。

作为一个企业的创始人及经营者，如果没有美丽的梦想，就不会有壮丽的蓝图，更不会有企业的长远发展。松下幸之助正是基于这种思想，一刻也没有放弃自己的美梦和理想，始终坚定自己的信念，他的坚持和付出，最终得到了丰厚的回报，松下公司不仅站稳了脚跟，而且走向了世界，他在电器业所做出的贡献，得到了国内外的广泛赞誉。

**6. 智慧心语**

教师要激发学生的内在动力,开发每个学生的潜在能力,就必须最大限度地调动学生的积极性与主动性,使学生由消极的"要我学习"转化为积极的"我要学习"。著名的"罗森塔尔效应"应该被每一位教育工作者所熟知。实践证明,表扬有着奇迹般的作用,教师对学生的赞美、欣赏可以驱散学生心头的阴影,点燃学生的希望之光,帮助学生克服前进中遇到的困难和挫折。

第十五则

# 激励教育

### 1. 教育絮语

激励能提高人们做事的积极性,激发人们内心深处的多种潜能。激励是教师教育学生时所采取的重要措施,更是教师自身人格魅力的重要组成部分。因为只有发自教师内心深处的激励,才能真正引起学生的共鸣,赢得他们的认同,进而产生奋进的动力。正如美国著名成功学家卡耐基所说:"要称赞最微小的进步,并称赞每一个进步,这往往是点燃学生的自信之火,给予进步向上之助力。"

### 2. 经典案例

布朗小姐是一位刚刚毕业从教的女教师,她长得非常漂亮,走到哪里,哪里的人就会为她眼睛一亮。她的学生,特别是男学生,都希望得到她的喜爱和重视,为此,他们都会在布朗小姐面前表现得十分优秀。布朗小姐十分喜欢自己班上一个名叫罗斯的小男孩,因为他学习成绩突出,而且很守纪律。因此,她便安排他在毕业典礼上致词,并且给了他一个美好的吻和一个美丽的祝愿,祝愿他走向成功之路。

可是,这一吻却引起了一位低年级小男孩的嫉妒,他觉得自己也应该赢得布朗小姐的吻。于是,他走上前对布朗小姐理直气壮地说:"我也要得到你的一个吻。"布朗小姐对小男孩的这一举动很是惊讶,问他为什么。小男孩自信地说道:"我觉得自己在各方面并不比罗斯差。"布朗小姐听了,微微地笑着,摸摸小男孩的头说道:"可是,孩子,你要知道罗斯的成绩很好,而且很守纪律,他是同学们公认的模范生。""不过",布朗小姐话锋一转,接着说道,"假如以后你能和罗斯做得一样出色,我也会奖励给你一个吻。"小男孩立刻伸出手来与布朗小姐击掌约定:

"那咱们就一言为定。"

从此,小男孩为了能够得到布朗小姐的一个吻,开始发奋学习,迎头追赶。没过多久,他的学习成绩就有了很大提高,而且德智体全面发展,成了一个很出色的学生。此时,美丽的布朗小姐果然十分遵守那个承诺,给了小男孩一个充满鼓励、温馨和祝福的吻,这让小男孩在欣喜若狂之余,更加努力学习。这个小男孩,便是后来举世皆知的美国第33任总统杜鲁门!

当杜鲁门上任总统后,他就给当年的布朗小姐去了电话:"您还记得曾经许诺过我的那个吻吗? 我现在所做的一切能够得到您的评价吗?"更为有趣的是,就在杜鲁门进入白宫之时,他儿时的"竞争对手"罗斯也进了白宫,成了杜鲁门的助手,负责文字出版工作。

杜鲁门和罗斯的不平凡经历,正好印证了那位美丽的女教师布朗小姐那不平凡的激励魅力!

### 3. 案例分析

教师无论是对学生点头允许还是表扬奖励,都会对学生形成良好的激励作用。上述案例中的小男孩为了得到老师布朗小姐的一个吻,他在各方面严格要求自己,终于得到布朗小姐那"充满鼓励、温馨和祝福的吻",从此,这个小男孩"更加努力学习",终于成为总统。正是布朗教师的这个吻,给了这个小男孩以极大的动力和激励,充分调动了他学习的主动性和积极性,激发了他学习的潜在能力,使他对未来充满了信心,最终取得了成功。

### 4. 案例启示

教师真诚的激励能引起学生的共鸣,点燃学生的自信之火。

### 5. 学海泛舟

巴金说过:"希望是人生之需要。人如没有希望,何异江河干涸了流水。"德国师范教育之父第斯多惠坚信教育的艺术不在于传授,而在于激发和鼓舞。因为每一个儿童身上都具备人类的普遍天资,但人的天资只能为一个人的发展与活动提供可能性,并不是发展本身,它必须有外界因素的推动,才能发展成为现实的能力。他说:"发展与培养不能给予人或传播给人。谁要享有发展与培养,必须用自己内部的活动和努力来获得,从外部只能受到激发。"

### 6. 智慧心语

第二次世界大战期间,美国政府招募了一批行为不良的年轻人上前线去打仗。这些人的不良行为表现在纪律散漫、不听指挥,令指挥官头疼。后来,当局者请来心理专家给这些士兵做心理辅导。心理专家要求他们每人都给自己的家人写一封信,告诉亲人他们在前线作战如何勇敢,如何服从指挥,心中有建立战功的急切愿望。结果令指挥官们大为吃惊。半年之后,这些士兵都变成如他们各自在信中所说的那样,非常勇敢和守纪律。原来是那些"勇敢"、"守纪律"、"立战功"等标签起了作用。这种现象,后来被称为"贴标签效应"。可见,"好标签"能激励学生养成良好的行为习惯,激发学习的潜能,引导学生的健康成长。因此,教师要善于利用"好标签"的激励教育作用。

第十六则
# 表扬的艺术

**1. 教育絮语**

表扬不但可以使学生树立自信心和责任心,而且可以使学生尽力将事情做得更好,取得更好的成绩。因此,在教育教学中,教师应掌握表扬的艺术,合理地利用表扬这把神奇的钥匙,最大限度地调动学生的积极性、主动性。

**2. 经典案例**

小周是学校里出了名的"坏孩子",老师总是批评他:"你看你这个样子,将来肯定是没有出息的!"每当这时,小周就装出不在乎的样子,把头仰起,看着天花板,并不时地扭扭脖子,显得不以为然。幸运的是,小周遇到了一个好校长。一次,这位校长看见了周向阳,就说:"你是周向阳小朋友啊。"

小周奇怪了:连校长都知道我的名字?看来我在学校里是坏出名了。校长仿佛看透了他的心思,说:"小周,你的名气可不小啊,我一直记得你呢!"小周快要哭了,心想自己真的是坏到了不可救药的地步了。哪知这时校长又说:"小周啊,我一直想向你请教一个问题,你要如实回答校长好不好?"小周被校长说愣了:校长向我请教问题?有没有搞错?

校长说:"你在去年的全校运动会上,500米比赛得了全校第一名,我这个老头子羡慕得不得了,我像你这么大的时候,可没你跑得快啊,你是不是有什么奥秘呀?"小周不好意思地抓抓头,心里却乐开了花,他想:原来校长还记得我去年跑第一的事啊,他禁不住流出了眼泪。校长又说:"你先把你的秘密留着,过几天我让你在全校同学面前讲,让他们也和你一样跑得快,你愿不愿意?""好啊!"小周快乐地叫出了声。

后来,在一次校会上,校长对同学们说:"再过几天我们又要召开全校运动会了,在这里,我们请小周同学来讲一讲他跑得快的秘密,好不好?"在大家热烈的掌声中,小周第一次走向了主席台,他的心直跳腾。他看到了校长鼓励的眼神,就说:"我的秘密很简单,就是在开始跑5分钟前,我给自己讲一个恐怖故事,说在大森林里有一只吃人的妖怪,张着血盆大口,一路疯跑着要吃人,我想象这只妖怪就跟在我身后,于是我就拼命地跑……"

小周讲完了,底下一片静默。他慌了,他想自己是不是讲错了。就在这个时候,突然爆发出一阵掌声,掌声势不可挡,一下子就把他围住了。

从那以后,小周就像变了一个人,他快乐、健康、自信。后来,他考上了南方的一所著名大学。

### 3. 案例分析

小周是学校里出了名的"坏孩子",老师们总是批评他,但是,校长利用小周擅长跑步这一优点,让他在一次校会上讲述自己跑得快的原因,正是校长的这次鼓励和表扬,使得小周变得快乐和自信了。

### 4. 案例启示

表扬就是要发掘人性中善的一面,也就是通常所谓的"积极性"。孩子可塑性大,善用表扬,就是在给孩子指明向善之路。

### 5. 学海泛舟

当代教育有两大重要支柱:生命教育和公民教育。生命教育不是空悬着的充满幻想的教育理念,而是一种可以实践的、具有现实可行性的教育理想。"生命教育是真正充满生命力的人的教育,是引导人走向美好和完善的教育。因此,它理应充分体现人的生命活力,理应使人生美好而高尚,理应让'人诗意地栖息在大地上',使人的生命之树苗壮成长,生命之花灿烂开放,生命之火激情燃烧,生命之水欢畅奔流,从而使自己的生命世界呈现光彩夺目的景象,拥有一个无比灿烂的人生。"

### 6. 智慧心语

教师要多表扬、鼓励学生。一方面,表扬要具体。总的来说,中小学生明辨是非的能力不强,当你笼统表扬时,学生有时感到自己确实各方面做得都不错,易产生自我满足感。这就要求教师在表扬时切忌空泛。当发现孩子的闪光点时,教师要特别指出,使孩子有追求更高目标的意愿。如当看到孩子专心读书时,你可以说:"孩子,你读书真专心！以这样的方式读书、学习,你的知识一定会越来越丰富!"另一方面,表扬要及时、持续。发现学生的点滴进步或闪光点,教师要趁热打铁,及时给予表扬,以连续的刺激强化学生的优秀品质和行为。

第十七则
# 捕捉学生的闪光点

**1. 教育絮语**

调皮的学生自律能力很差,但他们的自尊心却很强。教师对调皮学生不能一味地采取批评、训斥的方法,而应尊重和理解他们,真诚地与他们进行心与心的沟通。在每一个学生身上都存在着无穷的潜力,教师一定要有一双捕捉学生闪光点的"火眼金睛",抓住学生的闪光点,不断地赞赏,反复地激励。

**2. 经典案例**

赵老师常说,对于调皮的学生不要"鸡蛋里挑骨头",而是要"骨头里挑肉",善于捕捉他们的闪光点。所以他从不责备任何一名同学,不管这名同学有多么调皮捣蛋。在赵老师班里,有一名叫小勇的学生,他就是一个名副其实的调皮学生,下面让我们来看看小勇是如何调皮捣蛋的。

片段一:

"老师,您看小勇,我们跳皮筋,他又来捣乱。"几个女生向赵老师告状。"老师,小勇又和小平打架!"几个男生也来报告"军情"。"老师,小勇又……"每逢课间,总有几起"案件"都与小勇有关。

片段二:

一天上课,在班长喊"起立"时,小勇拿出一块尖石头迅速地放在前排女生小凤的凳子上,以报复其在同学面前说他没教养。学生问候完"老师好",赵老师让大家坐下。小凤刚坐下,就"哎呀"一声,边叫边站起来。小凤拿起石头向赵老师报告:"老师,这石头是小勇放的。"许多同学都扭头看小勇,小勇把眼一瞪,同学们都不敢看他了。他心里很得意,同学们都很怕我。

对于小勇的调皮，赵老师私下找他谈过话，每次他都答应改正，但过不了多久，仍有很多同学前来告他的状，赵老师很苦恼，但是一次偶然的事情让他找到了突破口。有一次，学校进行大扫除，在打扫厕所时，一些品学兼优的学生都不进去打扫，可小勇独自清理了十几个粪坑，赵老师立即公开表扬了他，同学们也热烈鼓掌。还有一次，赵老师偶然得知小勇在上学的路上背着其他学校一位得了急性阑尾炎的学生上了医院，打铁要趁热，赵老师立刻买了一束鲜花，在课堂上献给了小勇。赵老师说："小勇同学身上尽管有不少缺点，但我们也要看到小勇身上的优点，比如：爱劳动，不怕脏不怕累，喜欢帮助同学。总的来说，小勇是位好同学，我希望同学们多关心他，帮他改掉缺点。"

就这样，经过赵老师的耐心教育，小勇逐渐改正了自己的缺点，期末考试，考了全年级第二名。

**3. 案例分析**

教师遇到调皮学生时，往往都会变得束手无策，不是随意在学生面前大声批评，就是运用粗暴方式进行"暴力镇压"。这样不但教育不了学生，而且使他们丧失信心，越来越调皮。对小勇的调皮，赵老师没有公开地大声呵斥，而是私下找小勇谈话，同时，利用小勇自身的闪光点，"不怕脏不怕累，主动积极地打扫厕所"等，及时地给予表扬和教育，而且让同学们一起帮助小勇改正缺点。在赵老师的耐心教导下，小勇欣然接受教育，终于改正了自己的缺点。

**4. 案例启示**

在教育管理中，教师要注意捕捉纪律不好学生身上的优点，通过鼓励、表扬以达到教育好学生的目的。

**5. 学海泛舟**

每一位学生都有自学的能力和自制的权力，都有想方设法管好自己的愿望。为此，教师要善于发现和培养学生中优秀分子和某项活动的积极分子，力求做到班级里人人有事做，时时有事做，放手让学生在做中学，增长才干。

"在课堂上善于发现学生'闪光点'的前提是，教师要不断改进知识背景，不断增进判断能力，敏感而又富有智慧，尤其要经常想到有没有学生被我忽视了。要知道，'一个学生如果被长期地忽视、遗忘，就可能变成潜在的差生，被始终关注的学生和不被关注的学生命运可能是截然不同的'。"

苏霍姆林斯基在《只相信孩子》一书中写道："在影响学生内心世界时，不应挫伤他们的心灵中最敏感的一个角落——自尊心。……只有当你说他好时,他才会好起来。"

### 6. 智慧心语

教师要树立"每个人都可以成长、发展"的教育信念。确立了这种信念,教师在实施教育的过程中,就会去捕捉各种时机,唤醒儿童。每个人的潜能是深不可测的,教师要作这种"潜能"的挖掘者,使每一名学生在身体和精神等方面的潜能都得到充分的发挥。如果教师能以赞美激发学生的内在动力,让他们自觉地克服缺点、弥补不足,学生就会怀着一种积极的心态去学习和生活。

# 第四篇

培养学生自信

自信是人做好一切事情的基础,是激励人们自强不息实现理想的内部动力,是一个人成才所必备的良好心理素质,是学生健康成长的最基本的心理条件,也是老师的教育目标能否在学生中得到实现的重要保证。

　　一位哲人说过:"一个充满自信的人,事业总是一帆风顺的,而没有信心的人,可能永远不会踏进事业的门槛。"自信心这一非智力因素对人的学习、研究等智力活动有着重要的影响,缺少自信心的人会对自己做过低的估价,易于消沉,削弱学习动机,降低学习效率。因此,学生只有拥有自信,才可能有追求成功的勇气。

第十八则
# 信心的力量

**1. 教育絮语**

教育学生在某种程度上就是培育学生对未来的希望。对于学生而言,自信就像催化剂一样,能激发他们的一切潜能,因为信念是人们走向成功的一种精神动力,它能够让人充满激情,勇敢地面对一切。因此,教师要精心呵护和培育学生的自信心。

**2. 经典案例**

案例一

很多年以前,我看过一个至今仍然记忆犹新的故事。之后,在给每一届学生上的第一节课上,我都要不厌其烦地讲给学生听:一位孤身在沙漠上行走的人,突然遇到大风暴,把他所带的装有干粮和水的背包卷走,他迷失了方向。他翻遍所有的口袋,只找到一个青青的苹果。旅行者惊喜地叫着:"啊,我还有一只苹果!"他紧握着那只苹果,独自一人在沙漠中寻找出路。每当干渴、饥饿、疲乏袭来的时候,他看一看手中的那只苹果,抿抿干裂的嘴唇,陡然又增添了力量。一天、两天、三天过去了,望着茫茫无际的沙漠,不知摔倒多少次的他真想倒下,但他总是默默地在心里念着:我还有一只苹果!最后,历尽艰辛的他终于走出了沙漠。那个始终未咬过一口的苹果早已干巴得不成样子。

案例二

我任教的班里有一个小甲同学,他的语文成绩始终不好,在语文课上无精打采,精神不集中,甚至萎靡不振,呼呼大睡,经常不完成规定的作业。即使交了也是潦草应付,每次谈话效果不大。这样的学生应如何教导,让人颇费心思。经过深入了解得知,这位同学被网络游戏死死缠住,并深陷其中不能自拔。同学、家长、老师对这个擅长电脑的学生的某些方面予以肯定和欣赏,于是这个学生便觉得自己有用,这是自信。但青年学生志向未定,责任未明,又处于青春萌动,浮躁抑郁,茫茫然不知所之,加之学校教育沉闷压抑,学习任务紧张繁重,于是青春抑郁症多发,甚至迷恋武侠小说,沉迷电玩,致使学习成了副业,成绩一落千丈。

针对以上原因,我采取了相应的办法:1. 配合家长一起耐心做学生的思想工作。首先,要求家长配合学校禁止学生在家里玩游戏,并做好监督、疏导工作。其次,教师必须指出沉溺游戏对学生的巨大危害,让学生看到那些触目惊心的事实。最后,讲清某些网络公司的真正目的,它们要先掏空学生的口袋,再掏空学生的大脑。经过几次批评、教育和对问题认真细致的讨论,他终于对游戏有了新的认识。他在周记中这样写道:……我看了那些触目惊心的报道,真正理解了"电子游戏是'精神鸦片'这句话的含义"。我决心永远告别网络游戏,请老师看我的行动。2. 重铸信心,除需要家长、老师的帮助之外,还需要家长、老师的欣赏。"亲其人,信其道"是建立良好师生关系、培养学生自信心的有效方法。另外还需要在考试方式上下工夫,使考试更科学,不至于严重挫伤学生的积极性。

**3. 案例分析**

在案例一中,正因为有了这颗苹果,才给了这位旅行者第二次生命。这颗苹果的神奇力量是什么?就是信念。人生旅途不可能一帆风顺,在遇到"风暴"时,请紧紧握住那颗青苹果——信念。在案例二中,小甲同学由于迷上了"电子游戏"而不能自拔,失去了对学习的信心,他的语文老师经过了解找到了问题的根源,采取了一系列行之有效的措施,使小甲同学从迷恋"电子游戏"的阴影中走了出来。小甲同学最终能摆脱"电子游戏"的困扰,就是因为老师的教育让他有了重新努力学习的信心。

**4. 案例启示**

只要能唤起学生的自信心,学生在学习上就能取得非常大的进步。

**5. 学海泛舟**

一位当代教育家说过:"人的自信心就是一个强有力的推动者、挖掘者,自信心是导致挖掘行为的基础,是'我能'、'我行'一类的内部指令催促自己采取行动。从这个意义上说,我们把它视为直接的挖掘者。"

20世纪在美国家喻户晓的人物拿破仑·希尔在创造学、人际学和成功学方面有很高的地位,他经过多年研究,在他的《成功学全书》中归纳出最有价值的、带有规律性的 17 条定律:积极的心态,明确的目标,正确的思考方法,高度的自制力,永葆进取心等。其中就有一条是"建立自信心"。他曾经说过:"成功者就是那些拥有坚强信念的普通人,成功的大小决定于你的信念深度。"他也说过:"信心是生命和力量,信心是奇迹,信心是创立事业之本。"

**6. 智慧心语**

教师的信任既是打开学生封闭心理的一把钥匙,也是帮助学生树立自信的"催化剂"。如果教师赋予学生以信任,学生就会扬起自信的风帆,鼓起勇气,增强战胜困难的决心。在教育教学工作中,教师应采取一系列行之有效的措施来培养学生的自信心。其中最重要的是,一定要让学生找到自己的兴趣、爱好、特长和个性。教师要相信每一个学生都有自我学习发展的潜能,每一个学生都渴望成功,渴望得到肯定、信任与赏识,这是学生作为"人"的需要,也是学生自我学习发展的动力源泉。

第十九则

# 拥有信心就是拥有生命

### 1. 教育絮语

一个人有了自信，就会产生一股巨大的力量，并在这种力量的推动下不断前进，这是一种强大的内驱力，可以使人不断迸发出智慧的火花，充分挖掘自身的潜能。教师一定要在日常的教育教学中，不时地告诉学生"你能行"，借助激励，帮助他们发挥优势，树立自信。

### 2. 经典案例

案例一

有一个人，患了严重的肺炎，生命垂危，他已失去了活下去的信心。一天下午，他突然发现窗外一棵树上仅有一片叶子在秋风中瑟瑟地抖动。他就在想："这片叶子掉下去的时候就是我生命结束的时候。"他把这个想法告诉了他的朋友。第二天醒来，他发现叶子还停留在树上。第三天、第四天……直到整个冬天过去，这片叶子仍旧还在树上。这片叶子给了他巨大的鼓舞，给了他活下去的勇气和信心。两个月后，他的病居然奇迹般地好了起来。其实，那片叶子早就掉下去了，是楼下的一位画家得知情况后，画了一模一样的一片叶子连夜挂上去的。

案例二

对拔尖的学生过分喜爱，对后进的学生不大关心是一些教师的通病，也是当教师的大忌。因为任何学生，包括那些一时处于后进的学生，他们身上也都有闪光的、珍贵的东西。

张老师在教小学四年级的时候，班上有一名学生被同学们称为"故事大王"，他非常喜欢看故事书，也很喜欢给别人讲故事，甚至上课时也看故事书！他的语文成绩一直是班上前几名,但数学却常常不及格。张老师多次找他谈心,讲道理,但他却没有一点进步。用他自己的话说,就是:"老师,我没有数学细胞。"张老师也对他失去了信心。

有一天,张老师给同学们出了一道智力题,要求把三个 5 和一个 1 用括号以及运算符号联起来,使得数为 24。其他同学正在苦思冥想的时候,他举手回答:"老师,我算出来了!"张老师感到非常惊讶,但是仍然请他到黑板上把式子写出来:$(5-1÷5)×5=24$。"完全正确!"张老师带头鼓掌,同学们也使劲鼓起掌来。经久不息的掌声在教室里回荡,他的脸涨得通红,但却洋溢着幸福的笑容。张老师高兴地对同学们说:"谁说我们的故事大王没有数学细胞? 这就是最好的证明!"事后,张老师又找他谈心,让他相信自己,一定有能力学好数学。这一次他听得非常专心,还不住地点头,表示一定会好好学习。

抓住学生的闪光点,给学生充分的信心,这正是教师义不容辞的责任。从此以后,他对学习数学有了极大的兴趣,加上老师和同学们的帮助,很快,他的数学成绩变成了优秀。后来,"故事大王"考大学的时候,还考进一所师范大学的数学系呢。

### 3. 案例分析

案例一中的病人,由于一片叶子给了他极大的自信,他才最终得以康复。

案例二中的"故事大王",语文很好,但数学一直很差,他说自己没有数学细胞,尽管张老师找他谈话,但也没有解决问题。而在一次数学课上,老师出了一道智力题,他第一个解答了,于是张老师说:"谁说我们的故事大王没有数学细胞? 这就是最好的证明!"正是这句话给了故事大王以学习数学的极大自信,后来,经过张老师的鼓励,故事大王的数学成绩取得了很大进步。

这两个案例说明,信心是力量的源泉,是战胜苦难与不幸的利剑,它可以使人发挥出超常的潜能。如果没有那次数学课的智力题以及张老师给予的表扬,"故事大王"或许永远学不好数学。因此,每一位教师都应该充分相信学生,善于发现学生的闪光点,让每一位学生的潜能都放出美丽的光彩。

### 4. 案例启示

教师的信任能使学生以积极的态度面对生活,从而使学生产生强大的学习驱动力。

### 5. 学海泛舟

赏识教育理论是一种先进的教育理念。赏识教育以"欣赏、信任、尊重、关爱"为核心,以人性为基础,在激发与激励的状态下实施教育。没有赏识就没有教育。人性中最本质的需求就是渴望得到尊重和欣赏,就精神生命而言,每个孩子仿佛都是为得到赏识而来到人世间的。教师要让学生受到赏识,学会感动,这是教育的一种极佳境界。心理学的研究表明,人在受到赏识的时候,工作或学习效果是最好的。让学生受到赏识,无论对于眼前的学习还是以后的长久发展都大有裨益。教师一定要对教育对象充满信心,以欣赏的眼光去看待学生。

夸美纽斯在《大教学论》中强调:"一个懂得教学艺术的教师容易把一切事物刻画在心上,由于人心没有限度,因此教师可以不断塑造、不断雕镂,永无止境。"他曾列举六种不同类型的儿童,认为教师只要教育得法,都会有收效。

### 6. 智慧心语

教师可以通过语言来鼓励、肯定学生的回答,让学生产生一种成功感,激发学生学习的主观能动性。当然,鼓励要以尊重学生为前提,首先要尊重他们的发言,倾听他们的心声;同时,教师的语言应饱含感情,对于学习成绩欠佳的学生尤须注意语音语调的运用,这样才能逐步培养学生的自信心。此外,教师还可运用行为鼓励和物品鼓励来调动学生的积极性,既可以通过亲切的笑容、和蔼的目光、温暖的抚摸、热切的期待等无声的鼓励,还可以用实物进行奖励,如五角星、卡通画、糖果、小玩具、文具等等。

## 第二十则
# 信心能唤醒学生的潜能

### 1. 教育絮语

人必须被教育唤醒,教育对于人的最根本的援助就是对觉醒的援助,这种援助是一种内在力量的解放。教育的一个基本信念就是:人都有可教的潜质! 只要确立了这种信念,教育者就会在实施教育的过程中,去捕捉教育的时机,唤醒儿童,发展其潜能。

### 2. 经典案例

路路同学是二年级第一学期从其他小学转来的,他学习努力,遵守纪律,是个人人称赞的好孩子。上学期在改选中队长时,全班一致同意他当选,他心里美滋滋的,这可是他入队以来第一次当中队长。但在少先队里任职,就须负起责任。由于他内向不善言谈,每次从大队部开会回来,都不敢向班主任老师汇报情况,见了老师就躲,这样下去怎么能在班里开展工作呢? 我知道他特爱面子,找他谈话总是在没有旁人的情况下,他一见到老师找他,就心慌,生怕自己哪点做得不好,老师问他情况,他紧张得结结巴巴说不出来,但是上课发言却流利、通顺、正确。

通过和他母亲的交流,我了解到两岁时,他患过哮喘,后来在幼儿园和口吃的小朋友天天接触,无形中就口吃起来,一直延续至今。由于自尊心强又好面子,有问题不敢向老师说,特别是口吃起来怕外人笑话。加之又怕干不好,同学们看不起他,于是做事总是退缩、不主动。为了帮助他改变心理上的障碍,我和他妈妈商量好,每天至少对他说一句"路路你能行,你能干好中队长的工作。"

在一次运动会预演时,他在小组里跑了第一名,我和全班同学使劲为他鼓掌。有的男生把他抱住直喊："路路,你真棒!"还有一次大队部召开中队长会,我说:"你快去开会,回来向全班同学汇报。"会开完后,他悄悄地躲到了自己的位置上,我走到他的身旁,轻轻地对他说:"同学们等着中队长传达大队部张老师的讲话呢。"他用那种不自信的眼光看着我,好像在说:"我不敢说。"我轻轻地在他肩上拍了拍说:"男子汉大丈夫,哪有不敢说的!慢慢看着记录本说,你能行。"我带头鼓掌鼓励他,在热烈的掌声中,他勇敢地走向讲台。还真不错,他准确、详细地传达了张老师的讲话精神。话音刚落,我高兴地把他搂住并大声说:"小伙子,你真棒!"于是,班里响起了一阵掌声。

就这样,路路自信心增强了,口吃的毛病也好多了。现在他在班里也敢大声说笑了,有时候还给同学们讲个笑话。

### 3. 案例分析

小时候的经历给路路留下了口吃的后遗症,他和同学们在交流时结结巴巴,但上课时却能流利、正确地回答问题。这件事引起了班主任老师的高度重视,尤其是在路路当选为中队长之后,面对很多工作任务,班主任老师与他妈妈和同学们一起努力来帮助路路树立自信心,如:他妈妈每天会对他说一句"路路你能行,你能干好中队长的工作";当他在运动会小组预赛中跑了第一时,同学拥抱他并说"路路,你真棒"等。就这样,经过老师、家长和同学们的帮助,路路同学树立起了自信心。

孩子们在每一个成长阶段都会有特定的需求,老师和家长只要细心地观察、了解每个孩子的心理及性格,帮助他们战胜自我,成功的喜悦就会伴随其永久。

### 4. 案例启示

在教育工作中,教师一定要想方设法让学生树立信心。

### 5. 学海泛舟

俄国教育家乌申斯基坚信信念在教育过程中的力量,他认为教育者能够通过信念的力量,达到真正的教育目的。他说:"如果把教学和教育工作截然分开,儿童的智育和德育就不能协调,而且两者显示不出力量。"教育如果没有转化为教育者的信念,实际上是没有任何意义的条文。他将教育定义为一种精神的影响、性格的转化以及信念的感染。他认为:"我们把儿童纯洁和易受感染的心灵托付给教育,使教育在他们身上刻画出最初的也是最深刻的轮廓,所以,我们完全有理由去问教育者,他在自己的工作中要追求什么目的,并且要求对这个问题做出明确而断然的回答。"也就是说,教师对于教育的热忱和科学的信念是其必备的教育资格和条件。

**6. 智慧心语**

教师要注意自己的一言一行,因为教师不经意的一句话、一丝微笑、一个举动,都会重新燃起或泯灭学生自信的火花。而要让学生体会到生活的美好与遨游知识海洋的快乐,教师就要告诉学生——你很优秀!"你很优秀"作为教育学生的口头禅,当经常回荡在学生的耳边时,他们就会不自觉地树立"我很优秀"的信念,坚信自己是最优秀的。教师还要培养学生的独特之处,利用学生的一技之长,激发学生的自信。在日常的教育活动中,教师要多留意学生的"独特"之处,一旦发现学生的长处,就要因势利导地肯定、鼓励甚至创造条件帮助他们强化、发展。

第二十一则
# 拥有信念就拥有梦想

### 1. 教育絮语

梦想是一个人走向成功的秘诀,学生有了梦想,就能激起他们学习和生活的激情。然而当今的教育,越来越注重实际而轻视理想,以至于很多有才能的人不知道何处才有幸福。黎巴嫩诗人纪伯伦说:"我宁可做人类中有梦想和有完成梦想的愿望的、最渺小的人,而不愿做一个最伟大的、无梦想、无愿望的人。"

### 2. 经典案例

美国纽约,有一位年轻的警察叫.亚瑟尔。在一次追捕行动中,他被歹徒用冲锋枪射中左眼和右腿膝盖。3 个月后,当他从医院里出来时,完全变成了另一个模样:一个曾经高大魁梧、双目炯炯有神的英俊小伙子,变成一个又跛又瞎的残疾人。鉴于他的表现,纽约市政府和其他各种组织授予他许多勋章和锦旗。纽约有线电视台记者问他:"您以后将如何面对所遭受的厄运呢?"这位警察说:"我只知道歹徒现在还没有被抓获,我要亲手抓住他!"

这以后,亚瑟尔不顾任何人的劝阻,参与了抓捕那个歹徒的行动。他几乎跑遍了整个美国,有一次甚至为了一个微不足道的线索,独自一个人乘飞机去了欧洲。9 年后,那个歹徒终于被抓获了,当然,亚瑟尔在其中起了非常关键的作用。在庆功会上,他再次成为英雄,许多媒体称赞他是美国最坚强、最勇敢的人。然而令人遗憾的是,不久后亚瑟尔却在卧室里割腕自杀。在他的遗书中,人们弄懂了他自杀的原因:"这些年来,让我活下去的信念就是抓住那个凶手……现在,伤害我的凶手被判刑了,生存的信念也随之消失了。面对自己的伤残,我从来没有这样绝望过……"

失去一只眼睛,或者一条健全的腿,那是不可怕的,真正可怕的是失去自己心中的目标。据报道,实施阿波罗登月计划的那些航天员,在受训期间都非常认真、刻苦,因为他们即将进行的是人类历史上前所未有的壮举。但是,当他们真正登上月球,在极度兴奋之后却是如狂涛般袭来的严重的失落感,因为他们再也找不到像登月那样值得挑战的目标。许多人之所以活得很充实,是因为他们有着永恒的信念。对于人生而言,不时调整自己的竞技状态固然很重要,但比这更重要的是要有一种坚韧不拔的信念,要心中永存梦想、希望与信念。因为大量的事实证明,人的老化不是始于肉体,而是始于精神。信念是一个人生存的理由,没有信念的人即使活着,也如同一具行尸走肉。

**3. 案例分析**

上述案例所反映的现象被称为"亚瑟尔现象"。这个现象告诉我们:梦想是一个人得以生存的最大动力。又瞎又拐的亚瑟尔警察如果没有亲手抓住歹徒的梦想,恐怕早就生存不下去了。作为教师,最大的责任就是让学生拥有美好的梦想,让他们对未来充满希望,让他们对在学校的每一节课、每一天都充满希望。

**4. 案例启示**

学生一旦拥有坚定的信念,他(她)就会拥有梦想,从而也就会为了实现这个梦想而努力奋斗。

**5. 学海泛舟**

南宋时期的著名教育思想家陆九渊强调,教学与学习应该以自立自得为原则。他说:"后生自立最难,一人力抵挡流俗不去,须是高着眼看破流俗方可。人惟患无志,有志无有不成者,人生天地间,如何不植立。"他强调自立自得,强调学生学习的主动性、自觉性、积极性,认为有了自立的心态,在学习或做事时,就能把自己的全副精神用在上面。

苏霍姆林斯基"相信教育具有强大的力量"。他相信每个孩子的可教育性,同时,他认为热爱孩子、关心孩子,是树立相信孩子、相信教育力量这一教育信念的前提。

**6. 智慧心语**

在教育教学中,教师在各个方面要赋予学生信任,给予学生真挚的爱,这种信任和爱一旦被学生接受,就会产生极大的感召力和推动力,学生的自信心也就会逐渐地树立起来。学生一旦树立了自信心,他们就会热爱自己的生活、热爱自己的学校、热爱自己所学的每一门功课。

# 第二十二则
# 信任是树立自信的催化剂

### 1. 教育絮语

教师的信任是打开学生封闭心理的一把钥匙，也是帮助学生树立自信的"催化剂"。如果教师赋予学生以信任，学生就会扬起自信的风帆，鼓起勇气，增强战胜困难的决心。因此，聪明的老师应该充分信任每一个学生。

### 2. 经典案例

小黄一直是一个各方面很好的学生，无论老师还是同学们都很喜欢他，但是因为一次偷同学的钱，他就不再受到同学和老师的信任了，甚至连他的父母亲都不再信任他，几乎每一个人都离他远远的，好像都在担心他再偷他们的钱，他的父母甚至每天几次检查存放钱物的衣柜。他面对的常常是鄙视和防范的目光。

小黄痛苦极了。他知道了偷窃行为是可耻的，他特别希望悔改，可是，他苦于没有机会，好像每个人都认为他不再有改过的可能了。

一天，正上着课，粉笔没了，他最喜欢的语文老师把一串钥匙随意地甩向了他，让他去老师的房间再取些粉笔来。他简直有些不敢相信自己的眼睛，而且全班的同学都不敢相信自己的眼睛，甚至有的同学正打算主动站起来，要求老师换一个人去。语文老师非常平静，根本不再多看男孩一眼，而是领着同学们开始朗读生词和课文，以等待他把粉笔取回来。在琅琅的读书声中，小黄怯怯地站起来，向外走去。他的每一步都很沉重，甚至想找个理由主动放弃，但是他没有别的选择，只好快步往前跑。终于把粉笔取来了，他把粉笔和钥匙一起放在了老师的手上，一切还是那么平静，只有老师说了一声"谢谢"，这句"谢谢"听起来是那么的和蔼可亲，他激动得快要哭出来了。

在以后的日子里,类似的事情经常在他的身上发生,其中,有班主任给予他表现的机会,也有各任课老师对他的信任。渐渐地,小黄好像恢复了以前的那个他。同学们又逐渐地成为他的朋友。两年后,他不但以优异的成绩考上了当地的市属重点高中,而且还被评为区优秀学生,后来,他考上了一所本科院校,学习了法律专业。

### 3. 案例分析

偷过东西的学生想悔改,但是没有人相信他,没有人给他机会,这样,他就看不到希望与未来。就在他非常痛苦之时,他喜爱的语文老师给了他重塑自我的机会,以后,类似的事情经常发生,不但有来自班主任所给予的机会,也有来自各科老师的信任。

在案例中,老师们用一种无声的行为挽救了他。老师们这样做就是帮助他自新,给他希望和信任,也正是由于老师们的信任,才使这个男孩逐渐从过去的阴影中成功地走了出来,同学们也逐渐改变了对他的看法。由此,这个男孩才得以开始他新的生活,并且最终获得了成功。

### 4. 案例启示

教师对学生的信任是学生改正错误、重塑信心的催化剂,是学生学习进步的动力。

### 5. 学海泛舟

一位当代教育家说过:"教师相信学生,并取信于学生,在教育过程中之所以不可或缺,是由于学生是活生生的人,有特定的心理倾向和价值取向。教师只有相信学生,取信于学生,才能使作为成年人与未成年人之间经验沟通与感情交流的教育活动得以正常开展。"

著名的"罗森塔尔效应"是教育学和心理学上的一个著名实验,这个实验是由美国著名心理学家罗森塔尔教授设计完成的。他把一群小白鼠随机地分成两组:A组和B组,并且告诉A组的饲养员说,这一组的老鼠非常聪明;同时又告诉B组的饲养员说,他这一组的老鼠智力一般。几个月后,教授对这两组老鼠进行穿越迷宫的测试,发现A组的老鼠竟然真的比B组的老鼠聪明,它们能够先走出迷宫并找到食物。

罗森塔尔教授得到了启发,他想,这种效应能不能也发生在人的身上呢?他又来到了一所普通中学,在一个班里随便地走了一趟,然后就在学生名单上圈了几个名字,告诉他们的老师说,这几个学生智商很高,很聪明。过了一段时间,教授又来到这所中学,奇迹又发生了,那几个被他选出的学生现在真的成为了班上的佼佼者。罗森塔尔教授这时才对他们的老师说,自己对这几个学生一点也不了解,这让老师们很是意外。

为什么会出现这种现象呢?是"期望"这一神奇的魔力在发挥作用。罗森塔尔教授是著名的心理学家,在人们心中有很高的权威,教师们对他的话都深信不疑,因此对他指出的那几个学生产生了积极的期望,像对待聪明孩子那样对待他们;而这几个学生也感受到了这种期望,并认为自己是聪明的,从而提高了自信心和对自己的要求标准,最终他们真的成为优秀的学生。这是因信任带来的期望心理中的共鸣现象:学生能否持之以恒地学习,与教师的信任程度有着密切关系,当教师的信任一旦被学生所接受后,就能对他们自身产生一种巨大的自推力。

### 6. 智慧心语

在一个人的一生中,拥有自信是非常重要的。一个人的成功信念比他一生中的货币和黄金更重要。一个拥有自信的学生,比没自信的学生更容易在学习中获得成功、更容易战胜学习中遇到的困难,因为拥有自信的学生会向着他的目标勇往直前,而没有自信的学生则会担心,易焦虑,怕失败。有自信,就可能成功;没有自信,就一定不可能成功!

第二十三则
# 培养学生自信

## 1. 教育絮语

课堂是培养学生自信的重要场所,要想让学生积极地投入到学习中,就要以鼓励和表扬为主,注意保护学生的自尊心,让学生在课堂上时时处处都感觉到自信。俗话说:"拥有自信就是成功的一半。"

## 2. 经典案例

上课不久,于老师就提出了一个问题,很多学生都高兴地举起了手,但有几个学生不举手,于老师便指定一个不举手的学生起立回答问题。那个学生声音很小地说:"我没这个勇气。"于老师和蔼地走到他跟前说:"没勇气不要紧,于老师特许你坐着回答,怎么样?"这个学生点点头,坐在座位上回答了问题。"回答得很不错嘛,以后继续努力。"于老师及时地表扬了他。过了一会儿,于老师又点名让这个"没勇气"的学生起来回答问题。听了于老师的鼓励和表扬,这名学生有了勇气并圆满地回答了问题,回答完后,于老师大声地鼓励,"回答得很好,下次,你应该勇敢地站起来。"

在后来的提问中,这个胆小的学生多次站起来发言。后来,于老师又提出了一个问题,学生的观点分成了两派,并且都不服对方,于是,于老师指名让两名不爱回答问题的学生作为代表阐述自己一方的观点,并说明理由。这两名学生有些手足无措。于老师说:"大家帮帮他们,你们找个地方单独演练。"这样一来,课堂气氛活跃起来了,大家都帮助本组的代表,一起练习起来。"如果回答错了该怎么办呢?"当一名学生如此紧张时,于老师赶忙递上一杯水让他喝,并幽默地为他摸摸胸压压惊。在大家善意的笑声和热烈的掌声中,这个学生很不错地阐述了自己的观点。

理由阐述完后,于老师问:"他们和自己比回答得怎么样?"学生齐声回答:"好!""是啊,每个人和自己相比,都有了了不起的进步,回答问题不在对与错,重要的是有勇气说出自己的观点,你们今天能站在大家面前说出自己的观点,这就是很大的进步。"

课堂上响起了一片热烈的掌声。

### 3. 案例分析

这是一个通过课堂提问来培养和激发学生自信心的案例,于老师让学生"坐着回答",为的是给学生一个台阶,这样不仅能激发这个学生参与回答的积极性,而且能提高他的自信心。在课堂提问时,经常会碰到一些胆小、不爱主动回答问题的学生,教师可以采取灵活多样的方式来激发并培养学生回答问题的自信心。

在这节课中,于老师给紧张的学生"递上一杯水",并且"摸摸胸压压惊",这样不但给予了这个学生以极大的自信,而且还营造了一个愉快的课堂学习氛围。确实,无论是在课堂提问还是在其他需要学生主动参与的场合,教师都要关注每个学生的表情,用关切和期待的眼神鼓励学生积极参与,通过点头、赞许的肢体语言来鼓励学生。同时,还要营造和谐、灵活、宽松的氛围,让学生能体验到学习的乐趣。

### 4. 案例启示

教学中,教师一定要想方设法激发学生的自信心,让其主动地投入到课堂学习之中。

### 5. 学海泛舟

孔子主张:"不愤不启,不悱不发,举一隅不以三隅反,则不复也。"这句话表达了孔子的启发性教学思想。也就是说,教师的启发是建立在学生思考的基础上,要引导学生探索未知的领域,激发起强烈的求知欲,积极去思考问题。孔子在此先讲启发的着眼点:要求学生形成"愤、悱"的心理状态,再直接言及启发的目的,培养学生运用知识的能力和思维的能力。体现了以学生为主体的思想。启发思考,发展学生思维能力,着眼点不在知识传授本身,而在于发展学生的思维,"愤者,心求通而未得之意",表明学生正处在积极思考的状态中;"悱者,口欲言而未能之貌",表明学生想说而说不出或说不清的状况,是他们的思维尚不清楚。"举一隅不以三隅反,则不复也",是指教师进行启发诱导时,如果用一种方法进行启发,学生尚不能举一反三,教师就应该换另一种办法施教。举一反三本身也是一种思维形式,它是以学生接受思维训练的状况作为评价教学效果的标准,是重在发展学生思维的教学方式。

苏霍姆林斯基说:"做老师的人应该有这种想法,即让每一个学习困难的学生,不管他已经被耽误到什么程度,都能在生活的道路上站住脚。"可见,做老师的在课堂上应想方设法让学习有困难的学生鼓起信心,努力学习。

### 6. 智慧心语

培养学生自信心的条件之一是不断让学生获得成功的体验。因此,在教育教学工作中,教师应根据学生的发展特点和个性差异,提出适合其水平的任务和要求,确立一个适当的目标,使其经过努力就能完成(所谓"跳一跳,摘得到"),这样,学生就会在不断的成功中培养出自信心。

# 第五篇

激发学生兴趣

兴趣在学校教学工作中有着非常重要的作用。兴趣是最好的老师,是学生主动积极学习的基础,是鼓舞和推动学生学习的自觉动机,是调动学生积极思维和探求知识的内在动力,兴趣也能使人更深入地关注和理解对他有意义的事物。

孔子说:"知之者不如好之者,好之者不如乐之者。"学生对学习有了兴趣,学习就不再是一种负担,反而变成了一种享受。学生只有对学习感兴趣,才能把心理活动指向和集中在学习的对象上,从而使自己的观察敏锐而细致、记忆持久而准确、思维严谨而独特。因此,培养学生兴趣是教师顺利开展教学、发展学生智力、形成学生良好个性的重要条件之一。

# 第二十四则
# 兴趣是最好的老师

**1. 教育絮语**

兴趣是最好的老师,这是我们耳熟能详的真谛。学习的最高境界莫过于乐在其中。学生只有对某事物感兴趣时,才会产生特别的注意,思维也才会因此而活跃,进而发掘自身的潜力,克服各种困难,全力以赴地实现自己的学习愿望。

**2. 经典案例**

在传统体育教学观念的影响下,教师填鸭式地教,学生被动地学,加上体育考试给学生造成的沉重心理负担,出现了随着年龄增长,喜欢上体育课的人数呈下降趋势的现象。特别是女生上体育课时无精打采,畏难情绪较大,借故请假较多。本来体育课对于学生来说应该是容易产生兴趣的一门课,但是由于体育课的教学理念过于陈旧,内容单调重复,方法简单机械,以致学生对体育课的兴趣逐渐降低,最后还可能对体育课产生一种厌恶心理。如何改变这种现状呢?某教师在教学中尝试对于不同身体条件用不同的体育游戏来促进体育教学,以此来提高女同学在体育课上的学习兴趣。

这是开学初的体育课,教学内容是身体素质恢复性练习,重点是提高学生的灵敏度。为了达到教学目的,男女生都安排了体育游戏内容。

教师:同学们,今天我们做一个游戏……

学生:不是"贴膏药"吧(小声地说)。

教师:不是,是个新游戏。方法是:所有人围成一个圈并且编号;老师喊一个号后将一个篮球高抛;其他同学跑开;被喊中号的同学上来拿球喊停;然后把球抛出击打其他同学;打中后交换角色,不中继续。

同学们高兴地玩去了。五分钟后……

学生：（大声地）老师换一个吧，这个不好玩。

教师：（这帮女生还挺挑剔！再一想，也难怪，这些女同学中有三个是体育特长生，还有好几个身体素质也不错，这个游戏对于她们是有点简单了。索性给她们换一个男生的项目"打猎"。不过这个游戏要求比较高，不知道她们行不行。）

教师：好吧，我们换项目。大家听好：前排同学围成一个大圈，用排球击打圈内的同学，圈内的同学自由奔跑躲避，击中者退出，如果接住可以重新进来一个；直到全部击中后交换。

场面一下子热闹起来，同学们奔跑、跳跃、躲闪，欢声笑语不断。被打中者也兴奋得大叫。

教师：同学们，你们真行！没想到这个游戏你们做得还真不错。

学生甲：老师，我觉得还是简单了，还有没有更难的。

教师：有。只要将排球换成两个或者三个；记住必须注意力集中，视野开阔、反应要快；当然也要注意安全。

学生乙：不行，别换了，受不了了……

游戏还是增加难度了，而且效果很好。学生们哄堂大笑，被打的同学也是乐不可支。爽朗的笑声洋溢在操场上。只看见学生满场飞跑，夹着尖叫声和笑声。教师用一种满脸喜悦的神情看着学生，在想：看起来温文尔雅的女生，想不到她们是那样的活跃……

**3. 案例分析**

案例中的教师经过精心设计，使同学们对体育课的兴趣倍增，充分体现了游戏是源于孩子天性的教学方式，同学们真是玩在其中，乐在其中。该班女同学的欢笑更是对"游戏激发兴趣"的最好证明，这也是这节课成功的关键所在。

**4. 案例启示**

学生的兴趣和学生强烈的学习愿望是紧密相连的。

**5. 学海泛舟**

皮亚杰在对儿童的实验研究中得出结论："儿童是个有主动性的人，他的活动受兴趣和需要的支配。"因此，在教学活动中，教师只是儿童学习的促进者，教师的作用是间接的，教师要尊重儿童学习的愿望，让儿童主动地、自发地学习，

"一切有成效的活动必须以兴趣为先决条件"。他还说："所有智力方面的活动都依赖于兴趣"，兴趣是学习的动力，是儿童获取知识的源泉。皮亚杰提出了一种育人理念，他认为，智力的活动必须由一种情感性质的力量所激发，要调动学生学习的主动性，必须先激发他们的学习动机，而且，内在动机也是由兴趣引发的、自觉自愿的追求，它比奖励惩罚之类的外在强化要强得多。他认为儿童是主动的学习者，"除了主动地掌握一件东西以外，就不可能学会任何东西"。为此，皮亚杰提出了一个原则，即给儿童学习的材料必须和儿童已有的经验相联系，同时又足够新颖，这样才会产生认知上的不协调和冲突，引起儿童的兴趣，促进他们主动、自发地学习。

总之，皮亚杰认为，儿童在智力方面所获得的巨大成就主要不是由教师传授的，而是出自儿童本身，是儿童主动发现、自发学习的结果。

### 6　智慧心语

兴趣是一个人探究事物和从事活动的一种认识倾向。在学校教学中，如何才能激发学生的学习兴趣呢？课堂上，教师讲授知识固然重要，但更重要的在于教师通过教学来激发学生的学习动机，唤起学生的求知欲望，让他们兴趣盎然地参与到教学过程中来，经过自己的思维活动和动手操作获得知识。因此，在进行课堂教学时，教师要充分利用教材提供的素材，根据不同的教学内容、教学目标，结合学生特点选用不同的教学方法，从而调动学生学习的积极性。

第二十五则
# 快乐教育

### 1. 教育絮语

在教育实践中,教师要为学生创设平等、民主、宽容、接纳、安全、愉悦的教育环境,从而让学生以安全稳定的心理状态对待每一节课,在快乐中度过在学校的每一天,从而践行"一切为了学生,为了一切学生,为了学生一切"的教育理念。

### 2. 经典案例

简单的开场白,刘老师向同学们许诺一定能够让同学们快乐地面对学习,感受学习的快乐。刘老师教的是历史课。在接下来让同学们做的自我介绍中,他就开始兑现他的快乐承诺了。当小赵同学作自我介绍的时候,刘老师笑眯眯地说:"姓赵真好,张王李赵四大姓,在封建社会地位高,赵姓家族在宋朝地位很高,因为皇帝也姓赵。"同学们"轰"地笑了。接着韩金同学作介绍的时候。刘老师又说:"韩金这个名字好,希望你真的含金量很高。"

刘老师的幽默有趣总是带着对同学们的尊重与鼓励,第一节课,他很快就赢得了同学们的好感。师生之间的距离一下就拉近了。更多的快乐还在后头。刘老师的幽默谐趣让同学们从中体会到了学习的快乐。刘老师把历史上很多有名的典故和故事讲给同学们听,这些典故和故事经过刘老师的讲解变得妙趣横生,欣赏性也更强了。

一次在课堂上,同学们正在津津有味地听刘老师的课。忽然,窗外围了很多别班上体育课的同学在樱桃树下争先恐后地摘樱桃,热闹非凡(学校里有很多樱桃树,有几棵正好距离教室不远)。同学们都忍不住好奇地往外看,刘老师看到这样的情形,并没有生气,他把坐在第一排的一个同学叫了起来:"如果我告诉你今天晚上 12 点我和同学们一起吃夜宵,你会相信吗?"大家一听都先是一愣,然后笑嘻嘻地喊道:"不相信!"刘老师接着问:"为什么?""因为晚上十点我们就要在宿舍按时休息了,所以老师不可能在晚上 12 点和我们一起吃夜宵。"

刘老师说:"大家都说得很对,晚上 12 点是你们休息的时间,因为如果休息不好,第二天就没有精力认真学习,这就是说该读书的时候就要读书,适当的时候总是要做适当的事情,你们上课的时候想着摘樱桃,合适吗?"同学们都低下了头。下课铃响的时候,刘老师问大家:"现在该干什么?"同学们笑着说:"下课。"老师笑着喊道:"对! 下课了,我带着你们一起去摘樱桃去!"大家欢笑着跟刘老师跑了出去。

刘老师就是这么一位随时都会给学生带来快乐的老师,他不仅仅在教学过程中贯彻了寓教于乐的教育理念,而且通过历史事件中的故事、名人轶事等让学生懂得了尊重别人,体谅别人,懂得了自尊与自强,懂得了如何去寻找快乐,并真切感受到了课堂上前所未有的轻松与快乐。

**3. 案例分析**

在这个案例中,刘老师通过幽默的话语,如:"姓赵真好,张王李赵四大姓,在封建社会地位高"、"韩金这个名字好,希望你真的含金量很高"等,让课堂气氛活跃起来,同学们都沉浸在快乐之中。这样,学生不但对刘老师上的历史课感兴趣,而且在课堂中学到了很多知识。刘老师还通过历史上著名的典故和名人轶事等来教学生一些做人的道理,当然这些典故和名人轶事经刘老师加工后非常有趣,他用课堂教学诠释了寓教于乐的教育理念。

**4. 案例启示**

在愉悦的教育环境中,能更好地贯彻"以学生为本"的教育理念。

**5. 学海泛舟**

胡适说:"讲新教育要注重兴趣。所谓兴趣,不是进了学堂就算是有了兴趣。兴趣也要一点点地生长出来,范围一点点地扩大。'得天下英才而教育之',教育也是有一种兴趣的。"

孔子说:"知之者不如好之者,好之者不如乐之者。"即知道它的人不如喜欢它的人,喜欢它的人不如以它为乐的人。学习有三种不同的境界:知道、喜欢和乐在其中。孔子将"乐之"视为学习动机的最高境界,是很有深意的。"乐"是一种"审美"、情感的倾向,达到了"审美"的境界,就有着无穷的乐趣。

**6. 智慧心语**

教师在教学中,营造轻松愉快的学习氛围,创设有趣的情境,不仅能诱发学生的新奇感,而且能获得意想不到的教学效果。一方面,教师需要营造恰当的情境,提供丰富的材料,让儿童自由操作、实验、观察和思考,这样的情境能够寓学于乐,能够很好地吸引学生的注意力;另一方面,所选的学习材料要直观、生动。在教学中,教师要注意用直观、鲜明的图式或教具来吸引学生,这样才能引起学生的兴趣,激发学生的学习积极性。

# 第二十六则
# 激发好奇心

**1. 教育絮语**

好奇心是学生最可贵和最宝贵的品质。教师要呵护和培养学生的好奇心，使他们养成勤学好问、善于质疑、积极探寻、勇于创新的良好习惯，将之作为自己日常教育教学最重要的工作之一。如果学生没有好奇心，那么他们就没有求知欲，更没有创造精神。有想象力、有创造性的学生，总是好奇多问、突发奇想，因为好奇心是学生创新的火花，是学生探索世界的动力。

**2. 经典案例**

那年秋天的南开，要上课了，学生们惊奇地发现校长兼老师的张伯苓先生抱着一个大黑箱子走进了教室。"先生，你需要帮忙吗？"学生曹禺问。"很好，帮我扶一下。"曹禺跑过来帮张伯苓将箱子放在讲台上。学生们都很好奇，一个大胆的学生问道："先生，你准备搬家吗？为什么把你的箱子搬到教室里来了？"张伯苓扶了扶眼镜："你们能看出里边有什么吗？"

学生们都笑了："先生，这个箱子只有一个小孔，除非我们把眼睛挨近小孔，才有可能看到……"张伯苓说："我今天是叫你们来猜谜语。同学们，这个箱子里有许多东西，我不准备告诉你们，但给你们一个机会，每个人都过来排队，通过这个小孔把手伸进去，仔细地摸其中的物体，但必须空着手退出来，然后根据摸到的感受写一个小故事。谁先来试试？"

"我先来！"曹禺跑了过来，把手伸进小孔，一阵乱摸后，叫道："老天，这是什么东西？"张伯苓对曹禺说："想到什么就写什么，即兴发挥。我今天就要看看，你们吹牛的本领到底如何。"其他学生也都摸了摸。……临近下课，学生们的故事一个个"出炉"。

曹禺的故事写的是:"某某年,夷人对华人发动了攻击,为了对付这些外来侵略者,华人发明了一种武器叫'光滑球',这种小球不仅又湿又滑,任何与它直接接触的物体也会被同化。华人把它偷偷放在夷人居住的地上。于是,一幕幕不可思议的情景出现了:夷人们突然变得寸步难行,只要他们一伸腿就会滑倒,一迈步就会朝天倒。在这种情况下,夷人只得宣布停战。"其他学生也宣读了故事……

张伯苓看完学生们写的故事,十分惊喜:"同学们,真没想到,你们的故事写得这么好!"曹禺站起来:"不过,我还是想知道箱子里到底是什么东西!"张伯苓狡猾地转了转眼睛:"箱子里有什么东西不重要,重要的是你们的故事写得很好。我相信你们还会写出更多的、更好的故事来……"说完,抱起箱子就要走。

曹禺等人忙叫道:"先生,你说说里面是什么东西?"张伯苓回道:"你们继续猜,猜中有奖,猜不中,但吹牛水准高的话,也有重奖!"说完便脚底抹油,走了。曹禺等人不由得又来了一番热烈猜测。

数年后,张伯苓突然注意到文坛上出现了一颗新星,他的剧本迷倒了很多人,而新星就是曹禺。据说,这位剧作家之所以能走上创作之路,源于老师的一次摸箱子的作文课。

### 3. 案例分析

箱子里究竟有什么?这个确实不重要,重要的是它所引发出来的好奇、议论、猜测和想象等。一旦有了好奇,学生们就会去探索、去想象。每个人对奇怪的事物都有一种好奇心,都希望能够搞清楚其中的缘由,而鼓励学生自己去探索,无疑是最好的教育途径和方法。对于一个教育者来说,拒绝满足学生好奇心的做法是不妥当的,教师应努力使教学过程尽可能引起学生的好奇心,增强学生对某一个事物的情趣,从而逐渐将好奇心变为求知欲。

### 4. 案例启示

学生的求知欲源于学生的好奇心,学生的好奇心源于教师的激发。

### 5. 学海泛舟

美国结构主义教育代表布鲁纳认为:"几乎所有的学生都具有内在的学习愿望,内部动机是维持学习的基本动力,它对学生的选择性探索活动具有重要影响,是教学成败的首要因素。儿童学习的内在动机有好奇心、胜任的内驱力和互惠的内驱力。"

乌申斯基也说过："儿童和年轻人对大自然有着共同的、不知不觉的、天生的赞美感,他们总是怀着爱心去观察周围的事物;因此,他们经常产生许多问题。"也就是说,好奇心是求知欲的开端,而儿童的好奇心通常是很强烈的。一个人的智力活动越是集中在某一个范围之内,他的求知欲就越是能得到发展,而他对这一范围之外的事物的好奇心也就越会减弱。

教师应该致力于把儿童先天就有的好奇心变成求知欲,由于这一目标实现起来很缓慢,它只有通过整个教学和教育过程才能实现,因而教师首先应努力做到在形成儿童真正的求知欲之前不要扼杀他的好奇心。

### 6. 智慧心语

问题困境能有效激发学生的学习兴趣。如何将问题呈现在学生面前？这需要教师转变观念,积极引导,尽力创设问题情境,促使学生尝试。问题情境就是为学生创设思维的场景,通过特定场景来激发学生的学习兴趣。教师要抓住学生理解教学内容时可能产生的疑惑,精心创设问题情境,在学生与学习材料之间架起一座桥梁,引导学生从中发现问题,提出问题,进而探索问题,解决问题。

第二十七则
# 激发学习兴趣

### 1. 教育絮语

厌学是目前中小学生常见的事情,也是最具危险性的问题,教师应该及时化解这一问题。学生一旦厌学,就会消极地对待学习,以致严重妨碍学生的健康成长。

### 2. 经典案例

王老师是一位语文特级教师,在三十多年的教育生涯当中,她从来没有放弃过厌学的学生,她用火热的心,一次次重新点燃厌学学生对学习的"兴趣之火"。

王老师班里有一个男同学叫小剑,性格很开朗,和同学的关系很好,学习成绩也很好。但在高二上学期期中考试后不久,王老师突然发现小剑的精神变得萎靡不振,便找他谈话了解情况。"小剑,我发现你现在上课总是没有精神,怎么回事啊?是不是有心事,可以告诉老师吗?"王老师亲切地问。"不知道为什么,这段时间我晚上总是睡不着。"小剑垂头丧气地回答。"是不是学习太累了?虽然学习很重要,但也要注意休息,不要累坏了身体!"王老师叮嘱道。"哦,我知道了,老师。"小剑答应着。第二天上午,小剑的妈妈打来电话,说小剑要请几天假到医院去看病。过了三天,王老师打电话到小剑家询问情况。电话是小剑的妈妈接的,说儿子已经从医院回来了,他的爸爸一会儿会到王老师的办公室去。

过了十几分钟,小剑的爸爸来到王老师的办公室。"小剑怎么了?身体有什么问题吗?"王老师问。小剑的爸爸看上去脸色很不好,心情沉重地讲道:"这孩子想弃学,现在很害怕看到书本,害怕到学校,一到校门口就浑身不自在……"听了小剑爸爸的叙述,王老师的心不由得一沉,这个学生不会是得了厌学症吧?于是下班后,她马上赶到小剑家。当王老师看到小剑的时候,他正蜷缩在一张椅子上,两眼迷惘、无神。看到这种情况,王老师的心情十分沉重。这一刻,王老师只觉得心被什么东西揪住似的,很难过,很自责。如果自己能多关注他,早发现问题,事情绝不会发展成这个样子。看着面前毫无生气的小剑,王老师的心里升腾起一股强烈的欲望,绝对不能让他弃学,无论如何都要让他重返学校!过了几天,王老师再次到小剑家询问他的身体状况,看到老师,小剑忙说好多了,趁此机会,王老师告诉小剑他在自己心中的印象:学习上是一位认真、很有上进心的学生,人品上是一位热爱班级、尊敬老师的好学生,他在其他老师心目中的印象也非常好。小剑听后,非常高兴。之后,王老师让科任老师打电话关心小剑,两周后,小剑返回了学校。

后来,王老师经常和他谈心,进行心理沟通,让小剑树立自信并形成正确的自我意象,同时,通过一系列活动和事件不失时机地给予小剑表扬和鼓励,渐渐地,小剑的性格开朗起来,并从痛苦中走出,恢复了以前的自信。

**3. 案例分析**

在这个案例中,小剑已经具有严重的厌学倾向,如果不加以正确及时的引导,就有可能发展成为厌学症,这是个相当严重的问题。王老师看到小剑这种萎靡不振的精神状态很是心痛,于是,她不但主动到小剑家和他谈心、交流,说出自己对小剑的印象,而且还让科任老师打电话关心小剑。在老师们的关心下,小剑于两周后重新返回学校。王老师并没有因为小剑返回教室而停止对小剑的关心和爱护,因为她知道小剑还没有走出厌学的心理阴影,因此采取了很多措施,帮助小剑从厌学的痛苦中走出来。在王老师的亲切关怀和爱护下,小剑恢复了自信并摆脱了厌学的阴影。

**4. 案例启示**

学生厌学的危害性很大,教师要真诚及时地给予指导,学生一旦激发起对学习的热情和兴趣,厌学的问题自然就迎刃而解了。

**5. 学海泛舟**

克鲁普斯卡娅说:"兴趣激发了无限的注意力,而注意力又是记忆力的前提。凡此种种,无不表明兴趣所具有的重大作用。"

第斯多惠指出:"教学的艺术不仅在于传授本领,还在于激励、唤醒、鼓舞,主要就是要激发学生的兴趣。"卢梭也说过:"赞扬学生微小的进步,要比嘲笑显著的恶迹高明得多。"可见,激发学生的学习兴趣,是取得教学成功的重要手段之一。

### 6. 智慧心语

对于厌学的学生,教师的目的只有一个,就是让学生重新爱上学习,爱上学校这个大环境。因此,对这类学生,教师一定要有耐心。一方面,关心尊重学生,建立良好的师生关系;另一方面,持之以恒,培养学生良好的意志品质。解决学生厌学问题是一项长期、艰苦、复杂的工作,不可能通过一次主题班会、几次谈话就能解决问题,需要教师有一种持之以恒、坚忍不拔的精神,更需要培养学生良好的意志品质。此外,应争取家长的配合,形成教育合力。教师要经常与家长共同商讨教育策略,让家长以发展的眼光看待孩子,经常鼓励孩子,寻找孩子的闪光点,鼓励孩子一步一个脚印地前进。

第二十八则

# 兴趣的功效

### 1. 教育絮语

兴趣是最好的老师,是学生学习的内在动因,是学生学习的动力和先导。浓厚的学习兴趣,不仅能使学生自觉地集中注意力进行学习,而且能使学生思维敏捷。因此,培养学生的学习兴趣是提高学习能力,取得良好学习效果的重要条件。

### 2. 经典案例

曾经有一次,何老师讲解例题,待学生掌握得差不多时,他突然从教室门外推进来一个柜子(类似酒吧中那种多格子的放酒瓶的酒柜),上面蒙了一层不太厚的纸。

学生们立即瞪大了眼睛。

何老师说:"这里面每一个格子里面都藏着一道题,谁解出来,智慧女神就会给他颁发证书,并领取一份精美的小礼品。"

学生们兴趣大增,跃跃欲试。

何老师让其中一名男生上来,男生对准一个格子一拳打去,纸破了,里面有一张小纸条,上面写着一道题。何老师便当场展示了这张纸条,然后让该男生解题。男生抓耳挠腮,下边的同学便纷纷给他出主意。

此时,所有的学生都在设法解决这道题,何老师实际上已经调动了所有学生的思维积极性。

最后,男生终于有了正确的解题方法,当他报出答案时,何老师便给了这名学生一份小礼品——是一张印刷精美的明星卡片。

随后,第二个、第三个……学生们纷纷要求上来。

一个个格子分别被打破,一道道题目也随之得到了解决,而学生们也十分愉快地获得了漂亮的小礼品。

### 3. 案例分析

这是个很好的"寓教于乐"的教学例子。课堂上,何老师通过游戏的方式,不仅调动了学生学习的兴趣和积极性,而且取得了良好的教学效果,完成了教学任务。何老师善于把游戏和教学内容结合起来,他说:"每一个格子里面都藏着一道题,谁解出来,智慧女神就会给他颁发证书,并领取一份精美的小礼品。"就是这句话激发了学生解题的积极性,于是,学生们就在活跃的气氛中开动了脑筋。

### 4. 案例启示

课堂教学中,教师合理地运用游戏,不但可以调动学生学习的兴趣和积极性,而且能取得意想不到的教学效果。

### 5. 学海泛舟

兴趣是人的欲望、需要、追求的征兆。杜威说,兴趣使一个人和他的对象融为一体。因而,"学生的兴趣是开展教学活动所不可缺少的一个条件或一个前提条件,是学生对各种学习活动的根本态度。学生对一种活动有兴趣,就能全神贯注于其学习活动。学生的兴趣浓厚与否,决定他们的学习积极性与热情的高低。兴趣既是学习的动力,又是学习的先导"。兴趣是一个动态的过程,兴趣可以从无到有,从淡薄到浓厚,可以通过有效的影响加以培养。教师的基本任务之一就是培养学生的兴趣。激发和运用兴趣的教学可以大大提高学生学习的主动性和热情,还可以增强教师上课的针对性和可接受性。

### 6. 智慧心语

在教育教学中,教师可以通过创设游戏情境来激发学生的学习兴趣。游戏是学生喜闻乐见的活动形式,它可以使学生的注意力更持久,积极性更高,可以让学生在轻松愉快的气氛中学到知识。在课堂上经常设计一些游戏活动,会提高学生的学习兴趣。学生一旦对学习有了极大的兴趣,他们就会乐于思考自己学过的东西,乐于尽可能地把各个部分的知识联系起来,使新学习的知识建立在旧知识的基础之上,找到新旧知识之间的联系,从而激起学习的强烈兴趣。

# 第六篇

开发学生智慧

教师不仅要传授学生系统的科学文化知识,更为重要的是培养学生各方面的素质,如培养学生的思维能力,培养学生发现问题和解决问题的能力,培养学生的创新能力,等等。这种培养就是对于学生智慧潜能的开发。开发学生的智慧潜能是素质教育的一个重要方面,素质教育旨在从基础知识教育、基本技能教育入手,挖掘学生的潜在能力,开发其潜在的聪明才智,发挥其主观能动性。人的智慧不尽相同,有的学生天资聪明,有的学生天赋较差,前者一讲就通,一听就懂,后者则需要多次启发诱导才能弄懂弄通。因此,在课堂教学中,教师一定要注重对学生智慧的开发。

## 第二十九则

# 贵在启迪

### 1. 教育絮语

启发式教学是一种循循善诱的教学方法,它是一种开放的、不断吸收新的教学经验、不断充实和发展的教学指导思想。启发的过程就是激励引导的过程,它能够有力地促进学生积极思考和主动探求并且自觉地获取知识。启发式教学在很大程度上就是老师充分调动学生学习的需要、兴趣、动机,培养学生良好的学习习惯,促进学生形成良好智商的过程。

### 2. 经典案例

杨老师在上"圆的认识"一课。

老师:"同学们,你们见到的车轮是什么形状的呢?"学生们:"圆形的。"学生们的好奇心一下子被激发了出来。他们互相议论着、争辩着:"老师,如果车轮不是圆形的,那就跑不快。""车轮不是圆形的,而是正方形或是三角形的,就跑不动或者会上下颠簸不停。"

老师:"圆形车轮为什么会转得很稳呢?"学生们面面相觑。对他们来讲,这个问题确实有些难。杨老师抓住这个机会,引导他们自己去寻找答案:"你们能不能根据实际的车轮想一想它的奥秘呢?"听到老师的话,学生们马上动起手来。有的拿起小手枪(提前准备好的)左右观察,用尺子和手比划着、思考着;有的拿着绳或尺子量起来;有的则在翻课本,试图从教材中找到答案。杨老师没有打扰同学们的思路,而是给时间让他们自由思考。当杨老师看到小明也在用一根小棍当尺子去测量车轮的辐条时,他甭提有多高兴。要知道,这个平时学习较差的学生,此时竟能想出这么聪明的办法来认识车轮,而这种方法正是寻找正确答案的捷径。"小明,你真聪明!"杨老师趁此机会鼓励道。一句真诚的夸奖,给了这个调皮鬼无穷的力量! 小明立即站起来大声说道:"老师,我发现辐条的距离都是一样长的。""为什么是一样长的呢?"老师继续问道。小明愣住了。此时,其他同学纷纷举起了手。

"车轴与轮子的距离相等,就保证了车与地面距离始终不变,所以车子行走时就稳了。"这是优等生小刘的声音。于是,杨老师顺利地引出主题:"正像你们所说的那样,每根辐条的长度是一样的,也就是轴与轮子的距离相等,才能使轮子转动起来始终和地面保持相等的距离。那么,轴到轮子的距离又是圆的什么呢? 圆还有哪些特性呢? 这也就是我们这节课学习的内容——圆的认识。"

### 3. 案例分析

这是启发式教学的案例。杨老师在教学生"圆的认识"时,运用学生们熟悉的车轮来引导大家认识新知识,通过"圆形车轮为什么会转得稳"这个问题,激发了学生思考的积极性。当有同学说"辐条的距离都是一样长"的时候,老师就继续追问:"为什么是一样长的呢?"通过这几个问题,老师在课堂上调动起了大家思考的积极性,最后顺利地引导学生进入了本节课的主题。

### 4. 案例启示

课堂教学中,教师要紧扣主题,巧妙地对学生进行启发引导。

### 5. 学海泛舟

《学记》中反复强调"喻",就是启发诱导。《学记》说:"故君子之教,喻也;道而弗牵,强而弗抑,开而弗达。道而弗牵则和,强而弗抑则易,开而弗达则思。和、易、以思,可为善喻矣。"教师在教学过程中,要想很好地完成教学任务,提高教学质量,开发学生的智力,发展学生的能力,最根本的一条,就是要按"喻"的原则教学,即启发式。"道"是引导、指导的意思。教师教学着重在于给学生指引一条正确的道路,启发他们如何自己前进,而不是硬牵着他们走。如果硬牵,学生只有依赖别人,永远不可能有独立的自主意识和能力。达到了"和",学生就产生了乐学、愿学的喜悦心理,也就能很好地适应教师的教学,师生之间的情感也就得到了沟通。"强"是严格要求,认真督促,"抑"即强制、压抑。教师教学对学生必须严格要求,认真督促,但要把握分寸,掌握限度,而不至于过头成为强制,让学生感到压抑,这不仅达不到教育目的,也达不到预期的效果,甚至造成学生的逆反心理,反而厌学、畏学。"开"是开启,露其端倪。教师给学生讲解问题,必须把握要领,抓住重点,突破难点,讲清带有启发性的关键问题,不必把所有一切全盘托出。这样学生便可得到老师的某种启发,充分发挥自己的主观能动性,开动脑筋去独立思考,深入理解,自己学习,自求自得,充分体现其主体地位,发挥其主体作用。

蔡元培说:"最要是引起学生读书的兴味,做教员的,不可一句一句地,或一字一字地,都讲给学生听。最好使学生自己去研究,教员不讲也可以的,等到学生实在不能用自己的力量了解功课时才去帮助他。"

### 6. 智慧心语

在教学中,教师要充分发扬民主的教风,把课堂交给学生,让学生的个性在课堂上得到最大限度的张扬,让学生积极主动地探索新知。苏霍姆林斯基说过,在人的内心深处都有一种根深蒂固的需要,这就是希望自己是一个发现者、研究者、探索者。面对知识的疑点,学生带着兴趣去学,体验自我学习、解决问题的过程,收获的不仅是真知,更重要的是学习的方法和智慧的启迪,以及由此而获得的成功感和面对问题的信心。教师要关注学生的情感,营造人人主动参与的学习氛围,强化学生的情感体验;营造宽松民主的课堂氛围,促进师生关系的改善,从而启迪学生的智慧。

第三十则

# 促进思维

### 1. 教育絮语

培养学生观察力、逻辑思维能力是开发学生智力的重要途径之一,也是推行素质教育的关键所在。俗话说:"学起于思,思起于疑。"在教学中,教师要鼓励学生在学习中善于开动脑筋,积极思考,勇于探索。

### 2. 经典案例

案例一

小宇家住澳洲,爸爸妈妈都是从中国来的移民。父母虽然都受的是中国式的教育,但对女儿的教育却以西方的启发和鼓励为主。有一次上社会课,老师讲到资本主义与社会主义的区别,指出社会主义的特点是不管干什么工作都是同工同酬,拿一样的工资。小宇一听,有不同的看法,但又害怕老师不接受自己的意见。最终小宇还是觉得不吐不快,于是她大胆地对老师说:"我有不同的看法,我每年回中国,看到的、了解到的情况跟你讲的不一样。"小宇一连讲了几个例子,说明现在的中国收入已经拉开了差距。老师听后,不置可否,只礼貌地说了声"谢谢",又继续讲她的课。下课后,老师和蔼地对小宇说:"你讲的这种情况我不知道,这说明我的讲解不一定都正确,等我查阅一下资料,再来回答你的问题。"这时小宇感到很欣慰。

到期末考试时,社会课考卷上有这么一道题:"你认为,资本主义与社会主义可以互补吗?"到评讲考卷时,老师说:"我们年级130位同学,129人的回答都是'NO',只有小宇回答是'YES'。现在请小宇到前台来和大家分享一下她的看法。"小宇兴高采烈地到前台谈了自己的理解和观点,老师和同学们都接受了她的观点。受到了老师和同学们的称赞,小宇感到无比的自豪。

案例二

在 1998 年的高考语文试卷中,有一道很灵活的试题,要求考生以时间为主语,造出两个比喻句。这是一道比较能看出学生语文内在素养的考题。在评卷组里,时常能听到老师对学生答题的评价。"你看这题写得多棒:时间如航船,载我们去胜利的地方! 年轻人就是应该去夺取胜利嘛。"一位老师道:这学生的人生观多积极呀。"是呀是呀。多么积极的人生观。"大家附和。该学生得了个满分。

"你看这学生写的:时间好比我们手中的沙子,从我们手里漏去,从此不再归回;时间就像一列列车,载着我们,经过无数的人生小站,最后抵达死亡! 瞧瞧这学生,人生观怎么这么灰暗呢!"那老师作势欲挥笔,我看这个学生又要遭厄运了,忍不住说:"可这学生文笔不错,想象力也不赖呀。"但是,这个"人生观灰暗者"还是得到了一个"鸭蛋"。

人生观的乐观与否和学生语文水平高低是直接挂钩的吗? 我心里涌上一层困惑。何况上面提的那个考生对人生的思考也并非太过离谱。

与其形成鲜明对比的,是这样一篇美国小学生的想象作文:有几个小男孩,到郊外去玩,在芦苇丛中发现了一只蛋,有的说是蛇蛋,有的说是鸟蛋,争论没有结果,他们决定把蛋拿回去放到烘箱中去孵……蛋壳快破了,大家紧张地盯着看,哈,蛋里孵出的是里根总统!

据说,这篇作文被推荐到美国全国性的报上登载,受到广泛的推崇。

**3. 案例分析**

课堂上,教师要启迪学生的思维,让学生学会学习,学会思考,学会发问,学会做人。在案例一中,老师对小宇的教育充分体现了鼓励学生善于思考这一教学理念。在案例二中,通过阅卷教师对高考作文的评判和美国人对小学生作文的评价,反映了不同的教学理念,中国教师的作文观在于追求所谓的"标准",而美国小学生的作文在于追求学生的发散思维能力和趣味性。

**4. 案例启示**

在课堂教学过程中,教师应该启迪学生积极思考,培养学生的发散思维能力。

**5. 学海泛舟**

苏格拉底在与别人谈话的过程中,发展出一种叫"精神助产术"的教学方法。

苏格拉底认为他的方法就是"通过同人谈话,通过提出问题、回答问题,反复诘难来寻求普遍意义的定义。它通过揭示对话者观点或提出的定义中的自相矛盾,启发他一步一步地明白自己本来是无知的,应该反省以求新知"。

朱熹认为读书治学所要达到的境界是:"读书无疑者,须教有疑;有疑者,却要无疑,到此方是进矣。"大致意思就是说,读书过程中要善于质疑,同时还要解决疑问,直到解决所有困惑疑问,才算是有所长进。"疑"是学习进取的关键,只有会"疑",才能促进学生积极思维,才能在不断地"生疑"、"质疑"、"释疑"的过程中,学到有益的知识。

## 6. 智慧心语

良好的思维习惯对于学生的成长是很重要的,因此,在教学过程中,教师要注重培养学生的思维习惯。以下几个步骤可做参考:第一,要创设一个真实的疑难情境。可以采取暗示的形式,并在暗示中寻找可能的解决方法;第二,明确疑难所在,作为思维的刺激物,并从疑难中提出问题;第三,提出解决疑难的各种假设或方法;第四,推断哪一种方法能解决问题;第五,通过应用来检验所采用的方法。

# 第三十一则
# 暗示艺术

## 1. 教育絮语

暗示,是一种心理影响,是用含蓄的、间接的方式,对别人的心理和行为迅速产生影响的过程。暗示教学,就是要创造一种环境,运用暗示手段,充分激发个人的心理潜力。从学生是一个完整的个体出发,在师生互动过程中,教师要力求把各种无意识因素组织调动起来,以达到最大限度地促进学生发展的教学效果。

## 2. 经典案例

案例一

一位教师上《周总理,你在哪里》一课时,事先在教室里挂上周总理的遗像,剪贴反映周总理生前活动及逝世时人民群众沉痛悼念的照片,上课时教师特意穿一身深色服装,胸前戴一朵小白花,而且在哀婉缠绵的音乐中声情并茂地朗读课文,很快使学生与课文的感情产生强烈的共鸣,不少同学含着眼泪,悄悄地擦抹眼睛。

案例二

一位教师上《长江三日》一课时,有意以闲谈的口吻,娓娓动听地叙述自己游览三峡的体验,谈轮船在暮色中航行的艰难,谈迷雾锁江轮船抛锚时旅客的焦虑,谈船过暗礁险滩的惊险场面,谈江鸥在明丽的水面飞翔的和平景象……教师在不动声色中有意识地扣住《长江三日》的寓意和主题,而学生则完全处在无意识的心理状态下听老师的讲述。

接着教师让学生分析课文的寓意,学生大多能很快做出恰当的回答:作者通过三天旅途经历的描绘,揭示了一个富有哲理的主题——人类社会就是冲破了黑暗和迷雾,经历了千难万险,才到达光明美好的今天。

**3. 案例分析**

在案例一中,通过"事先在教室里挂上周总理的遗像,剪贴反映周总理生前活动及逝世时人民群众沉痛悼念的照片,上课时教师特意穿一身深色服装……"等教学设计,语文教师有意识地运用场景、氛围等环境条件来强化暗示刺激,大大提高了教学效果。这是根据课文内容而创设的环境暗示。

在案例二中,教师故意以闲谈的口吻,娓娓动听地叙述自己游览三峡的体验,使学生在无意识的心理状态下接受了教师的暗示,轻松地掌握了知识。受学习过程中自发性、随机性和潜在性的无意识刺激,能对学生有意识的学习起到一种奠基和补充的作用,达到两者"双重交流水平"的和谐一致,从而创造出最佳的学习效果。

**4. 案例启示**

在课堂教学中,教师要充分利用无意识因素来组织教学,以便营造一个愉快、融洽的学习氛围。

**5. 学海泛舟**

暗示,是指人与人之间、人与环境之间未意识到的刺激影响作用,特别是在无对抗的条件下,通过含蓄、间接的方式对人的心理和行为发生影响。暗示教学艺术,"乃是指教师有意识地、自觉地运用暗示原理,以多种多样、含蓄、间接的方式影响学生的心理和行为"。

暗示教学艺术具有以下几个特点:首先,含蓄性和启发性。"暗示信息的隐蔽性,使得暗示教学艺术中师生之间的信息交流带有鲜明的'会意性'特点。如在教学过程中,教师对学生进行含而不露的批评、委婉的劝告,都是彼此心照不宣、心领神会的。"教师的一个眼神、一句话、一个动作都可能有含蓄的暗示。其次,愉悦性和可接受性。暗示教学艺术使学生感到学习自始至终都是愉快的过程。

**6. 智慧心语**

暗示是教师对学生进行教育时经常运用的一种手段。教师的语言、语态、目光和表情在教育教学中的作用是很大的。语言和语态亲切、热情,能使学生获得亲切感和信任感,因此,教师恰当地运用语言或语态对学生表达情感或言外之意,更利于师生沟通。眼睛是心灵的窗口,教师信任、期待和赞许的目光,能给学生以鼓励,能使学生信心倍增。教师温和、亲切、充满爱心的表情,能使学生产生愉悦的心境,能充分激发学生的想象力、思维力。

第三十二则
# 巧设导语

**1. 教育絮语**

导语的目的是通过引人入胜的情境设计,激发学生的兴趣,把学生的目光吸引到课堂上,从而点亮学生探索知识的心灵之灯。

**2. 经典案例**

单老师上《都市精灵》一课前仔细地考虑:关于动物的话题学生都很喜欢,运用什么样的导语才能让他们认真听课呢?

他设计了这样一段开场白:"我们所学的第五单元的主题是人与环境,其中人与动物是我们关注的主要话题。人与动物彼此依赖,有很多关于人与动物互帮互助的故事,有谁能给大家介绍这样的故事呢?"

教室里的学生有的皱眉苦想,有的与同桌讨论,互相交流自己的所想。片刻之后,单老师叫起一位男生。那个男生说:"我在电视上曾经看到一则新闻,2004年印度洋发生大海啸时,一批乘着大象游览的游客正在游玩。由于大象能感应到人类感知不到的次声波,便反常地狂奔上山,最后海啸来临时,这批游客幸免于难。""虽然大象跑到山上是发自本能,但我们仍然觉得是大象帮助了人类。"单老师一边对那个男生投以赞许的目光,一边继续问:"其他同学还有谁要讲?"

一个女生站起来说:"我曾从网上看到这样一则故事:有一个小男孩,在放学回家的路上捡到了一只翅膀受伤的小鸟,他把小鸟带回家治伤,等小鸟痊愈后,小男孩又把它放回了大自然。后来有一次,小男孩在树林中迷路了,正是这只小鸟为他引路,把他安全地送回了家。"

这两则故事把学生带进一个人与动物互相帮助的情境中,大家对这样的话题产生了浓厚的兴趣,一个个听得津津有味。

这时,单老师话锋一转,"这两位同学用简单而流畅的语言讲述了人与动物的故事,看来要和动物做朋友并不难,关键在于要用心去感受,用爱去交流。只有这样,我们生活的世界才会更加和谐、更加美好。那么接下来,就让我们一起走进舒乙先生的《都市精灵》,共同来探讨一下人和动物和谐相处的问题。"

就这样,在单老师的引领下,学生一个个聚精会神,开始认真地学习课本上的内容。

### 3. 案例分析

"人与动物和平共处"这样的话题已经是老生常谈了,那么怎样赋予这个老话题以新的生命力,扣住学生的心弦,把学生顺利地导入课文中?

单老师经过思考,决定借助导语把主动权交给学生,于是提出"谁能给我们介绍一则这样的故事呢"这一让学生感兴趣的话题。当故事与课文结合起来的时候,学生的思考会随着老师的引导进一步加深,从而更深地体会课文的内容。

这个小小的导语设计是决定课堂情境教学是否成功的重要元素之一。虽然导语只有两三句话,有时候仅仅是一个小小的提问,但如果能在上面花一点心思,精心地设计一下,就会发现新颖的导语会发挥出令人惊奇的效果。

### 4. 案例启示

课堂教学中,好的导语设计是教学成功的一半。

### 5. 学海泛舟

导语的设计是教学设计的一部分。"教学设计主要是根据教学任务和目标对教学活动进行系统规划与决策的过程,从一定意义上说,教学设计也类似一个问题求解的过程。"进行教学设计首先要确定教学目标,因为教学目标是教学活动的出发点和归宿,是课堂教学的灵魂,所以确定教学目标是教学设计工作的首要任务。其次,研究和分析教学内容,在这一过程中,教师要对教材呈现的知识进行再选择、再组织和再加工。最后,研究和分析学生的特点和需要。学生是教学活动中的学习主体,教学设计的目的是为了有效地促进学生的学习,因此,全面分析和了解学生的现实发展水平,准确把握教学的起点,是课堂设计的一项重要内容。

### 6. 智慧心语

导语虽只有短短的几分钟,却是一种不简单的教学艺术。好的导语能够紧扣学生的心弦,将他们的注意力集中到课堂上,使他们认真听课,并开动脑筋,积极思考。因此,每一位老师都应重视导语设计。教师可利用教学图片激发学生的兴趣,吸引学生的注意力,就图片提出一系列问题,逐步导出新课。同时,从学生已有的认知结构出发,创设恰当的情境,引导其在旧的认知结构上去发现、学习新知识,达到温故知新的效果。此外,采用问题导入新课,即结合学生的兴趣,提出让他们关注的、感兴趣的问题也是一种行之有效的方法。

第三十三则
# 激发探索精神

### 1. 教育絮语

《基础教育课程改革纲要(试行)》指出,要改变课程实施过于强调接受学习、死记硬背、机械训练的现状,倡导学习主动参与、乐于探究、勤于动手,培养学生搜集和处理信息的能力、获取新知识的能力、分析和解决问题的能力以及交流与合作的能力。这是课堂教学中有关培养学生探究能力的新教学理念的表述。探究学习是指学生独立发现问题、获得自身发展的学习方式。学生自己发现问题是探究学习的出发点。

### 2. 经典案例

周末去郊游,顺手挖了一些荠菜,因为我正要讲《挖荠菜》这一课。第二天我把一些荠菜带到课堂上,想让同学们看一看作者小时候梦寐以求的荠菜是什么样。

当我把荠菜拿到班上时,同学们都很好奇,坐在第一排的王璐一下子来了精神。谈起王璐同学,所有的任课教师无不了解他:上课爱吃东西,爱溜号,爱搞恶作剧……提到学习,他一向是无精打采的,这时不知怎么的却有了兴趣。他非常好奇地拿起几颗荠菜,闻了闻,说:"这是什么东西,真难闻。"我告诉他这就是荠菜,他瞪大眼睛不相信地问我:"老师,这东西能吃吗? 我拿点回家,给我的宠物小白兔,看他喜欢吃不?"我没有立刻回答他,沉默了一会儿说:"同学们,别小看这荠菜,在旧社会,这是穷人的救命粮,是课文作者小时候最喜欢吃的食物。也许你们不信,学学文章,你们就会信了。"

这节课同学们听得非常认真,兴趣盎然,思考很投入,讨论发言很积极。我也被感染了,讲得很动情,似乎就是作者自己在诉说旧社会的苦难,在教孩子们要珍惜今天的幸福生活。快下课了,我说:"你们可以把荠菜拿回去,让爸爸妈妈做成菜肴,尝一尝味道,好吃就当绿色食品,不好吃就算忆苦思甜了。"王璐异常兴奋,下课向我要了一把荠菜。

当第二天继续学习《挖荠菜》这一课时,课堂上的气氛与往常有些不同。我的心里有了一个实验性的想法:这堂课的提问从小璐同学开始。

老师:"小璐,《挖荠菜》一课的主题是什么?"

小璐:"我不知道。"

老师:"课文你看没看?"

小璐:"看了一点……"

老师:"上堂课的内容你听懂了吗?"

小璐:"听懂了一点……"

老师看着小璐说:"太好了,这堂课你还会听懂更多。"

老师:"想一想《挖荠菜》一文写了什么事?"

小璐:"挖芹菜。"

老师:"对,是谁什么时候挖荠菜?"

小璐:"是作者……小时候……"

老师:"对,小璐答得对。"

小璐站在那里,高兴得直咧嘴,我心里更高兴。接下来,小璐又回答了一些问题,他很得意。以后,我一进教室上课,他就积极地回答问题,每次,我都激励他说:"这堂课要学的东西就在书里,咱们一起去找。"这学期的期末,小璐语文考了 65 分,提高了 30 分,这是"一把荠菜"创造的奇迹。

**3. 案例分析**

教师借助一把荠菜营造了语文学习的情境,吸引了学生的注意力,激发了他们的好奇心和探究欲望,找到并抓住了一个很好的切入点,这样学生就在不知不觉中进入课堂的学习氛围中。教师通过玩笑来激起学生的求知欲,尤其是让调皮捣蛋的学生集中精力听课,通过引导使其逐渐对学习产生兴趣,这是探究教学的一个成功案例。

探究教学的目的在于激发全体学生的学习欲望,调动他们的积极性,通过学生的自主探索和努力来获得知识。学生一旦对学习有了兴趣,就会主动地投入到学习中。

**4. 案例启示**

教学中,教师要通过激发学生对课程的学习兴趣,进而激发学生在学习上的探索精神。

**5. 学海泛舟**

教育家吕型伟对教育的认识有三句话:"教育是事业,其意义在于奉献;教育是科学,其价值在于求真;教育是艺术,其生命在于创新。"他说:"重视学生的智力发展,教学工作必然会产生一系列的变革。例如,教材内容要考虑如何编写得更有趣味,更有启发性,更能引人入胜,激发学生求知欲的冲动;教学方法不能满足于讲得正确,讲得清楚,要考虑启发和鼓励学生多思、勤问,勇于异想天开;课堂教学的组织也不能完全按照教师事先周密设计的程式进行,要十分细致地注意学生思维活动的状况。"

确实,要想使教学工作上一个新的台阶,就应当把重视学生智力的发展作为一个十分重要的课堂环节来加以研究和实践。而如何能引起学生的求知欲是很重要的、也是非常关键的一个环节。因此,教师一定要提高自身的素养,以便使自己所从事的教学工作具有科学性和艺术性,这样学生的聪明才智才能得到充分发展。

**6. 智慧心语**

学生智慧的开发和启迪是教育教学工作的重中之重,在课堂教学实践中,教师要充分发挥引领作用,搭好思维之桥,努力营造和呵护能激发学生积极思维的智慧之园。在课堂上,教师要给学生留足思维的时间和空间,改变由教师主宰课堂的"一言堂"、"满堂灌"现象。要注重培养学生的能力,科学精简教学内容,突出重点和难点,否则就会因教学任务多而只顾上课进度,忽视学生的思维。此外,还要大胆尝试研究性学习,让学生以教材为平台,自主地探究。

## 第三十四则
# 激活创造力

### 1. 教育絮语

给学生一碗水,教师要有一桶水,这固然没错,但教师的主要功能不是将拥有的知识简单地传授给学生,而是要通过引导将教学中内隐的问题暴露出来,激发学生自主思考,从而提高其探索新知的能力,挖掘出甚至连教师本人也未曾涉足的源头活水。一堂课是否成功,关键不在于知识难度或形式多样,而在于学生思维是否被激活,在于学生的所思、所悟。

### 2. 经典案例

按照以往的惯例,在讲新课的前两天,我布置了《威尼斯》一课的阅读作业,留了一些词语分析的题目,要求同学体会相关重点词语的表现力。可收上来一看,许多同学做得都不理想,怎么回事?

我找到几个同学,了解阅读难点。大家说来说去,还只是停留在解释词语的层次上。我进一步引导:"能不能想想这些词语在表达内容上的好处?"一位同学说:"对水上城市的生活太陌生,您带我们去趟威尼斯就好了。"大家一听笑了。我却灵机一动,看来大家理解的难点在于缺少对生活的感知,去威尼斯不成,但看看风光片总可以吧。为此,我跑了多家音像商店,终于买到了一张威尼斯风光的光盘。

上课了,我信心十足地走上讲台,对同学们说:"今天,我和你们一起去游览世界名城——威尼斯。"同学们笑了,我继续说,"当然,是在电视中游览,但是,你们得先认真读课文的前两段,然后通过电视画面去发现课文中所描写的内容,体会作者描写的妙处。"兴高采烈的同学们齐说:"没问题!"

两分钟过去了,看到同学们迫不及待的神情,我适时打开演示系统,让同学们欣赏威尼斯的风光。同学们的积极性非常高,纷纷指出画面中与课文描写相关的内容。然后,我说:"威尼斯,我们是'去'过了,下面该看看作者在描写威尼斯的自然风光时,用了哪些想象力丰富的词语——别忘了,你可是初到威尼斯的游客。"

真可谓"一石激起千层浪",同学们热烈地讨论起来:别致、立刻、公共汽车、大街、小胡同……看到同学们情绪高涨,我抓住时机,进一步说:"你们找得都很准,那么,这些词语好在哪儿?"见同学们安静下来,若有所思的样子,我又引导说:"用词好的标准,是能准确传神地表现要描写的事物。这些词在表达内容上有什么作用呢?"

讨论又开始了:"'别致'准确表现了威尼斯城与众不同和富有情趣的风貌。""'立刻'写出初来的游客到威尼斯的第一感受。""'不是——便是'则突出了威尼斯的交通工具只有船。"……

听着同学们争先恐后的发言,我欣慰地笑了。突然,一个同学站起来,说:"文中用的比喻很好。"我问:"好在哪儿?"他说:"作者用大街和小胡同来写大大小小的河道,多形象!"说完,他得意地望着我,我高兴地冲他一竖大拇指,鼓励道:"真棒!但为什么这样比喻就好?"大家又争论起来,最后,得出一致意见——作者力求把陌生的事物写得更熟悉。他们的分析比我预想的还要深刻得多。

**3. 案例分析**

老师讲解《威尼斯》课文前,先了解学生们的学习情况,说"能不能想想这些词语在表达内容上的好处?"一位同学说:"对水上城市的生活太陌生,您带我们去趟威尼斯就好了。"老师采纳了这个建议,在课堂上播放了威尼斯风光片,结合影片,让学生理解作者描述威尼斯自然风光的词语,如"别致"、"立刻"、"小胡同"等。然后,老师又问:"你们找得都很准,那么,这些词语好在哪儿?"就这样引发了学生们的热烈讨论,取得了意想不到的教学效果。这节课成功的关键在于威尼斯风光片的播放激活了学生的思维。

**4. 案例启示**

课堂教学中,教师要采用多种手段,引导学生积极思维。

**5. 学海泛舟**

杜威极力提倡思维的教学方法。他认为:"思维就是明智的学习方法。"同时,杜威也非常重视思维能力的培养,他认为学生思维能力的培养要经过五个步骤,为此,他将思维五步法直接运用到教学方法上,认为:"教学法的要素和思维的要素是系统的,这些要素是:第一,学生有一个真实的经验的情境,即要有一个对活动本身感兴趣的连续的活动;第二,在这个情境内部产生一个真实的问题,作为思维的刺激物;第三,他要占有知识材料,从事必要的观察,对付这个问题;第四,他必须负责有条不紊地展开他所想出的解决问题的办法;第五,他要有机会和需要通过应用检验他的观念,使这个观念意义明确,并且让他自己发现它们是否有意义。"

## 6. 智慧心语

教师必须明白启发式教学的目的性,什么知识是学生应了解的,什么是应理解、掌握的,这一切必须让学生明确,让他们在学习过程中有明确的目的性。一方面,教师要有问题意识。问题是思维的催化剂,启发式是针对问题而言的。教师应该精心设计激发学生求知欲的各种问题,巧设思维的支点,引导学生读书,或类比旧知识,或联系生活经验,使问题的解决置于教师的技巧之下,这是启发式教学的核心。另一方面,教师要有情感意识。启发式教学旨在启人心智,需要教师的情感投入,而教师对职业和学生的热爱是根本的前提。

# 第七篇

## 促进学生发展

学会认知、学会做事、学会共同生活、学会生存是现代人一生发展的四大支柱。教育要为学生的终身发展奠定基础，应在培养目标上着眼于人的全面发展，教师一定要树立"每个学生都能成才的教育理念"。中小学阶段是人生发展最重要的时期，中小学生的发展不仅表现在身体的发展上，更表现在心理的发展上。

　　教师要相信每一个学生都是可以健康成长的，每个学生都是追求上进和不断完善的，每个学生都是可以获得成功的，教师要对每一个学生的发展满怀信心。作为发展中的学生，他们是尚未成熟的生命个体，教师应积极发挥教育的作用，充分开发学生的潜能，引导学生健康成长。

## 第三十五则
# 学生是发展中的人

### 1. 教育絮语

在教育教学过桯中,教师应该用发展的眼光看待学生,应该以一种动态的眼光关注学生。教师不应该只盯着学生发展的昨天,还应该盯着学生发展的今天和未来。作为一个发展的个体,学生的变化是永恒的。

### 2. 经典案例

著名数学家华罗庚上初中时接受、理解数学知识比较慢,以致数学考试常常不及格,数学老师认为他不可救药。一次,公然在班上宣称:假如你们当中将来会有一个同学没出息,那么这个人必定是华罗庚。可华罗庚以后通过自己的勤奋自学、刻苦钻研、奋力拼搏,最终成为享誉世界的数学大师,其杰出成就载入科学史册。

在法国大文豪巴尔扎克的事业达到巅峰时,有一次,一位 70 多岁的老妇人请他看一篇小学四年级学生的作文,并让大师预测一下学生的将来。巴尔扎克仔细看过作文后说:从这篇作文看,这名学生将来没有多大的发展前途。老妇人微笑着说:大作家,很遗憾,这名学生是你,我是你小学四年级的语文老师。此时,巴尔扎克感到无比羞愧。

2002 年度诺贝尔物理学奖得主日本科学家小柴昌俊,在一次记者招待会上告诉大家,由于小时候家境贫寒,上学的费用、生活费都得靠自己打工,没办法静下心来读书学习,以致学习成绩较差。但自己的强项是好奇心强、兴趣广泛。小柴昌俊还向记者们展示了他的大学成绩单:16 个科目中拿优的只有 2 项,而且还是那种只要去上课就可得优的实验科目。小柴一直坚信:成绩单并不能保证人的一生。

### 3. 案例分析

用发展的眼光看待学生,首先意味着应该以一种动态的眼光关注学生。中国有句古话,"士别三日,当刮目相看",就反映了这样一种动态的眼光。儿童的潜在能力是无限的,正如有人所说,学生的潜能是气体,你给其多大空间,它就有多大的体积。用一种静止的、固定的眼光来审视学生,就会忽视学生发展的可能性,有时候甚至会阻碍学生的进步与成长。案例中,初中数学老师认为华罗庚的数学不可救药,可是华罗庚后来却成为了著名的数学家,可见这个老师的评价是缺乏发展眼光的。同样,小柴昌俊在大学时代的学习成绩并不优秀,但他后来却成为了诺贝尔奖得主。

### 4. 案例启示

教师应该以发展、动态的眼光看待学生。

### 5. 学海泛舟

维果茨基说过:"只有跑到发展前面的教学才是好的教学,教学的本质特征是教学造成了最近发展区,就是说,教学引起了、唤醒了一系列内部发展过程,从这一观点看,教学并不就是发展,但正确的教学却能导致儿童智力的发展。"所谓内部发展过程,对儿童来说,只有在与周围人们的关系中,在与其伙伴相互合作的环境里才是可能的,这是因为孩子们在发展的过程中,由于家庭环境、同学态度,使他们在相当程度上受到刺激,作为教师如果不是实事求是地用发展的眼光评价他们,他们的个性转变必然会受到限制。因此,要调动他们的积极性、主动性,教师必须注意课堂上的评价,用发展的眼光看待学生。

### 6. 智慧心语

教师要用发展的眼光看待学生,不应该盯着儿童发展的昨天,而应该盯着儿童发展的明天。发展意味着变化。儿童作为一个发展着的个体,其变化是永恒的。教师要以一种独特的眼光看待学生的个性。每一个学生在某一阶段的智力水平、情感倾向、兴趣爱好等方面各不相同,各有其独特的表现,教师应该了解和关心学生的个别差异,善于捕捉和发现每个学生身上的灵性,加以培植,使其个性特长得到充分发展。以发展的眼光看待学生,就应该把学生看作有丰富思想、情感和个性的活生生的人。

第三十六则
# 评价着眼于促进学生发展

### 1. 教育絮语

教师要以朴实真挚的语言、亲切的语调、鼓励的言辞、友善的微笑、期待的目光、宽容的态度来有效调控对学生的评价过程,营造民主的课堂评价氛围,给学生表现的机会,让学生积极参与评价。教师这样做,既能充分调动学生的积极性,又能促进学生的发展。

### 2. 经典案例

在一节数学课上,李老师说:"谁先做完题谁来给同学们讲"。三分钟后,有一个性格内向的学生先做完,但他没有举手,这时候老师走过去小声鼓励他:"你一定行。"他终于走上讲台,当他讲完后,满脸通红,稍镇定后对老师说:"第一次上台讲解,没想到自己能说得这么好,现在我有自信心了,我还发现自己的思维是那么敏捷,在大家面前展示了自我,并取得了成功,我要重新认识自己。"一次讲解的体验,让这个学生通过自我评价改变了性格。李老师借这个时机,对今天的他和以往的他进行了对比评价,同时鼓励其他学生要以他为榜样,勇于探索,敢于发表自己的见解。

在课堂教学中,李老师还注意学生自身的个性发展状况,关注个体在学习过程中所付出的努力。在回应学生的质疑时,不是严肃地批评他"你想的根本不对",而是对他说,"这是你独特的想法,下面再听听别人是怎么想的"。面对爱发问的学生,不是指责他"怎么就你问题多",而是表扬他"你一直在动脑筋,发现了许多问题,真是爱思考的好孩子"。这样的评价,学生乐于接受、认同,同时也使学生从中受到启发,学会用这种评价去评价他人,从而使学生的个性得到发展,潜能得到挖掘。

李老师在课堂中没有只关注那些所谓的绩优生，而是鼓励性格内向的学生积极发言，为他们创造成功的机会，体验获得成功的喜悦，为整个课堂营造了一个民主的课堂氛围。他还常常创设民主的竞争评价氛围。比如：在每堂课结束之前，比一比，谁第一个想出问题；评一评，谁的表现最好？谁的进步最大？这样既面向了全体，又给每位学生提供了发展个性的机会，被评价者意识到自身存在的价值，评价者也能认识到自己的缺点，弥补自己的不足，感受到努力钻研、学无止境的乐趣。

在这种环境下，学生积极参与课堂的讨论，学会主动思考，即使性格内向的学生，也因为老师的某种鼓励和赞扬，增添了表达的勇气。

**3. 案例分析**

教师在学生自评的过程中给予适当的点拨、启迪，对做得不好的或有疑问的，没有直接严厉批评，而是鼓励他们听取他人的意见。这样的评价理念和方法，充分体现了人文关怀的精神。理解、尊重、信任每一个学生，唤醒学生的主体意识，提升学生的价值，开发学生的潜能，这是以学生为本的教育评价思想的旨归，它正成为教育理论界和实践界的共识。通过评价，了解学生发展的需求，帮助学生认识自我，建立自信，进而真正促进学生的全面发展。

**4. 案例启示**

充分调动学生积极性的评价，能使学生全面、健康地发展。

**5. 学海泛舟**

《基础教育课程改革纲要（试行）》指出，评价改革以"改变课程评价过分强调甄别和选拔的功能，发挥评价促进学生发展、教师提高和改进教学实践的功能为目的，要建立促进学生、教师、课程不断发展的评价体系。"另外，《关于改进各学科学习评价的指导意见》也指出：改进学科学习评价的根本目的，是为了充分发挥学科学习评价作为实现学科学习目标保障措施的功能，更好地促进学生的健康成长，促进教师的专业化发展，促进学校教学质量的提高。

文件强调，评价的目的是为了"促进发展"（包括学生、教师、学科、学校）。落实到课堂教学，其作用主要是促进学生的发展。因此，新课程背景下，人们更加提倡"建立促进学生全面发展的评价体系。评价不仅要关注学生的学业成绩，而且要发现和发展学生多方面的潜能，了解学生发展中的需求，帮助学生认识自我,建立自信。发挥评价的教育功能,促进学生在原有水平上的发展"。简言之, "评价要促进学生的发展"。而要实现"发展性评价",就必须改变传统的学业成绩评价方式,建立多元的评价体系,即评价方法的多元、评价主体的多元、评价内容的多元、评价标准的多元等。

**6. 智慧心语**

教师要转变教育评价观念,改变教育评价方式,从根本上促进学生的发展。教育者要站在学生的角度,给他们以尊重,给他们以动力,了解他们的需要。评价要旨在帮助学生认识自己的长短,使学生在原有基础上得到发展,并启迪学生不断地自我完善。此外,评价要鼓励学生"跳一跳,摘果子",点燃学生的信心之火,勇攀高峰。学生处于班集体之中,他们渴望得到教师的关注和表扬,教师在课堂上要抓住学生的心态特点组织教学,对学生的评价要以鼓励、称赞为主。

第三十七则

# 每个学生都可能成才

### 1. 教育絮语

在教育教学工作中,教师一定要树立"每个学生都可能成才的教育理念",面向全体学生。当学生遇到困难的时候,帮助他们;当学生遇到疑问的时候,引导他们。只要教师真正付出了对学生的关爱,并做出对学生的积极评价和引导,学生就能健康成长,学生的智力和潜能就能得到充分发挥。

### 2. 经典案例

诺贝尔化学奖获得者奥托·瓦拉赫的成才过程极富传奇色彩。

瓦拉赫在开始读中学时,父母为他选择的是一条文学之路。不料一个学期下来,老师为他写下了这样的评语:"瓦拉赫很用功,但过分拘泥,这样的人即使有着完美的品德,也绝不可能在文学上发挥出来。"于是,父母只好尊重儿子的意见,让他改学油画。可瓦拉赫既不善于构图,又不会润色,对艺术的理解力也不强,成绩在班上是倒数第一,老师的评语更令人难以接受:"你是绘画艺术方面不可造就之才。"

面对如此"不可造就"的学生,绝大部分老师认为他已成才无望。只有化学老师认为他做事一丝不苟,具备化学实验者应有的素质,建议他试学化学。他的父母接受了化学老师的建议,让他学化学。想不到,瓦拉赫的智慧火花一下被点着了。文学艺术方面的"不可造就之才"竟变成了化学方面的"前程远大的高材生"。他的成绩在同类学生中遥遥领先。后来,瓦拉赫在化学领域取得了举世瞩目的成就。

瓦拉赫的成功,说明了这样一个道理:人的智慧发展是不均衡的,总有智慧的强势和智慧的弱势。只要选择了强势智慧,使智能、潜能得到充分的发挥,便可取得惊人的成绩。这一现象被人们称为"瓦拉赫效应"。

**3. 案例分析**

诺贝尔化学奖得主瓦拉赫在中学时代,学过文学、美术,但是这两门专业都不适合他。后来,他听从了化学老师的建议改学化学,并最终获得了成功,这说明人的各项智能在个体身上的发展是不平衡的。

事实上,如同瓦拉赫一样,每个人的身上都蕴藏着他独特的强势智慧。教师的重要责任就在于帮助学生把它们挖掘出来,给予科学的提升。在平常的教学中,教师要学会运用观察、展示等手段,注意发现学生的强势智慧。教师一旦发现了学生的强势智慧,就要进行积极的评估,并给予热情的引导。

**4. 案例启示**

教师要认识到每个学生的智慧发展是不均衡的,每一个学生都有成才的可能。

**5. 学海泛舟**

美国心理学家霍华德·加德纳提出了著名的"多元智能理论",他认为:不存在某种普遍的、一般的智力因素,人类的智力是多元的,并且不同类型的智力之间是相对独立的。从这一基本假定出发,加德纳认为,人类的智力类型共有八种,分别是:言语智力、数理逻辑智力、视觉空间智力、肢体动觉智力、音乐智力 、人际智力、内省智力、自然观察智力。

陶行知说过:"你的教鞭下有瓦特,你的冷眼里有牛顿,你的讥笑中有爱迪生。"教师只有充分地了解学生,熟悉学生,发现学生身上的闪光点,培养其含有道德价值的需要、诉求和兴趣,弄清其最强的发展潜力,才能使教育真正适应学生的特点,扬其所长,避其所短,做到因材施教。

**6. 智慧心语**

每个学生都是具有自己的智力特点、学习类型和发展方向的可造之才。因而,教师首先应树立一种正确的学生观——学校里不存在所谓"差生"。适当的教育和训练会使每一个学生基于自身的特点健康发展。只有树立了这样的教育观,教师才能认真对待每一个学生,才能正确对待学生的每一个表现机会,才能抓住学生在某一方面的闪光点。

## 第三十八则
# 培养学生的责任心

### 1. 教育絮语

培养学生的责任心,关系到学生将来的命运,决定着学生的人生。学生责任心强,做任何事情都会非常认真、负责。每个学生天生都有责任心,只是由于后天受环境、教育、性格等的影响,责任心的强弱各不相同。学生责任感的培养犹如幼苗长成大树,是一个日积月累的过程。

### 2. 经典案例

日本著名教育家高桥敷先生在秘鲁一所大学任客座教授时,与一位法国教授拉纳比邻而居。有一天,拉纳夫妇的小儿子一不小心将足球踢到高桥敷先生的家门上,一块花色玻璃被打碎了。发生这样的事情,高桥先生和夫人按照东方人的思维习惯,估计那对法国夫妇会很快来登门道歉。然而,他们想错了。那对夫妇在儿子闯祸之后,一直没有出现。

第二天一大早,那个孩子在出租车司机的帮助下,送来一块玻璃。小家伙彬彬有礼地说:"叔叔,对不起。我不留神打碎了您家的玻璃,因为商店已经关门了,没能及时赔偿。今天商店一开门,我去买了这块玻璃。请您收下它,也请您原谅我的过失。这种事情再也不会发生了。"高桥夫妇原谅了他,并喜欢上这个通情达理的孩子,他们款待孩子吃早饭,还送他一袋日本糖果。

男孩回家后,那对法国教授出现了。他们将那还没有开封的糖果还给高桥夫妇,对此,高桥敷很不解。拉纳先生说:"一个孩子在闯了祸的时候,不应该得到奖励。您这样对待孩子,使我们很为难,本应受到训斥的孩子,却反而受到您的抚慰,希望您考虑一下这对孩子将来的影响。请你原谅,我想让他再来一次,这次希望您看在朋友的情分上，给他以严厉的管教吧！"

在拉纳看来，这个小"男子汉"应当学会对自己的行为后果负责。孩子打碎了邻居家的玻璃，为了赔偿这块玻璃，他几乎花掉了所有的零花钱。但是，他绝不会因此得到父母一分钱的"财政补贴"；如果钱不够的话，父母可以考虑借钱给他，但他必须有自己的还款计划。比如，早晨为自己的邻居送牛奶、取报纸，周末为别人修剪草坪，节约自己每周的零花钱等。他们之所以这样做，是让他为自己的过失付出代价。只有付出这种代价，他才能接受这个宝贵的人生教训。

这件事让高桥先生感慨不已，并在作品《丑陋的日本人》里面提到这件事。他说："当下的父母，多数人为教育孩子绞尽脑汁，可是他们全然不知什么是重要的，什么是不重要的，什么东西是眼前利益，什么东西支撑一生，并由此滋生出大堆永世决不能解决的问题。我提出'12358成功模式'，其中的'2'就是人生的两个支点，即兴趣和责任，没有它，何处打地基，何处起高楼啊！"

**3. 案例分析**

拉纳的孩子由于一时失误，踢足球打碎了高桥敷先生家门的玻璃，孩子主动道歉并赔偿玻璃。高桥先生觉得孩子懂事，款待孩子早饭并奖励糖果。但是，孩子的父亲拉纳先生认为这样做是不合适的，孩子做错事就应该对自己的行为后果负责，希望高桥先生能给予孩子严厉的惩罚。拉纳先生这样做的目的是为了让孩子亲身体验鲁莽做事的代价，因为责任心对于孩子的健康成长是非常重要的。这件事让高桥先生感慨不已，并对此进行了更深入的思考，提出兴趣和责任是人生的两个支点。

**4. 案例启示**

教师要关爱学生，但不能娇惯和溺爱他们，而要培养他们的责任心。

**5. 学海泛舟**

《大学》规定了教育的培养目标："大学之道，在明明德，在亲民，在止于至善。"为了实现大学教育的目标，还明确提出了具体的八个条目，即八个基本步骤和环节：格物、致知、诚意、正心、修身、齐家、治国、平天下。

格物、致知是为了修身而先打下的重要基础，即先学习知识，增长聪明才智；然后是加强内在的心理品质建设，要正心、诚意，提高自身的品德修养；最后才能达到齐家、治国、平天下的境界。

### 6. 智慧心语

责任心是一个人立足于社会、获得事业成功与家庭幸福的至关重要的人格品质,因此,教师不仅仅要把知识传授给学生,更要把学生培养成为健全的、有责任心的人。如果学生做错了事,教师就应该让学生来承担这个责任,让学生从小就成为一个有责任心的人。培养责任心的途径和方法很多,如让学生在书海中漫步,体验古今中外成功人士的责任意识,再如组织学生参加各种活动,通过实践,让学生了解并承担相应的责任。

# 第八篇

## 倾听学生心声

倾听是教师和学生共同发展的关键,教师要想走进学生的内心世界,了解学生的真正需求,就需要耐心倾听学生的心声。苏联著名教育家苏霍姆林斯基说:"真正的教育意味着人和人心灵上最微妙的接触,学校是人们心灵互相接触的世界。"

倾听是学生的心理需求,是教育的本质要求,也是开启学生心灵之门的神奇钥匙,更是照耀学生心灵的阳光。教师耐心地倾听,有时可以缓解紧张的气氛,有利于矛盾的解决。因此,在日常的教育教学工作中,教师要成为一个善于倾听学生心声的人。

第三十九则

# 聆听学生的心声

### 1. 教育絮语

一个好的教师,必定是一个能提供接受性、同情性、帮助性的善于真诚聆听学生心灵呼唤的教师。教师不仅要求学生会听,而且自己首先要会倾听。教师不仅要做一名演讲者,更要学会做一名倾听者。

### 2. 经典案例

案例一

8岁的扬扬来到老师眼前,老师这时正忙着批改作业。从扬扬脸上的表情来看,显然有些不对劲儿。"唔,扬扬,怎么啦?"老师问道。但是,扬扬还未说话便抽泣起来。"不要紧,扬扬,告诉我出了什么事。"老师一边安慰,一边把扬扬拉到身旁。可扬扬还是一个劲地哭。

"你是不是和同学打架啦?"

"没有。"

"那你是遇到什么事了?"

"没有。"

"你是不是哪儿痛?"

扬扬还是摇摇头。

"唔,那究竟怎么啦?"老师问道。

"不是你说的那些事",扬扬说,"我感到很伤心,非常伤心!"

老师感到有点儿吃惊了。他开始怀疑扬扬出了什么更严重的事。当这个念头闪过时,他更仔细地观察扬扬。他是不是生病了? 可是扬扬脸上除了泪水之外没有什么不正常的。"扬扬,我很担心。告诉我究竟怎么了?"老师催促道。

"我对那只猫头鹰感到很伤心",扬扬断断续续地说道。

老师松了口气,接着问道,"哪只猫头鹰? 什么猫头鹰?"扬扬哭得更伤心了。"我刚读完了《家中的猫头鹰》,结尾太伤心了。"

现在,老师完全放心了。"我懂你的意思了。扬扬。我读书也常常感到伤心。那故事一定感动你了。"扬扬点了点头。"让故事感动是件很美丽的事,你说是吗?"扬扬又点点头,然后问道,"我能给你读一读最后一页吗?""当然,我很愿意听,扬扬。"老师说。

案例二

一年级的语文课上,有位老师在教拼音 gua 和 hua,让学生寻找生活中这样发音的词。

孩子们七嘴八舌地说:冬瓜、西瓜、南瓜、甜瓜、地瓜……忽然,一个调皮的孩子站起来大声说道:"傻瓜。"全班同学都望着老师,看看老师会有什么反应。老师一笑:"同学们,你们知道的瓜还真多。你们的瓜都能吃,可他的瓜跟你们的不一样,这个'傻瓜'不能吃。可老师还就欣赏这个不一样的'傻瓜'。"孩子们都笑了。有了这个"傻瓜"的出现,孩子们更大胆了,他们在为 hua 组词的时候,一口气说出了桃花、梅花、菊花、玫瑰花、百合花、牡丹花等很多花。

老师笑着问:"你们还能想到什么特别的花吗?""烟花、火花、天上飘的雪花。"一个女孩子笑着说:"还有我们班王泽宇想妈妈时脸上挂着的泪花……"

**3. 案例分析**

案例一的老师正忙于工作时,扬扬哭着来找老师。老师虽然很忙,但还是非常耐心地询问扬扬是怎么回事,如:"唔,扬扬,怎么啦?""不要紧,扬扬,告诉我出了什么事。""那你是遇到什么事了?""你是不是哪儿痛?"但是,扬扬还是没有说出原因。于是他更加仔细地观察孩子,担心出什么事,并继续问道:"扬扬,我很担心。告诉我究竟怎么了?"在老师的耐心询问下,扬扬说出了原因,而且老师继续耐心倾听扬扬叙述了事情的经过,并对扬扬说:"让故事感动是件很美丽的事,你说是吗?"如果老师不耐心倾听,或许孩子会继续伤心下去,这对孩子的成长是不利的。

案例二的语文老师非常耐心地倾听每一位同学的回答,没有因为调皮孩子说"傻瓜"而生气,相反,老师的耐心倾听激发了学生们更积极的思考,不仅激发了孩子们的发散性思维,还营造了愉快的课堂氛围。

**4. 案例启示**

教师一定要耐心倾听学生的心声。

**5. 学海泛舟**

要素主义的代表人物巴格莱说:"把教学比做艺术从许多方面看都是十分有益的。把教学比做艺术就是承认了教师素质的基本意义,这些素质包括对学生存在的困难有洞察力,有直觉印象,能敏感地意识到学生的困难,对学生的需要同情并理解。"

**6. 智慧心语**

善于倾听是教师必备的教学素养,是教师的一种智慧。在教育教学中,教师在倾听时要注意:一方面,尊重理解学生。倾听最基本的一点是要尊重学生的话语权利,教师在倾听时一定要尊重、理解每一位学生,这是倾听的关键所在,倾听和理解是相辅相成的,教师在倾听时要换位思考、移情性地深入理解学生。另一方面,倾听时要耐心专注。尤其是学生在课堂上发言时,教师一定要有耐心,绝对不要随便打断学生的发言。有的教师在教学中经常为了完成设计好的教学任务,忽视了学生的回答,而正是由于教师的这种不耐心,也许会使学生失去对该学科的学习兴趣。

第四十则

# 重视和谐师生关系的构建

### 1. 教育絮语

师生关系作为学校教育环境中最重要的人际关系,贯穿在整个学校工作中,其状态直接关系到教育教学的效果好坏、学校培养目标的实现与否、学生的心理健康和全面发展等等。

### 2. 经典案例

一位教师曾教过一个叫阿力的学生,接触过阿力的老师都评价说:聪明、顽皮而偏执。

李老师刚接班时,阿力在课堂上当众与同学嬉闹,提醒他往往只能安静片刻。李老师觉得有必要单独和这个特殊的学生进行沟通,但是阿力并不虚心接受,替自己百般辩解。一次不成功的沟通导致了阿力更加自以为是。有一次,李老师终于忍无可忍地向他大吼一声:"你到底要干什么?"阿力虽然闭住了嘴巴,心里却不服气,李老师冷静下来后,觉得自己不该对他大声呵斥。

阿力是个非常特殊的孩子,个性倔强,为此他妈妈也请了心理老师为他做过测试。在行为品质方面要么是最高值,要么为零,这就说明他为什么老是和别人拧着来,并且严重厌学。如何纠正他的行为偏差呢?李老师陷入了沉思。

从此,李老师对阿力的行为愈加关注。阿力找不到橡皮了,李老师会调动同学们一起帮他找,并适时告诉他,朋友就是在有困难时互相帮助。"阿力今天表现很好,坐得端正!"李老师对他的一举一动都注视着,不断表扬他。阿力渐渐感到老师总表扬自己,脸上有了光彩。有时,下课也会凑上来和老师聊上几句,或拿一本喜爱的书给老师看。阿力的变化让李老师暗自欣喜。

不久，李老师终于可以和阿力一起坐下来，以朋友的身份交心了。李老师讲道理，说利害，还给他讲了一个《篱笆上的铁钉》的故事，告诉他坏脾气是一柄双刃剑，就像钉在篱笆上的钉子，虽然拔掉了，可钉孔还在。损害了别人，无论你怎么道歉，伤口总是在那儿。你在伤害别人的时候，同时也毁掉了自己的尊严。

这个小故事终于打动了阿力，他答应李老师以后遇事会讲道理。此后，阿力的情绪稳定下来，学习成绩也逐步提高，毕业后顺利升入了中学。现在，阿力还常回校探望这位热心、真诚、帮助过他的好老师。

**3. 案例分析**

案例中的李老师明白，如果对阿力这样的学生简单批评，没有宽容之心，就不能很好地解决问题，反而会进一步激起他的逆反情绪，使事情朝着相反的方向恶化。老师经过再三思考，决定通过对阿力的关爱来感化他，让爱的阳光照进阿力的心里。

为了教育好这个学生，老师花费了不少时间和精力。但令李老师欣慰的是，经过自己的悉心教导，阿力和老师的关系融洽了，他逐渐变成一位品学兼优的好学生。

**4. 案例启示**

教师如果爱学生、尊重学生，就能得到学生的尊重，这样就容易构建和谐的师生关系。

**5. 学海泛舟**

一名当代教育家说过："教与学之间的关系，还应该是互助的关系。一方面，教师帮助学生学习，另一方面，学生帮助教师提高教学能力。"教学中存在很多关系问题，其中师生关系是最重要的一对关系。"师生关系是指教师和学生在教育教学过程中结成的相互关系，包括彼此所处的地位、作用和相互对待的态度等。""师生关系就微观而言，主要指师生之间在教育过程中所发生的直接交往和联系。包括为完成教育任务而发生的工作关系，以满足交往而形成的人际关系，以组织结构形成的组织关系，以情感认识等交往为表现形式的心理关系。"

和谐的师生关系应该是教师与学生在教育教学过程中，在相互尊重、信任、理解、合作的基础上，通过交流互动，彼此认识和影响，形成的一种民主平等、愉悦合作的师生关系，是师生关系发展的成熟阶段。

### 6. 智慧心语

建构和谐、民主、人道、充满生机与活力的师生关系,主要取决于教师自身,教师作为教学活动的组织者、实践者和指导者,在构建师生关系中必须发挥主动积极的作用。一方面,教师要树立正确的学生观。对学生要有一个正确的认识和良好的态度,要把学生看作一个完整的人,一个有主体性的人,一个有正当权利的人;另一方面,教师要不断加强自我修养。在加强修养的过程中,逐渐形成自己健全的道德人格,并以此感染学生,获取学生的尊重与爱戴,成为学生心目中的良师益友。此外,要理解学生的心思。教师能否及时准确地捕捉到学生的想法,对于学生的学习以及以后的成长具有十分重要的作用。总之,教师对学生要多一点关心、爱护、理解和宽容,要多关注学生的情感、体验、处境和感受,要努力创造一种和谐的师生交往情境。

第四十一则
# 走到学生中

**1. 教育絮语**

教师走下讲台到学生中去，不仅是观念上的更新，更是教师角色的一种转换，这是教师的一种明智选择。到学生中去，可以进一步了解学生的所思所想，调动学生的积极性，从而真正体现把课堂还给学生的教育理念。

**2. 经典案例**

今天的语文早读课，班干部小王在讲台前维持纪律。看到学生们有的在写字，有的在看书，我也就拿着《小学语文教学》在教室里边巡视边看杂志，看到小王的座位空着，我便顺势坐下来，细细地品读起来。

"老师，这个字我写不好，帮我写一个好吗？"小陈在一旁小声地说。"行啊。"我说着拿起他的写字本。嘿，这是小陈的笔迹吗？他平时习惯快速书写，字总写得有些潦草，为此我跟他谈过几次，刚谈过的那几天，好一些，可过几天又是一副老面孔，我曾笑着说有些字在他那里被毁容了。今天拿起他的写字本，我还真怀疑拿错了，字迹端正潇洒，焕然一新。我帮他书写好后，他又认真地书写起来，那专注的神情久已不见。

我举目四望，今天教室里出奇的静，许多同学在专注地看书，也有不少在认真地练字，尤其是坐在我周围的同学都沉浸在书海中，时不时有同学过来询问书中不理解的词句，还有同学让我帮他们写某个字……

"老师，你坐到我们中间真好！"小雨是一位活泼可爱的小女孩，总是那么心直口快。"那我以后多坐到你们中间。""坐我边上！"……看着同学们兴奋的笑脸，我心里的暖流也荡漾开了，此刻我发现我们彼此之间是多么融洽！一次不经意的举动,让我收获喜悦。

看来,教师有时间应该多走到学生中间去,坐到学生的位置上,进行角色互换,作为他们的一份子一起学习,一起讨论。这样,拉近了与学生的距离,让学生放松心情,带着轻松愉快的情绪去感受、去学习。如果老师坐到学生中间学习,就能更好地增进师生之间的沟通、了解,可以及时解决学生学习中出现的问题。

走下讲台,坐到学生中间,松开学生们的翅膀,静享一份"流连戏蝶时时舞,自在娇莺恰恰啼"的春光吧!

**3. 案例分析**

老师在一次不经意中,走到了学生中间,坐到了同学的位置上,学生们感到了老师的和蔼可亲,有的让老师给他写字示范,有的热情邀请老师坐到自己身边,说明学生们都很乐意和老师在一起,以便能与老师进行心与心的交流。

教师走下讲台,全身心地融入到学生中间,与学生一起交流、一起活动、一起学习。这样既能拉近和学生的距离,又能让学生在轻松愉快的氛围中学习。教师走到学生中,充分体现了教师是课堂的组织者、指导者和参与者的教育理念。

**4. 案例启示**

在教育教学中,教师经常融入到学生中,不但能让学生感觉到老师的亲切,而且能激发学生的学习热情。

**5. 学海泛舟**

成仿吾说:"我们要求学生在德智体诸方面生动活泼地主动地发展,教师就要以这个要求来为学生服务。不只是把知识传授给学生,我们教师自己也应该在德智体诸方面生动活泼地主动地发展。……过去我们是注入式,只是上课,自学少,讨论也少,要使学生生动活泼主动地学习,应把这些环节抓起来。"

教育不是抽象的,教育应该给每个孩子以深深的心灵震撼,这就要求教师做一个有"心"的人,成为一个有"心"的教师,就必须将感性和理性结合起来。"只有当教师以这样的面目出现在学生面前时,才能和学生打成一片,才能更容易地走进学生的内心。此时的你早已不是一个高高在上的角色形象,而是一个实实在在的、能够打动并深入人心的共同遭遇者的角色形象。"

**6. 智慧心语**

教育是一门精深的艺术,因为人是最神秘最复杂的动物。面对一群有思想有感情的学生,如何赢得他们的信任与尊重?在平时的学校生活中,教师要尊重每个学生,注意观察学生的个体差异,对每个学生都要全面细致的了解。而要了解学生,仅凭借观察还远远不够,还需要在课余时间里尽量多地深入到学生中去,与他们一起交谈、游戏、活动,使他们与你无拘无束地相处,这样他们必然会对你亲而近之,并产生一种"爱屋及乌"的效应。

要利用各种机会和学生沟通,沟通多了,就能了解学生的思想动态和行动表现,及时解决学生的思想困惑,纠正其不良行为。而事实证明,要想让学生接受教师的观点,批评说教的效果远不及和学生倾心谈话的效果明显。教师应首先把自己摆在和学生平等的位置上,和学生做朋友,从关爱的心态出发,动之以情,晓之以理,用人格力量去感化他们,要让学生真正从心底感受到教师对他们的关心和爱护。

## 第四十二则
# 正确面对行为不良学生

### 1. 教育絮语

教师即使在最好的学校、最好的班级,也会面对有关学生行为不良的各种问题,当学生有不良行为时,作为教师应该怎么办呢? 成功的教师会采取措施让不良行为不再发生,不成功的教师则在学生发生不良行为后实施惩罚。

### 2. 经典案例

开学第一天,我们旁听约翰逊先生的第一堂社会研究课。全班25名学生有24名似乎都拿出了开学第一天的最好表现。但是,有一名学生(我们把他称作"25号")却没有找到感觉。事实上,他简直是态度无礼、难以合作。这时候,假设没有出现其他变化,其余24名学生都站在约翰逊先生一边,希望他对25号采取行动,制止他的不良行为。但是,既然25号是他们当中的一员,他们就有一种特殊的期望。他们的确希望25号停止搞乱,但他们也希望约翰逊先生能以专业的、有礼貌的方式对待25号。只要他这么做,他们就会一直支持他。

然而,只要约翰逊先生以不符合专业精神的方式对待25号,无论25号作何表现,其他学生就会站在25号一边。也许并非所有学生都马上转变态度,但肯定有些会转变。这样,约翰逊先生就将面临着几位25号的问题要解决。如果这种情况经常发生,最后,课堂就会变成25个25号,没有一位同学站在约翰逊先生一边。

### 3. 案例分析

在案例中,约翰逊教师面临如何处理一位行为不良学生——25号的考验:他该采取何种专业的解决办法呢? 从案例中可以看出,学生们是能够分清楚对和错的,他们也希望老师处理行为不良学生 25 号,如果老师是以恰当的、专业的方式处理,学生就会支持;但是,一旦老师没有这么做,老师就可能失去一些学生的支持。

**4. 案例启示**

在教育教学过程中,教师对待和处理学生错误的方式方法,是对教师专业水准、智慧技巧和人情关怀的综合考验。

**5. 学海泛舟**

每个学生都有自己的长处和优点,教师在教育中应当努力发现他们积极与优秀的一面,而不能只看到他们消极与平庸的一面。这是教育真正影响儿童心灵的前提,也是每个教育工作者献身教育活动的基础。德国哲学家鲁道夫·奥伊肯说:"倘若教育工作者不相信在每个人的心灵中都有某种正在沉睡而可以唤醒的真与善的成分的话,教育工作如何能进行,它又如何要求教育工作者的全部忠诚呢?"

**6. 智慧心语**

由于学生的不良行为不仅是由学生自身心理的不成熟造成的,而且是有多方面因素的,因此采取对策时,教师要考虑以下几方面:一方面,教师要更多地关注行为不良学生。常言道,爱是最好的老师,对行为不良生在学习上要降低要求,让他们尝到成功的喜悦,摆脱失败的阴影,鼓起前进的勇气。在行为上不提过高的要求,以逐步养成其遵规守纪、乐于助人的好行为。行为不良学生表面上看起来似乎毫无羞耻心,实际上他们和其他学生一样,也有强烈的自尊需要。教师千万不能讽刺、挖苦、体罚和变相体罚,这样只会伤害他们的自尊心。另一方面,教师要善于发现并及时鼓励行为不良学生的闪光点。教师只要接近他们,与他们多交流,就会发现几乎每个行为不良学生都有闪光点,如体育成绩很好,劳动很积极,乐于助人,关键时刻会挺身而出、奋不顾身等。教师要善于发现长处,及时表扬,并创造机会让他参与各项集体活动,展现其才能,利用其优势去克服自身的缺点。此外,培养行为不良学生的学习兴趣。兴趣是积极性的前提,没有学习兴趣,就不会产生学习的积极性。培养学生的学习兴趣要善于运用激励手段,让学生在尝试成功的喜悦中增强自信心,产生对新知识的学习兴趣。在教育教学中,教师要信任、尊重行为不良学生,多给予热情的鼓励。

## 第四十三则
# 和学生交朋友

### 1. 教育絮语

教育是心灵的事业,是对人灵魂的教育,是人与人的精神契合,要焕发人的生命潜力。在这个文化传递的过程中,教师和学生都要敞开自己的心扉,只有这样才能显示出师生双方的真诚。

### 2. 经典案例

这是3月8日下午,我要求孩子们写一篇日记。孩子们不放过我,竟要求我和他们一起写。日记是我和孩子们一起在第三节课完成的。我一边写,一边告诉学生,老师已写了多少,示意他们加油。宣告完成的时候,他们执意要我马上读来听听。我开始轻声地朗读:

节日里,想起要打个电话问候他的妈妈。自己的妈妈天天在身边,也就无所谓要电话问候或什么的,倒是他的妈妈可不能忘却了这个礼貌问候。

今天,电话一拨就有人接听了,"谁呀",是伯母的声音。从轻快爽朗的声音里,我听出了她这些日子过得很开心。或许是接到我的电话有些欣慰,往常问候几句,伯母就会开始拉家常,可是今天她传递的信息却使这样美好的日子有些失色。伯母告诉我,不小心折了手。"谁打理家务啊?"我忙着问。伯母说她的姐姐每天会赶来。还好,可真要辛苦她姐姐来回赶趟了。我竟然这么久都不曾问候她老人家,到现在才得知⋯⋯

我忙着说这个星期无论如何要去看望她,她说,"我也正说着,你好长一段时间没有来了。""是啊,太忙了。"其实谁不忙啊,有心,一切变得都会不忙⋯⋯

读到此时,我缓一口气,让自己心绪稍做平静⋯⋯好一会儿,教室里还是一片安静。

"听了老师的日记,想说些什么呢?"

然而,没有几个孩子举手,我一愣:"老师的日记没有给你们带来什么……你们没有任何感想吗?"此时,陆陆续续有几个孩子举起了手,接着,我看到一张张兴奋的小脸,每个人都有话要说的样子。曾俊达首先评价:"老师,精彩!"叶田田说:"真真实啊!"陈安瑶说:"老师,我想说,发自内心的话,才是最美丽的!"周康杰说:"孝心。"章程程真诚地说:"我知道了,我们要尊敬老人。"

……

我和孩子们共同写日记、读日记的这次教学活动,和平时一样,是很普通的师生交流。可是,正因为这一次我与学生共同分享了生活经历,带来了比往常更深刻的情感体验。意外地,我也收获了更多。

### 3. 案例分析

老师通过和孩子一起写日记、读日记,分享日记里的情感。当老师读完以后,教室里一片安静,是因为老师的真情流露触及了孩子们幼小的心灵。小章真诚地说:"我知道了,我们要尊敬老人";小杰告诉大家,从老师的日记里读到了"孝心";小瑶说:"老师,我想说,发自内心的话,才是最美丽的!"教师的一段心语,让学生们沉静良久,这是一种震撼,是被老师的真诚所感动的。

这是一种真正的教育,是一种心灵唤醒,老师的真情实感,也是为人师表的体现,这一切都源于教师和学生真诚的内心交流,教师的身教对于学生的心灵影响是很重要的。

### 4. 案例启示

在课堂教学中,教师和学生心与心的交流经常能起到事半功倍的教育效果。

### 5. 学海泛舟

教育家陶行知先生曾说:"你若把你的生命放在学生的生活甲,把你和你的学生的生命放在大众的生命里,这才算是尽了教师的天职。""热爱每一个孩子"是陶行知的人生格言,"爱满天下"是陶行知毕生追求的教育真谛。

### 6. 智慧心语

师生关系是更深刻意义上的一种教与学的关系,"是师生间思想交流、情感沟通、人格碰撞的社会互动关系"。儿童、青少年将成长为什么样的人,与家长、教师及其他教育人员有非常密切的关系,一名教师对学生的影响不仅仅是知识上的、智力上的，更是思想上的、人格上的。教师对于成长中的儿童和青少年有着巨大而又潜移默化的影响，这种影响需要精神的感染和道德的濡化。一个教育工作者的真正威信在于他的人格力量，教师的人格会对学生产生终身影响。因此，构建和谐的师生关系在学生成长中是至关重要的。一方面，教师要把学生作为教学的主体，要以人格平等的态度对待每一个学生，正确处理好教师主导和学生主体的关系；另一方面，要求学生尊重教师，同样教师也要尊重学生。教师首先要尊重学生的人格，把学生作为一个独立完整的人来看待；还要尊重学生的自尊心，在任何情况下都不要使学生的自尊心受到伤害。此外，教师和学生要相互合作。教师要善于理解学生，要了解和掌握学生的心理特点和个性差异，如兴趣爱好、思维方式、行为习惯等，在此基础上，与他们建立一种相互合作的关系，让他们时刻感觉到教师是在与他们共同学习、共同进步。

# 第九篇

以学生为主体

教学活动是由教师的"教"与学生的"学"共同组成的双边活动,两者缺一不可。其中,"学"是活动的主体,"教"是活动的主导,二者必须有机地结合起来。教学过程主要是学生的认识活动,是学生认识世界、发展自身的一种活动,学习过程的主体无疑是学生。因此,在教学中,教师要着眼于学生的主体性,真正成为学生发展的引导者、合作者。教师要关注学生的个体差异和不同的学习需求,要爱护学生的好奇心和求知欲,这样才能充分激发学生的主动意识和进取精神,才能最大限度地发挥学生的能动性和创造性。

## 第四十四则
# 让学生成为课堂主角

### 1. 教育絮语

青少年学生有着很强的好奇心和表现欲,在课堂教学中,教师要把表现的大舞台还给学生,让学生进入主体角色,让他们做课堂的主人,培养学生主动学习、学会学习的能力,增强学生的主体意识,进而使他们成为知识的主动探索者。

### 2. 经典案例

一位优秀生物教师以演讲方式设计了《动物的运动和行为》这堂课,并给学生布置了以下具体任务:规定演讲内容、时间;要求学生收集演讲资料;分演讲小组,每组推荐一、两名演讲人;另外,安排两名(一男一女)口才好、会控制场面的学生充当主持人;同时选出四名学生担当评委。

在主持人宣布开始后,小文讲了《枯叶蝶》的故事,他详细介绍了枯叶蝶的形态、生存方式及其仿装防身术,并讲到在枯叶蝶的启示下,人们发明了适合野外隐身作战的迷彩服。小丹讲的是《动物诈死》的故事,一只猴子通过装死把抢它食物的一只乌鸦弄死,以后乌鸦们再也不敢抢猴子的食物了。同学们被他俩讲的故事深深地吸引了。

随后,在男女主持人的穿插下,一个个"小演讲家"走上了讲台,为同学们介绍了很多有关动物的独特运动和行为。从"大力士"小蚂蚁运食物到大象帮助人类工作,从乌鸦反哺到鳄鱼妈妈宁肯自己挨饿也要照顾好宝宝,几乎把整个世界的动物都说了个遍。

这一节课,演讲者滔滔不绝、生动形象地把教材诠释得淋漓尽致,听课者则听得聚精会神、津津有味,甚至还参与到评比中,说出自己的意见。坐在下面的何老师,一边尽着观众的职责,静静地欣赏学生的演讲;一边尽着老师的义务,不时给"演讲者"一个赞赏的眼神、一个鼓励的微笑。正是在这种简单的师生互动中,学生消除了自身的紧张,把演讲状态发挥到最高水平,让其他同学听到了一场高质量的演讲。在这整体的互动中,学生成了课堂的主人,他们在热烈的气氛中全身心地投入到一个"演讲者"的演讲中,并汲取着不同演讲者所带来的知识营养。

### 3. 案例分析

案例中的教师采取了独特的教学方式,使《动物的运动和行为》这节内容深奥、繁琐的课变得非常有趣。在课堂上,整个演讲有条不紊地进行,所有的学生把话题和注意力都放在教材内容和相关知识上,课堂气氛随着故事益趋活跃,既有师生间的互动,又有生生间的互动。

老师成为课堂上的设计者、辅助者、引导者,他提前为这堂课设定方案,确定组织形式,确立比赛规则,推选评判人员,还引导他们搜集各种相关资料、图片。经过老师的精心安排,这节课不仅激发了学生主动求学的兴趣,让他们在老师的引导下掌握了自学的方法,为他们在课堂上展现自己的才华奠定了基础,而且还在无形中培养了良好的听课习惯。学生由"要我学"变成了"我要学"、"我爱学",成为主宰学习和课堂的主人,成为学习活动的参与者、探索者与研究者。

### 4. 案例启示

课堂教学中,教师须切记学生是学习的主角,要以此为出发点开展教学活动。

### 5. 学海泛舟

在教学过程中,教师和学生各自的地位问题是教学论研究的核心问题之一,也是现代教学论发展史上长期以来一直存在很大争论的问题。根据我国目前教学论的研究成果,一致的观点是:"教为主导,学为主体。具体来说,这一观点可表述为:首先,学生在教学认识活动中处于主体地位。"因为教学活动本质上是一种认识活动,学生是这种认识活动的主体。因此,只有确立学生在教学活动中的主体地位,发挥其主体作用,调动学生学习的积极性和主动性,才能真正保证教学的质量。

当然,这种认识活动需要由教师领导进行,教师要扮演学生学习活动的帮助者、指导者和组织者的角色。总之,在教学过程中,教师的主导作用和学生的主体作用是相互依存、密不可分、辩证统一的。

**6. 智慧心语**

　　课堂是教师的,更是学生的,教师的作用是充分利用课堂教学的时间、空间,开启学生的智慧之门,引导学生真正发挥学习的积极性、主动性,成为主动探索知识的主人。教师一定要把课堂还给学生,让课堂充满生命的气息。可是怎样把课堂还给学生呢? 怎样让学生成为课堂的主人,让他们既能主动参与,又不至于乱了秩序? 一方面,激发学生内在的学习动机,发挥其主体作用。学生的学习动机总是与个人的需要和追求相联系,如果学生感到学习是自己的需要和追求,那么他们就会产生强烈的内在动机。因此,教师要采取灵活多样、生动形象的教学方法,创设愉快的教学氛围。另一方面,培养学生的思维能力和良好的学习习惯。思维训练是培养学生主体性的基础,在教学中,要注重对学生思维能力的培养,让学生学会自主学习,充分运用好自己的能力,发挥自己的主体作用。另外,良好思维习惯的培养也是使学生成为课堂主角的至关重要的一个环节。当然,通过设定学生演讲课来培养学生在课堂上的主体意识,也是一种值得探索的有效方法。

## 第四十五则
# 让课堂焕发生命力

### 1. 教育絮语

教育是一扇门，推开它，满是阳光和鲜花，它能给孩子带来自信和快乐。课堂是学生学习的主要场所，如果学生能在愉快、和谐的课堂氛围中学习，那么学生一定会在课堂中充满活力。

### 2. 经典案例

案例一

在教学《三角形的面积计算公式》一课时，胡老师没有直接讲课，而是要求学生把三角形放到方格上，通过数方格算出三角形的面积，学生兴致勃勃地数完方格算出面积后，胡老师提了一个很有趣的问题："同学们，如果我们要计算一块三角形地的面积时，是否也可以把这块地放在方格纸上，或用一个个方格纸片去填满三角形的地呢？""哈哈……"学生们都大笑起来，齐说："不能。"胡老师立即追问："那怎样才能算出这块三角形地的面积呢？""用尺子去量。""用公式计算。"……

课堂气氛顿时活跃起来，学生们纷纷献计献策。"对，用公式计算，今天咱们就学习三角形的面积计算公式。"胡老师及时将问题转移到所要讲的内容上来。三角形的面积公式是什么呢？如何计算三角形地的面积呢？学生带着强烈的好奇心开始学习课堂内容，为了解除心中的疑问，大家的学习兴致很高。

案例二

盛夏季节，暑热难当。正值上三年级一班的作文课。上课伊始，我径直地在黑板上写了一个"热"字。然后转过身，亲切地问："同学们，今天热不热啊？""热！""怎么个热法啊？哪一位小朋友能说一下"。"天气真热！""天气非常热！"

"好热好热的。"

很显然，学生们对"热"的描述不具体。我进一步启发说："请大家认真地回味一下，动脑筋想一想，把今天体味到的、观察到的'热'具体地说出来，让我们大家一同感受一下，这样，以后我们大家就都不怕热了。"我的话引得孩子们发出一阵"嗤、嗤"的笑声，课堂上活跃了起来。"老师，我说。"一个男孩站起来发言。"今天，太阳就像挂在天上的一个大火球。""天气热得像蒸笼一样。"一个胖小子愣头愣脑地抢着说。"周围没有一丝风。"一位女同学站起来轻轻地说。"街上的姐姐和阿姨都撑起了遮阳伞。"急性子罗迪抢着说。……

"好、好、好，停！"我即时示意学生们静下来，"同学们说得都很好。现在，我们把今天的'热'写出来，看谁写得真实。"课堂上一阵骚动，同学们忙着找纸和笔，写起了作文。有位小朋友是这样写的："今天，太阳就像一个火球高高地挂在天上，周围没有一丝风，大地好像一个大蒸笼……"孩子们写得很认真，也很快乐。他们在写自己，写自己的经历，写自己的生活，因为向人倾述自己的感受毕竟是件快乐的事情。

### 3. 案例分析

案例一的胡老师通过两个有趣的问题激起了学生的兴趣，"同学们，如果我们要计算一块三角形地的面积时，是否也可以把这块地放在方格纸上，或用一个个方格纸片去填满三角形的地呢？"当老师提出这个问题后，学生们都哈哈大笑起来，认为胡老师问了一个不可思议的问题，这时课堂气氛顿时轻松活跃起来。于是，胡老师抓住这个时机接着问"那怎样才能算出这块三角形地的面积呢？"学生们就开动脑筋提出了很多种方案。最后，有的同学提到今天要讲的"公式计算"上，这种提问既激发了学生的兴趣，又达到了引出本节课内容的效果。

案例二的教师上课时天气非常热，老师就抓住"热"字大做文章，他问："怎么个热法啊？哪一位小朋友能说一下。"同学们回答"天气真热！""天气非常热！""好热好热的。"之后，老师又不失时机地让同学们具体描述各人的感受，并且说是"让大家感受一下"，这一下子调动了同学们的积极性，活跃了课堂气氛，并最终取得了良好的教学效果。

### 4. 案例启示

课堂教学中，活跃的课堂气氛有助于调动学生学习的热情和积极性。

### 5. 学海泛舟

苏联教育家凯洛夫说:"学生是在各式各样的动机影响下进行学习的。这些动机可分为属于'直接诱因'的动机和属于希望中的动机。属于直接诱因的动机是直接推动学生去学习的那些动机(上课时引起注意的有趣味的图画,教师的动人的讲述,学生想要获得好分数的愿望等等),教师的任务在于引起学生的求知欲,也要引起满足这种求知欲的愿望。学习的动机在学校教育期间发生着很大的变化。在低年级,儿童首先是在教学过程本身所引起的直接兴趣的影响下进行学习的,这种教学过程本身在他们看来是一种很新鲜的活动。兴趣是由于教学的直观性、教学跟儿童的经验和体验密切结合而逐渐浓厚起来的。"

### 6. 智慧心语

在课堂教学中调动学生学习的积极性很重要,如课堂提问就是非常重要的一个环节。如果能通过提问调动起学生学习的热情,就会起到事半功倍的教学效果。如何调动学生积极参与到课堂的学习中呢?一方面,调动学生的思维。在课堂教学中,教师一定要想方设法来调动学生思维的积极性,如可以通过创设问题情境,让学生在问题情境中学习;另一方面,采取灵活多样的教学方法。在课前可以让学生讲故事、笑话等;在课中,可采用小组学习竞赛、掌声鼓励等营造课堂氛围的方法。

第四十六则
# 生命教育的价值

### 1. 教育絮语

生命教育是帮助学生认识生命、珍惜生命、尊重生命、热爱生命,提高生活质量和生存技能的一种教育活动。生命教育引导教师敬畏生命、尊重生命。尊重生命就是尊重生命的价值,因为它是一切价值判断的前提和基础。

### 2. 经典案例

案例一

刚刚入园的美国儿童被老师带进幼儿园的图书馆,很随便地坐在地毯上,接受他们的人生第一课。一位幼儿园图书馆的老师微笑着走上来,她的背后是整架整架的图书。

"孩子们,我来给你们讲个故事好不好?""好!"孩子们答道。

于是,老师从书架上抽下一本书,讲了一个很浅显的童话。"孩子们",老师讲完故事后说,"这个故事就写在这本书上,这本书是一个作家写的。你们长大了,也一定能写这样的书。"老师停顿了一下,接着说:"哪一位小朋友也能来给大家讲一个故事?"一位小朋友立即站起来。"我有一个爸爸,还有一个妈妈,还有我……"幼稚的童声在厅中回荡。然而,老师却用一张非常好的纸,很认真,很工整地把这个语无伦次的故事记录下来。

"下面哪位小朋友来给这个故事配上插图呢?"

又一位小朋友站了起来,画一个"爸爸",画一个"妈妈",再画一个"我"。当然画得很不像样子,但老师同样认真地把它接过来,附在那一页故事的后面,然后取出一张精美的封皮纸,把它们装订在一起。封面上写上作者的姓名、画图者的姓名及"出版"的日期。

老师把这本"书"高高兴兴地举起来:"孩子,瞧,这是你写的第一本书。孩子们,写书并不难。你们还小,所以只能写这种小书,但是,等你们长大了,就能写大书,就能成为大人物。"

案例二

一个女孩长相很丑,因此对自己缺乏自信心,不爱打扮自己,整天做事不求上进。心理学家为了改变她的心理状态,让大家每天都对丑女孩说"你真漂亮"、"你真能干"、"今天表现不错"等赞扬性的话语。经过一段时间的努力,人们惊奇地发现,女孩真的变漂亮了!

其实,她的长相并没有变,而是精神状态发生了变化。她变得爱打扮了,做事积极,爱表现自己了。怎么会发生这么大的变化呢?其根源正在于自信心。因为女孩对自己有了自信,所以大家觉得她比以前漂亮了许多。

**3. 案例分析**

这两个案例都体现了生命教育理念。案例一的教师通过诸如"这个故事就写在这本书上,这本书是一个作家写的。你们长大了,也一定能写这样的书","瞧,这是你写的第一本书。孩子们,写书并不难。你们还小,所以只能写这种小书,但是,等你们长大了,就能写大书,就能成为大人物"等话语来鼓励和激发小朋友的兴趣和爱好,调动了他们学习的积极性。

案例二中的心理学家为了唤起这个丑女孩的自信,"让大家每天对丑女孩说'你真漂亮'、'你真能干'等话语",经过一段时间以后,这个小女孩获得了一定的自信,并且由于精神状态的缘故,她也显得漂亮了许多。

**4. 案例启示**

在教育教学工作中,教师要想方设法地激发学生的生命潜能,因为生命潜能的激发是培养学生兴趣和爱好的关键。

**5. 学海泛舟**

我国教育学者叶澜说:"教育是基于生命、在于生命、为了生命、通过生命所进行的人类生命事业。生命是教育的魂,实践是教育的行,学校(以及其他教育组织、机构)是教育的体,教育是一项充盈着人的生命的人类实践活动。"

教育的起点是生命,终点还是生命,倘若远离了、背离了生命,教育也就失去了它应有的存在价值。生命是丰富多彩的,教育的内容与形式也应该丰富多彩;

生命是变化不断的,生命渴望快乐成功,教育就应该帮助学生,激发生命潜能,让教育充满生命活力,让课堂变得生动有趣。这是"寓教于乐"的真谛。

**6. 智慧心语**

在教育教学中,生命教育的实施,总体上要注意以下几点:一方面,生命教育是一个过程。教师们千万不要把生命教育等同于一节课、一本书。在学校教育中,生命教育是一种过程,体现在:生命教育关注儿童的成长是在过程中实现的,是有儿童的过程,是有儿童成长的过程,这是生命教育所追求的价值所在。另一方面,科学性和人文性相结合。所有与生命有关的科学内容,都有利于提高学生对生命意义的认识,同时,所有与人文有关的内容,都应有科学和理性依据,教师应该将二者结合起来,对学生进行生命教育。此外,认识和体验相结合。生命教育既要对学生进行知识的传授,又要引导学生贴近生活、体验生活。在生活实践中,融知、情、意、行于一体,丰富学生的人生经历,使其获得生命体验。

第四十七则
# 服务于学生

### 1. 教育絮语

教育因为人的生命而存在,教育要关注生命。关注生命,不仅需要教师为学生未来的人生幸福服务,还要为他们当下的人生幸福服务。因此,教育应以尊重学生的天性与特性为前提,来培养学生的优良品质,发展学生的完美人格。为学生服务应成为教师教育教学工作的出发点和归宿。

### 2. 经典案例

案例一

动物园新来了一个喂河马的饲养员。老饲养员告诉他,不要喂河马过多的食物。新饲养员没有听老饲养员的话,拼命地喂他养的那只河马。两个月里,他发现河马没有长多少,而老饲养员不怎么喂的那一只,却长得飞快。他以为是两只河马自身的素质有差别,老饲养员不说什么,与他换着喂。

不久,老饲养员的那只河马又超过了他喂的河马,他大惑不解。老饲养员才一语道破天机:你喂的那只河马,从不缺食物,反而拿食物不当回事,不好好吃食,自然长不大。我的这一只,总是在期待食物中过生活,因此它懂得珍惜,是珍惜使它有所获得,有了健壮。珍惜是一种正常的生命反应,甚至是一种促进。

案例二

动物园里喂养猴子的人,不是将食物好好地摆在那儿,而是费尽心思,将食物放在一个树洞里,猴子很难找到。猴子想尽办法要去吃,终于学会用树枝努力地把食物从树洞里弄出来。

别人都很奇怪。养猴人说,平时你把食物摆在猴子跟前,它连看都懒得看,也不会主动去吃,只有换了这种方法去喂它。你越是让它够不着,它才越会努力去够。正因为猴子很难得到它,在得到它时,才会珍惜。珍惜,使普通的东西变为了好东西。

**3. 案例分析**

案例一呈现的是饲养员喂河马的故事,故事的主题是珍惜食物对于河马成长的意义。案例二是关于喂养猴子的事宜,讲述的也是珍惜对猴子成长的作用。通过这两则故事反观学校的教育教学,不难发现有些问题,其本质和饲养河马以及喂养猴子是一样的。

目前,学校实践中的问题是,教师为了能让学生"好好"地学习知识,处心积虑地把学生"该有的"和"该要的"知识都悉心并无私地奉献给学生,不忍心也不甘心让学生"吃不够",担心学生"饿"着。于是,复习、铺垫"一应俱全",教师无论是在教授新课还是在复习旧知时,给予学生的知识太多太多,以至于学生无法很好地接受。

**4. 案例启示**

在教育教学实践中,教师应该从学生的实际出发,真诚并有质量地服务于学生。

**5. 学海泛舟**

教育,它是一项事业,同时也是一门艺术,而且从某种程度上说它还是一种特殊的"服务",这种服务需要教师既要教好书,更要育好人。育人是一项伟大的工程,来不得半点矫饰和偏差,它需要教师全身心的投入和爱的付出。教师除了在态度上正确看待学生,还必须在行动上正确对待学生。要努力去服务学生,做一些保护学生自尊的事,做一些帮助学生自信的事,做一些促使学生自奋的事,做一些感动学生心灵的事。

**6. 智慧心语**

教师服务的对象是谁? 课堂教学是学生围着教师转,还是教师围着学生转?这就涉及一个教育思想的关键:在教育教学中,教师必须树立服务学生的意识。一方面,课堂教学要以学生为中心。学生是学习的主人,也是课堂教学的主人,教师的教理应服务并服从于学生的学,课堂教学中教师是导演,学生是演员,教师教的内容、教的方式必须适合学生学习的需要。另一方面,为学生个性发展营造和谐的空间。发展学生个性,注意培养完善学生的良好个性品质,这既是现代教育的要求,也是社会发展和个体发展的需要。只有当每个学生的个性都得到充分尊重和发展时,才能真正实现教育目标。素质教育的重点,即培养学生的创造精神和实践能力。学校不能局限于把学生都教成考高分的通才,而应着眼于培养学生的综合素质,重视发现和培养学生的特长,因材施教,尽可能地给他们以发展个性的和谐空间。

# 第四十八则
## 转变教师角色

### 1. 教育絮语

新课程倡导民主、开放、科学的课程理念。这种理念不仅要求教师更新教育观念,而且要求教师转变角色。教师不仅要做学生学习的促进者,更要成为学生自主学习的服务者,以便更好地培养出具有创新精神的学生。

### 2. 经典案例

一位教师在教《石灰吟》的"粉骨碎身浑不怕,要留清白在人间"这一诗句后,有位同学突然问:"老师,我们习惯说'粉身碎骨',可这句诗中却用'粉骨碎身',这里的'粉骨碎身'与'粉身碎骨'意思是不是一样呢?为什么要用'粉骨碎身'呢?"

刹那间,教室里寂然无声,这位教师也愣住了。这可是他事先根本没想过的问题。他略一思索后,笑着说:"谢谢张楚同学给我们提出了一个非常有价值的问题。现在就让我们利用集体的力量——小组合作学习,解决这个问题。各小组的同学想想怎么办。"

生:查词典,查资料。(教室里热火朝天,各小组争先恐后翻阅《成语词典》及手头上的参考书。)

生:我们这一组通过查《成语词典》知道"粉骨碎身"与"粉身碎骨"意思一样,都是说为了某种目的而牺牲。

生:我们这组也是。

师:解决了"粉骨碎身"与"粉身碎骨"的词义,谁能解决第二个问题?

生:(脸露难色)

师："书读百遍,其义自见。"别急,咱们再来读读这句诗。(师生分层次读,生将"粉身碎骨"引入诗句读,师读原句。)

生:(沉思片刻,有几只小手举起)因为"粉骨碎身"比"粉身碎骨"的意思要更进一层。

师:(惊喜)为什么?

生:(迟疑)这……

生:我知道了,"粉身碎骨"是说身体变成了碎片,但是有的骨头可能还连着。而"粉骨碎身"是说骨头变成了粉末,身体就可想而知了。所以"粉骨碎身"比"粉身碎骨"的意思更进一层,更能表达作者为了正义的事业,为了人民的利益不怕死的品质。

生:我还想补充,"粉身碎骨"只是说身体成了粉末,而"粉骨碎身"是连骨头都成了粉末,更何况身子呢? 从而我们更能体会到作者为了正义的永存,不惜牺牲自己的一切的高尚情操。他连"粉骨碎身"都不怕,还怕什么呢?(掌声四起)

师:(激动、动情)多么生动的描绘啊! 为了正义的永存,作者连粉骨碎身都不怕,还怕什么呢? 这两个词语仅仅是稍稍调换了词素的顺序,竟有如此深刻的内涵,中国的语言文字真是神奇无比,魅力无穷。

(再读诗句,学生神情肃然,读得十分投入。)

### 3. 案例分析

学生的一个问题引发了课堂上的关于"粉骨碎身"和"粉身碎骨"的大讨论。在此,暂不对师生们有关两个词的讨论结果作出评判,就他们在课堂上能热烈讨论的行为本身来说,体现了教师的教育智慧。因为这位教师利用学生提出问题的契机,让学生主动参与课堂、自主探究,体现了教师是引导者、组织者的作用。

### 4. 案例启示

课堂教学中,教师要充当好学生学习的组织者、引导者角色。

### 5. 学海泛舟

当前,随着教育和课程改革的不断深化,教师的角色也发生了很大变化,"现代教师具有知识的传授者、学习者、学生的引导者、课程的研制者、教学的组织者、团体的领导者、教育的研究者和文化的创造者等八大角色"。教师是学生的引导者,通过教育活动中师生双方的交往活动,在作为新型知识传授者的基础上,承担着引导学生全面发展的角色。"教师的教学组织者角色,是指教师对教学的计划、设计、组织和实施的专门行为模式,实际上就是通过媒体设计、环境设计和活动设计来组织实施教学活动,从而使课程内容顺利地转化为学生的学习经验。"教师在教学的设计和开发中日益发挥着重要的组织作用。

**6. 智慧心语**

在课堂的合作教学中,教师怎样做才能促进学生各方面的发展呢? 一方面,设计教学。教师作为引导者,最主要的是促进学生的发展,因此,教师要为学生的学习设计教学,主要包括教学目标、教学内容、教学组织形式、教学方法、教学环境、教学活动等。设计教学的主导思想是为学生学习而进行教学,一定要考虑学生究竟需要什么、学生最乐意学习的方式是什么等。另一方面,激发学生的学习动机。可以通过教学中所进行的活动来进行,也可以运用情感效应。教师要多关心、了解学生,这样学生就会对老师的课抱有浓厚的兴趣。

## 第四十九则
# 主动承认错误

### 1. 教育絮语

平时的教学中,老师总是在挑学生的错,总是在批评学生,对自己的行为却很少反思。俗话说:"人非圣贤,孰能无过。"教师同样会犯错误,只是犯了错误不像学生那样会有人立刻提醒,通常情况下要靠自己去觉悟,靠自己有意识地纠正。

### 2. 经典案例

我当过整整二十年的教师,小学、初中和高中都教过。当惯了教师就容易讲究师道尊严,面对学生,总是觉得自己对于学生的教育从来都是正确的。其实,教师也经常有犯错误的时候。我曾经教初中四年级的英语,并且担任班主任,在对学生进行管理教育时就犯过一次错误。

这件事情发生在学生宿舍中,当过班主任的老师都很清楚,宿舍管理是学生管理中比较棘手的一件事,是学生管理中的一个薄弱环节,打架、抽烟等违纪事件大部分都是在宿舍发生的。学校规定,班主任每周至少要查两次宿舍,时间限定在宿舍熄灯后到午夜12点,因为这是学生违纪比较集中的时间段。

一天熄灯后,我到宿舍检查男同学的休息情况,这时已经是夜间11点半多了,当我走到宿舍的窗户附近时,听到里面几个同学在说话,隐隐约约好像是关于打架的事情,并且好像是平时表现很好的纪律委员邵××在说话,我当时非常生气,但是考虑到已经很晚了,就没有急着处理这件事,只是警告他们抓紧休息。之后,我又待了一会儿,里面很安静后我才离开,边走边想,越想越生气,决定第二天一定要好好教训这个纪律委员一番。

第二天早操后，我把纪律委员留下，问昨晚是不是他在说话，他说是。于是，我就开始狠狠地批评他，并让他认真写检查，如果反省不深刻，就撤掉纪律委员职务。可是，邵××同学却说，不当纪律委员就不当，有什么大不了的，并且气呼呼地跑开了。我当时很是奇怪，平时很听话的学生今天是怎么了。

后来，我了解到，晚上邵××同学说话是在和同学们讨论如何向班主任老师汇报"高二年级几个学生打我们班一个男同学"的事情，因为高二这几个同学是学校里最不守纪律的，经常打架斗殴，并且威胁被打同学不能告诉老师，邵××同学坚持认为这件事必须告诉老师，其他几个同学说不行，担心报复，这样他们就讨论开了，以至于忘记了休息的时候不准说话。

原来，是我误解了邵××同学。当天，晚自习的时候，我把他叫到办公室，并主动向他道歉。邵××同学见我向他道歉，觉得很不好意思，低下头说，自己做得也不对，应该和老师讲清楚事情的经过。这件事情就这样处理好了，但是通过这件事，在教育管理学生方面，我又积累了宝贵的经验。

**3. 案例分析**

作为一名教师，要勇于承认错误，这是教师素质最基本的体现。上述案例中，班主任老师向自己错怪了的一名同学主动承认错误、道歉，体现了教师"学高为师，身正为范"的基本道德形象。俗话说，身教重于言教，教师的一言一行对学生的影响很大，不但会成为学生模仿的榜样，而且深刻影响着学生的世界观、人生观和价值观。

**4. 案例启示**

在学生面前，教师要给学生做勇于承认错误的榜样。

**5. 学海泛舟**

师表行为的实现，一方面依赖于在教育过程中确立为师之道的责任感，另一方面建立于教师人格的魅力。康德说："每一个在道德上有价值的人，都要有所承担，没有承担、不负任何责任的东西，不是人而是物件。"可见，道德责任是人类自我肯定和自我发展的产物。

在道德责任范畴中，人既是主体又是客体。作为道德责任的主体，人认识到自己行为的价值，认识到自己的需要、利益与社会、他人的需要、利益之间的必然性联系。社会学家班杜拉指出："学生的个性品质是在观察和模仿中完善起来的。"教师要充分认识无声教育是教育过程中十分重要的环节，是不可替代的。

教师要时时处处以自身的模范行为去感染受教育者,以自身的人格魅力给学生以良好的影响。

**6. 智慧心语**

教师的言行直接影响着学生,教师"以身作则"是最有力的说服教育,教师在工作中做了错事,说了错话,应该承认自己的错误,这样才能提高自己的威信。

在以往的师生关系中,教师大多是高高在上的说教者,是真理的占有者。教师所做的一切都被认为是正确的,学生不敢质疑老师的教学,课堂变成了"一言堂",师生关系比较紧张,"师道尊严"空前膨胀。自从新课程改革实施后,教师们从象牙塔中走出来,在课堂中表现出尊重学生和平等、民主的精神,给学生应有的权利,不强迫学生服从,勇于向学生承认错误,善于改进自身缺点,培养学生不迷信权威等,从而建立了新型的师生关系。德国教育家第斯多惠说过,教师一定要牢记"只有当你不断地致力于自我教育的时候,你才能教育别人",从而在教育教学工作中受到学生的爱戴和尊重。

# 第十篇

## 宽容的教育意蕴

新课程改革的基本理念是以学生为本，关注每一个学生的发展。宽容学生是以学生为本的重要内容之一。宽容是一种教育，作为一名教师，只有懂得宽容学生，才能懂得教育的真正意蕴，因为宽容不仅是做人之本，更为重要的是为师之道。拥有宽容之心的老师一定会拥有一颗爱心，拥有了爱心就会有责任心，也正是因为心中有了爱，才没有所谓的"差生"。

　　宽容学生就意味着教师要把自己放在学生的位置上，去体验他们在学习中遇到的困难，尊重学生的人格，同情学生，支持学生，鼓励学生，引导学生和帮助学生。中小学生正处于人生发展的关键时期，具有不成熟性、可塑性、发展性的特点，犯错误是在所难免的。俗话说"金无足赤，人无完人"；"人非圣贤，孰能无过"。因此，面对学生的错误和不足，作为教师应该拥有一颗宽容之心。著名教育家苏霍姆林斯基说过："有时宽容引起的道德震动比惩罚更强烈。"

第五十则
# 宽容是无声的教育

### 1. 教育絮语

宽容是一种非凡的气度，一种广阔的胸怀，一种高贵的品质，一种崇高的境界。宽容更是一种人性的教育方式，一种深厚的涵养，一种善待生活、善待他人的境界。在教育过程中，教师只有对差生多一些宽容，多用发展的眼光看待他们，才能使他们的潜力得到发展。因此，教师要善待、宽容学生并加以正确的引导。

### 2. 经典案例

盘圭禅师是一位诲人不倦的良师。有一次他的一名弟子行窃，被当场抓获，其他弟子要求盘圭禅师把此人逐出，但盘圭禅师没有理会。那名弟子恶习难改，不久之后再次偷窃，又被当场抓住，众弟子再度请求盘圭禅师惩治，哪知盘圭仍然不予发落。他们十分不满，联合写了一份陈情书，表示若不将窃贼开除，他们就集体离开。

盘圭禅师读了陈情书，把弟子们全部招来，对他们说："你们都是明智的人，知道什么是对，什么是不对，只要你们高兴，到什么地方去学都可以。但是，这位弟子甚至连是非都还分不清，如果我不教他，谁来教他？我要把他留在这里，即使你们全部离开也一样。"热泪从那位偷窃者的眼中涌出，洗涤着他的心灵。从此，他再也没有偷窃过。

### 3. 案例分析

作为一名教育工作者，教师首先要学会宽容学生，用爱心去对待学生。在上述故事中，如果盘圭禅师不给行窃弟子改过的机会，也许那名弟子永远改正不了自己偷窃的错误行为了。盘圭禅师煞费苦心去教化一个有偷窃恶习的弟子,表现出的是多么宽广的胸怀。

学校是一个容许学生犯错误的地方,学生犯错误并不可怕,关键是让他认识到自己的错误,勇于承认自己的错误。在很多情况下,只有等事情发生了,学生才能意识到自己的错误。让学生改正错误的方法很多,通常情况下,教师对犯错学生的宽容,最能引发学生心中的愧疚感,使他们产生感激之情。

### 4. 案例启示

"人非圣贤,孰能无过",尤其是中小学生,心智不成熟,很容易犯错误。因此,教师对学生的过错要有宽容之心。

### 5. 学海泛舟

当代一位教育家说:"我始终记着高尔基说过的话,'只有热爱孩子的人才能教育孩子'。爱是打开学生心扉的钥匙,我觉得每个孩子都是可爱的。尽管学生的智力、性格、兴趣、爱好不同,表现各异,但他们都有一颗要求上进的心。所以,不管学生成绩优劣,表现好坏,我都一视同仁。对差生我从不疏远不歧视,不管他们发生什么问题,我总是态度冷静,热情耐心地进行教育,做到动之以情,晓之以理,导之以行,持之以恒,把深沉的爱奉献给孩子们。"

一位哲人说过耐人寻味的一番话:"天空收容每一片云彩,不论其美丑,故天空广阔无比;高山收容每一块岩石,不论其大小,故高山雄伟壮观;大海收容每一朵浪花,不论其清浊,故大海浩瀚无比。"

### 6. 智慧心语

教育是一个生命对另一个生命的关怀。教育不能没有爱心、宽容之心。教师对学生进行教育,必须有爱心和宽容之心,以爱和宽容感化学生的心灵,激励学生自我教育。教师要真正教育好学生,就要从学生的心灵入手,在心与心的交流中唤醒学生内心深处的真、善、美以及积极向上的品质。从学生不经意的细微表现中洞察他们的变化、发展,让他们体会到被认可、被尊重、被信任的价值,激发他们向真、向善、向美的动力,唤醒他们的自尊,唤起他们自我矫正的愿望,在潜移默化中达到自我教育的目的。

教师与学生进行沟通是必要的也是必需的。教师要及时了解学生的情况,洞察他们的心理,才能知道他们到底在想什么,从而正确地指导他们,提出正确的对策。特别是处在青少年期的学生,心理变化非常快,逆反心理又特别强,教师稍有不慎,就会伤害他们的心灵。他们的自尊心特别强,决不容忍教师在全班同学面前批评或数落他。因此,教师要具有高度的责任心和耐心来正确处理发生在学生身上的各种各样的事情。

第五十一则
# 育人为先

## 1. 教育絮语

"教书育人"是指教师关心爱护学生,在传授专业知识的同时,以自身的道德行为和魅力,言传身教,引导学生寻找自己生命的意义,实现人生应有的价值追求,发展自身完美的人格。因此,教书育人,是对每一位教师的基本要求,也是教师义不容辞的责任。

## 2. 经典案例

案例一

韩信少年时家中贫寒,父母双亡。他虽然用功读书、拼命习武,却仍然无以为生,迫不得已,他只好到别人家吃"白食",为此经常遭别人白眼。韩信咽不下这口气,就来到淮水边垂钓,用鱼换饭吃,经常饥一顿饱一顿。

淮水边上有个为人家漂洗纱絮的老妇人,人称"漂母",见韩信可怜,就把自己的饭菜分给他吃。天天如此,从未间断。韩信深受感动。韩信被封为淮阴侯后,始终没忘漂母的一饭之恩,派人四处寻找,最后以千金相赠。

案例二

唐山农民在 2008 年 2 月自费赴湘抗雪灾的义举感动着郴州,感动着知晓这个故事的许许多多的人。大年三十,唐山市玉田县八里铺村村民宋志永,与同村的 12 位普通农民一起,自费包车奔赴湖南,去帮助当地人民抗雪灾。他们在湖南受灾最严重的郴州市的山郊野外,人人背负着二三十斤的电力设备,在山上山下来回奔波,帮当地重建几乎瘫痪的电网。他们每天早晨 5 点半就要起床,一直干到晚上 7 点以后才收工。

是什么让他们甘愿舍弃春节与家人的团聚？是什么让他们甘愿自掏腰包几万元，租着车、冒着风险去做又脏又累的义工？宋志永说："三十年前唐山大地震时，全国人民都在支援我们，现在南方遭了雪灾，我们也应该去支援他们。"这些话质朴无华，展现的却是真挚的感恩情怀。正是因为这种永怀感恩的朴素意识和传统美德，当南方遭遇大雪灾时，他们才按捺不住，挺身而出，自愿赴灾区以朴素的方式回报社会、回报关爱。13 位燕赵农民自费赴湘抗雪灾的义举，实际上是对民众的一堂生动的感恩教育课。

**3. 案例分析**

韩信被封为淮阴侯后，为了报答"漂妇"一饭之恩，他赠送"漂妇"千金。

唐山市 13 位农民为了回报唐山大地震时全国人民对唐山人的帮助，他们自掏腰包和车到湖南郴州去帮助灾区重建电网。

两个故事值得思考的地方很多，留给人们最为深刻的印象是"感恩"，体现的是如何做人的道理。学校教育不仅应该让学生掌握知识，更重要的是要让学生学会做人，对学生进行道德教育，培养学生的人格。

**4. 案例启示**

学校教育中，对于学生的道德教育、人格的培养是第一位的。

**5. 学海泛舟**

《学会生存》一书中指出，教育的基本目的是："把一个人在体力、智力、情绪、伦理各方面的因素综合起来，使他成为一个完善的人，这就是对教育目的的一个广义的界说。"教育的意义在于"成人"。

2004 年，中共中央、国务院颁布了《关于进一步加强和改进未成年人思想道德建设的若干意见》，其中指出："学校是对未成年人进行思想道德教育的主渠道，必须按照党的教育方针，把德育工作摆在素质教育的首要位置，贯穿于教育教学的各个环节。要把弘扬和培育民族精神作为思想道德建设极为重要的任务，纳入中小学教育的一切过程。"

**6. 智慧心语**

在教育教学过程中，要加强对学生的思想品德教育。一方面，教师要把思想教育融入课堂教学。重智育轻德育，重"双基"训练轻思想教育，这是当前教学中存在的一个突出问题，这已经影响到教学质量的全面提高以及下一代人的培养。江泽民在《关于教育问题的谈话》中指出："教育是一个系统工程，要不断提高教育质量和教育水平,不仅要加强对学生的文化知识教育,而且要加强对学生的品德教育、纪律教育、法制教育。老师作为'人类灵魂的工程师',不仅要教好书,而且要育好人。"教书育人,业已成为紧迫的任务。教书为了育人,但育人的内容比教书更广泛。育人要德、智、体、美并重,当前尤其要强调德育。对青少年学生开展思想教育,不只是政治辅导员的事,也是每个教师的分内事。做学生的思想政治工作,不只是会上宣讲,也不仅是课余谈心,还应当渗透在课堂教学之中。教师的言传身教,对学生具有巨大的示范引导作用。教书与育人密不可分,教书育人与为人师表相辅相成。

另一方面,教师要做到学高为师,身正为范。要成为合格的教师,必须成为学生的良师益友,在学术上有建树,在教学中讲艺术。"弟子不必不如师,师不必贤于弟子,闻道有先后,术业有专攻,如是而已。"抱着这种态度,要尽量与学生进行良好的沟通,设身处地为学生着想,做到既是学生的老师,也是他们的朋友。亦师亦友的身份并不有损师道尊严,教师在一定程度上只是比学生掌握了更多的知识与技能,而学生身上也有许多教师所不具备的优点。把握好"师"和"友"的度,更有利于教学和育人工作的开展。

## 第五十二则
# 善待有缺点的学生

### 1. 教育絮语

有的学生爱学习,喜欢读书;有的学生贪玩,讨厌作业;有的学生热情大方,善于表现;有的学生性格内向,沉默寡言;有的学生遵章守纪,循规蹈矩;有的学生生性好动,惹是生非,如此等等,表现各不相同。因此,教师必须充分了解并尊重每个学生的个性,让学生都能得到健康全面的发展。

### 2. 经典案例

这是一位班主任老师的杰作。一个周末的晚自习,他让全班学生在纸上列出班上其他同学的名字,在每位同学名字旁写下两条优点。这份特殊的作业交给了老师。

到了周一,老师把综合了每人优点的表格发给了学生。当同学们拿到写有自己优点的表格时,全班同学每人脸上都露出了笑容。有人在小声地说话:"真的吗?""我从来都不知道别人怎样看我。""我没有想到别人竟会这么喜欢我。""我还不知道自己有那么多优点。"等等。

此后,虽然再也没人提起过那张纸,但班里的情况却大为改观。同学们和睦相处,好学上进,朝气蓬勃,学习成绩也提高了许多。正是由于这个原因,这个班在初中四年当中,除了初中预备年级,其余三年都被评为优秀班集体。

### 3. 案例分析

班主任老师让同学们写出每位同学的优点,然后对同学们的优点进行归纳,写在画有表格的纸上,并且发给每一位同学,这件事给同学们带来了极大的学习和生活动力。反映出班主任善于从正面去发掘每个学生的优点,激发有弱点学生的上进心。

苏霍姆林斯基说过:"教育技巧的全部秘密,就在于如何爱护儿童。"特别是对那些学困生、后进生、某方面有缺陷的学生,要用放大镜看他们的优点,用显微镜看他们的缺点,找出他们身上的闪光点,让每个学生的优点在教师的发现中放出异彩。

**4. 案例启示**

教师要善待有缺点的学生,多关注学生的优点,通过表扬优点来激发学生的学习潜力。

**5. 学海泛舟**

苏联教育家克鲁普斯卡娅说:"一个优秀的教师应该知道每个儿童的个性,他应该自备一个笔记本,本子上不只是写上'及格'和'不及格',还要写上每个儿童的弱点和优点是什么。"

一位当代教育家说过:"理想的教师,应该是一个充满爱心,受学生尊敬的教师。爱的教育,是教育力量的源泉,是教育成功的基础。"教师爱学生,一个很重要的表现就是相信每个孩子。每个孩子都具有巨大的潜能,而且每个孩子的潜能是不一样的,教师只有独具慧眼,才能发掘每个孩子的潜能。只有在爱的基础上,教师才能投入他的全部力量。

**6. 智慧心语**

在教育教学工作中,教师一定要宽容学生。当然,宽容并非"灵丹妙药"。宽容作为一种教育方法,只有恰如其分地运用,才能收到良好的教育效果。一方面,应以理解、尊重、信任学生为基础。教师给学生以理解、尊重和信任,不仅能维护学生的自尊,让学生认识到自己的错误,心悦诚服地改正错误,而且能激发他们的潜能,使他们健康快乐地成长。此外,也有利于建立良好的师生关系,既使教师成为学生的朋友,也使学生"亲其师,信其道"。另一方面,宽严相济,既要宽容学生,又要严格要求学生。严格要求学生是宽容学生的基础,是宽容这种教育方法收到良好效果的保证。教师对学生宽容,并不是对学生的错误不闻不问,更不是纵容学生犯错误,而是理智耐心地对学生进行正确引导,调动学生的内在积极性和内在驱动力,使学生承认和改正自身的错误。如果教师一味心慈手软,疏于管理,就会导致学生认为教师软弱好欺,也会导致教师溺爱学生。此外,宽容学生要晓之以理。教师对犯错误学生进行宽容时,要想清楚为什么要宽容，给出恰当的理由。同时，还要讲道理，要对学生进行教育，及时指出错误，帮助学生分析原因，学生才会从错误中吸取教训，不再犯同样的错误。

# 第十一篇

## 惩罚的教育意蕴

学校教育是一种制度化教育,适当的惩罚是制度化教育得以正常运行的保证。正是在制度化教育下,学生才学会了自律与他律。在教育教学工作中,只有表扬没有惩罚是不现实的。惩罚应该与奖励一样被看成是教育学生、管理学生、形成学生良好行为习惯的重要手段。只有"赏识教育"是不够的,在教育过程中应有相应的惩罚制度和措施。

合理的惩罚有利于学生的健康人格,惩罚可以使学生懂规矩、辨是非。学生犯了错误,在不伤害其自尊的前提下,教师对其实施惩罚,严格管教,是非常必要的。教师要记住,惩罚不是目的而是为了学生健康地成长,是为学生今后走上社会做准备。

第五十三则
# 对学生既要严格又要尊重

### 1. 教育絮语

教育不仅要传授学生知识,还要发展学生的智力和能力,让学生变得更会学习,懂得做人。因此,在教育教学工作中,教师要从尊重生命、尊重学生开始,促进对学生的爱。同时,也要对学生提出适当的、严格的要求。

### 2. 经典案例

案例一

著名作家三毛上初二时数学成绩不好。有一次,她发现数学老师每次出小测验的题都选课后练习题,于是她就在测验前狠下一番功夫背这些题,结果一连考了6个100分。数学老师感到很奇怪,就决定在自修课上临时考她,结果三毛考得一塌糊涂。愤怒的老师马上当着全班学生的面说:"我们班上有一个同学最喜欢吃鸭蛋,今天老师想请她吃两个。"在全班学生的哄笑声中,老师拿来毛笔在三毛的眼睛周围重重地画了两个大圆圈。三毛在回忆中说:"我情愿老师打我一顿,但他给我的却是自己一生都没有受过的屈辱,这件事的后遗症三天后才显现出来。那天早晨上学,我走到走廊上,见到自己的教室时,立刻就昏倒了,并且越来越严重。到后来,早上一想到要去上学,便害怕得立刻昏倒,失去知觉。"

案例二

早晨朗读,在班上巡视,见一位女生低着头在专心地看什么,我走过去一看,她正在看小说,我迅速将书拿了过来,学生被吓了一跳,脸刷地一下红了。一个平时挺用功挺听话的学生,今儿是怎么了?我手里拿着书,没有说任何话,继续在班里转,就像一个获胜者一样。

下了自习,我回到办公室,这个女生也跟我进来了。她反复向我道歉,请我原谅,说下次再也不敢了,希望我把书还给她。因为书是她向别人借的。我批评了她好一会儿,但就是没把书给她。因为事先我说过,凡没收的书一律不给。她求了半天,我也没给她,最后她扫兴地回去了。后来我发现,她上课没那么积极了,有时路上碰到我,用异样的目光看我一眼,话也不说就走了。这件事让我别扭了很长时间,我想这样下去也不是个办法,最后还是把书给了她,并和她平心静气地谈了谈,希望她以后不要再这样做。她诚恳地接受了我的建议。自此,师生又和好了。

另一次早读巡视,刚一进教室,又见一位同学正在看作文。我习惯地把作文抓了过来。边在班里转,边想怎么处理这件事。猛然间我想起了上次发生的事,心想这回不能再那样被动了。下了早自习,我把作文还给了这个同学。这个同学告诉我,作文是他旁边的女同学的,不小心从桌上掉在地上,他就给捡了起来,顺便看了一眼,还没来得及给那位同学,碰巧被我发现,险些误会。这个同学本来是做了一件好事,我却把他当作违纪的人来抓,为了遮羞脸,我对他说:要注意专时专用。可他走后,我才觉得我又多余地说了不该说的话。

### 3. 案例分析

在案例一中,三毛做事不当,老师批评了他,但是没有尊重她,致使三毛患上了害怕上学的病症。而案例二中的老师虽然对学生要求很严格,但也是一位善于思考的老师,通过处理学生早自修课上的两件事,老师学会了如何更好地处理意外情况。

### 4. 案例启示

尊重学生的人格是教育成功的关键。

### 5. 学海泛舟

马卡连柯曾说:"孩子是活生生的生命,美好的生命。因此,对待他们就应该像对待同志和公民一样,必须了解和尊重他们的权利和义务,享受快乐的权利,担当责任的义务。"另外,他提出:"要尽量多地要求一个人,也要尽可能多地尊重一个人。"他说:"我们向每个人提出有深远意义的、有充分根据的和一般的要求……我们对个人也表现出极大的、有原则的尊重。这就是把对个人的要求与对个人的尊重结合起来。"马卡连柯认为,对一个人提出要求,就是对他的力量和可能性的尊重,而在这种尊重里表现出对他的要求,如果对人没有要求,就不可能形成集体。从这一思想出发,他主张在教育工作中首先必须尊重儿童,即尊重儿童的人格,相信儿童的力量,善于发现儿童的优点,满腔热情地对待他们。

**6. 智慧心语**

在教育教学工作中,教师首先要尊重学生。但是,尊重学生并不意味着迁就学生,放松对学生的教育,降低对学生的要求。尊重的实质是对人的严格要求。一方面,严格要求是以尊重学生为前提的。教育成功的秘密在于尊重学生,教师不尊重学生,便得不到学生的尊重。在教学实践中,一些学生对教师的不礼貌行为,究其原因,常是由教师造成的。如有的教师唯我独尊,遇事不设身处地为学生着想,不注意体会学生的思想感情,独断专行,滥用职权,结果造成学生的心里极为不满,出现抵触情绪,以至于不尊重教师。另一方面,关爱和严格要求相结合。只有严格不行,还必须要有关爱,真诚地爱学生是教师搞好教育的前提。只有抓住严格和关爱两个方面,才能充分发挥教师的主导作用。

捷克教育家夸美纽斯要求每个教师既要热爱学生,又要严格要求学生,他说:教师"可以忠告,可以劝导,有时也可以谴责,但是他应格外当心,要把他的动机表示明白,要确切表明他的动作根据是严父般的慈爱",但他主张要"采用良好的榜样,施用温和的言词,并且不断诚恳、直率地关心学生"。

第五十四则

# 惩戒的艺术

### 1. 教育絮语

教育对象千变万化,这就决定了教育手段必须多元化。惩戒教育也是对学生的一种必要的教育方式。没有惩戒的教育是一种不完整的教育,更是一种不负责任的教育。合理的惩罚不仅是合法的,也是有效的,因为合理的惩罚不仅有助于形成学生的坚强性格,锻炼学生的心态,而且还能培养学生抵抗诱惑和战胜诱惑的能力,有利于提高学生的心理素质。

### 2. 经典案例

案例一

1987 年 1 月,美国某个审判室里挤满了人。因伪造母亲签名冒领 1 600 元而被判了两年徒刑的 19 岁青年泰龙·维尔本,站在哭泣不止的母亲面前,背起诗来:"假如我被悬于高峻的山崖,我知道谁的爱仍会伴我飞向天涯。啊,妈妈,我的妈妈,假如我被打入地狱,身首异处,我知道谁还会不断祈祷为我祝福。啊,妈妈,我的妈妈。"

严肃的审判室,一时充满了感人的气氛。原来,当地律师事务所考虑到维尔本悔改态度良好,建议缓期执行,但法官肯尼斯·罗尔采纳这一建议时规定了这么一条:维尔本必须把吉卜林的名诗《我的妈妈》当众背诵一遍。罗尔法官为什么采取这种背诗的处罚方式?他说:"让年轻人知道,他的行为是多么叫母亲伤心,同时也让母亲明白,儿子已认识了自己的过错。"

案例二

美国教育家玛莉在一篇文章中满怀深情地谈到了她的老师乔丹对她的一次

惩罚。

玛莉上中学二年级的时候，是个爱说爱笑的孩子。一天，正上英语课，玛莉和同学滔滔不绝地说起话来。乔丹老师发现后，以严肃的口吻对玛莉说："下课后来见我。"

玛莉忐忑不安地去乔丹老师那儿，准备接受最为严厉的惩罚。出人意料，乔丹老师的态度却很温和，只是语气非常坚定地说："我要罚你写一篇1 000字的文章，讨论教育及其对经济的影响。"

3天后，玛莉按时把写好的文章交了上去，乔丹老师仔细看后，把文章退回，要求玛莉重写。如此6次，直到乔丹老师对文章露出了满意的笑容。后来，这篇经过反复改写的文章，被乔丹老师推荐参加了全市的征文比赛。3个月后，乔丹老师高兴地在全班宣布了玛莉征文得奖的消息。

这是玛莉半生第一次得奖，也是她平生受益最深的一次惩罚。事实上，玛莉不仅在这次惩罚后，迅速改正了错误，而且由此迷恋上了写作和教育。

### 3. 案例分析

上述两个案例都说明了在教育教学当中，适当的惩戒是必要的。第一个案例中，法官让泰龙·维尔本背诵《我的妈妈》的目的是"让年轻人知道，他的行为是多么叫母亲伤心，同时也让母亲明白，儿子已认识了自己的过错"，从而起到了惩戒的教育意义。在第二个案例中，乔丹老师对于上课说话的玛莉同学的惩罚是写1 000字的一篇文章，这篇文章最终在征文比赛获了奖。这一次别样的惩罚对于玛莉来说是记忆犹新的，因为这次惩戒不仅使她获得了奖赏，进而迷上了写作和教育，而且对她今后的人生道路起了一定的促进作用。

### 4. 案例启示

在教育教学中，教师对学生的适当惩戒能起到意想不到的作用。

### 5. 学海泛舟

在儿童管理方法上，赫尔巴特认为"威胁"、"监督"以及权威与爱是必不可少的。他认为权威与爱能防止或克服威胁、监督的消极后果，是一种有效的管理方法。他说："心智屈服于权威，权威能拘束其超出常规的活动，因此非常有助于扑灭一种倾向于邪恶的、正在形成的意志。"特别是对那些天性活泼的人来说，权威是必不可少的。

与此同时，在教育过程中，教师与学生一旦建立起爱，便能在很大程度上减轻管理的负担,在教育中发挥重要作用。他说:"但并不是每个人都能随心所欲地建立权威的。明显优越的智慧、知识、体魄和外表举止乃是属于取得权威的有关范围。虽然通过较长时间的和善态度有可能赢得可爱的听话的学生,但恰恰在最需要管理的时候,应停止这种和善态度;同时不要用软弱的宽恕来换取学生的爱戴;只有当爱同必要的严格结合在一起时,爱才是有价值的"。

我国现行教育法规授予学校和教师以惩戒权。《中小学德育工作规程》第27条规定:"中小学校应当严肃校纪。对严重违犯学校纪律,屡教不改的学生应当根据其犯错误的程度给予批评教育或者纪律处分。"《中小学班主任暂行规定》第3条第7项规定中班主任的职责是:"做好本班学生思想品德评定和有关奖惩工作。"

### 6. 智慧心语

在教育教学中要恰当地使用惩戒,使惩戒发挥其积极的教育意义。一方面,教师要站在学生的角度分析考虑问题,一定要找到学生犯错误的真正原因,然后采取相应的措施。切记,惩戒一定要让学生心悦诚服地接受,千万不要侮辱学生的人格。另一方面,教师要公平地对待每一个学生,这是对学生进行惩戒的前提。教师一定不要以自己的喜好对待学生的惩戒工作。此外,教师在进行惩戒时,必须要考虑学生的个体差异,必须对学生有充分的了解,这样才能采取适合于学生的惩戒方式。

## 第五十五则
# 批评的艺术

### 1. 教育絮语

批评教育是一门艺术,每个教师都要悉心研究。在学校的学习和生活中,学生常常会在不知不觉中犯错误,这是正常现象。学生犯了错误,教师不可避免地要对其进行批评教育。如何批评,以什么语气批评,是一门很深的学问。

### 2. 经典案例

初一下学期的一堂语文课上。我正在分析《最后一课》,课文中感人的故事情节经我抑扬顿挫的朗读与细致入微的讲解更加催人泪下,同学们的情绪在与我一问一答的过程中逐渐激昂,课堂氛围达到了高潮。

此时黑板写满了,我想擦拭一下黑板,但黑板擦却找不到了。我环顾了一下教室,我的目光与后排一位叫小刚的男同学碰撞了,只见他正在用狡黠的眼光,似笑非笑地看着我。我把目光锁定在他身上,他赶紧说:"在黑板上边。"紧接着又补充一句:"你够不着!"然后趴在桌子上窃笑。

我转身抬头一看,黑板擦果然放在黑板边框的上边,以我的身材的确够不着,如果勉强要够,势必要出丑。我一下子明白了什么,此时教室里开始有了骚动,个别同学也跟着笑了。我愤怒了,转过身来,教室一下子安静了,同学们在用各种不同的表情看着我:期待、愤怒、窃喜……

一瞬间,我又冷静了下来。"同学们,《最后一课》是一篇十分经典的课文,特别是最后一部分可谓点睛之笔,下面给大家一点时间把最后三段背诵下来,一会儿默写。"

眼看就要爆发的火山突然冷却了,同学们的情绪被带回到课堂上,小刚也开始背课文,而且比平时课堂上的表现更认真。

五分钟后,我开始提问背诵,同学背得都不错。我说:"光背诵下来还不行,还要落实在纸、笔上。"自然地走到了教室的后面,站在小刚附近。"请大家拿出一张纸,开始默写。"我接着说:"小刚,请你到黑板上默写。请大家自觉遵守纪律。"

小刚犹豫了一下,无奈地走上讲台,我又补充一句"黑板可以擦掉了。"然后若无其事地检查同学们的默写。小刚只好从黑板上方拿下黑板擦,擦掉黑板上的字,默写起来。写毕。我走上讲台,与同学们认真地检查了小刚的默写,然后高兴地在黑板上用红笔打了100分。"小刚今天的表现非常好,课堂上听得认真,背得也认真,希望你今后坚持认真上课。"

之后的日子里,我几乎每天都提问小刚,有时还适当地表扬他一下。小刚也不再搞恶作剧了。很多人奇怪小刚怎么一下变得懂事了,只有我和小刚心里明白其中的奥秘。

### 3. 案例分析

案例中老师的做法十分巧妙,既教育纠正了学生,又保全了自己的尊严。老师知道藏黑板擦的事是小刚干的,他让小刚在黑板上默写,以擦黑板的形式惩罚了小刚:自己放的黑板擦自己拿下来。这是一种无声的批评,既教育了小刚,又给他留了面子,更主要的是没有耽误同学们在课堂上的学习。而老师在黑板上打100分显然是精彩之笔,使这个事件的处理没有停留在惩戒上,而且扩展到帮助上。小刚面对100分和老师的表扬,心里一定会充满内疚和感激之情。

### 4. 案例启示

在教育学生时,教师要运用正确、合理的教育技巧和教育艺术。

### 5. 学海泛舟

戏弄别人是青少年之间尤其是中小学生之间经常发生的一种攻击性行为,有时被戏弄者甚至是老师。戏弄别人不利于形成良好的人际关系,往往造成人际间的矛盾。在教育这些学生时,教师需要一定的智慧。其实,合理的惩罚不仅是合法的,也是必要的。当然,"要使学生对教师的惩罚心服口服,从内心深处真正认识到自己的错误。要教育学生勇于承担个人行为造成的后果,培养学生的责任感。要使学生明白,惩罚本身不是目的,帮助学生健康成长才是真正的目的。"

### 6. 智慧心语

在学校教育管理中,有许多所谓的"问题学生"和"后进生",教师要善用教育教学策略来提升自己的教育教学管理水平。教师面对偶发事件时要保持冷静的头脑。一方面,要有正确的教育观。关键时刻教师想到的不应是自己的尊严,而是全体学生的利益和对个别学生的教育效果。另一方面,转移矛盾。这是争取时间的最好办法,只有这样才会有时间想出解决问题的最好办法。同时,教师要给予后进生以更多的关注。孩子们希望得到教师更多的关爱与呵护,后进生表现不好,这种希望更强烈一些,教师要有意识、有目的地帮助后进生健康成长。

此外,教师要学会灵活运用多种教育方法,如榜样示范、暗示教育、激励教育等。当教师面临学生的恶作剧,要能抑制愤怒,让肇事者大失所望。通过控制情绪,冷静处理,淡化处理,让恶作剧的学生无计可施,让其他学生产生敬佩之情。当然,教师还要热心诱导,切忌放任自流。可找个适当的时机与学生进行交流,让学生自我反省,或在班会上对学生进行思想教育。

## 第五十六则

# 不能溺爱学生

### 1. 教育絮语

关爱学生不等于溺爱学生。教师对学生要严慈相济,教师既是学生的先生,又是学生的朋友。在对学生进行管理时,要以爱为核心,宽严适度,这是教师关爱学生的基本准则。

### 2. 经典案例

案例一

英国国家动物园里鹿的数量一度减少,人们调查发现,造成这种状况的原因是狼的数量增加了。为了给鹿创造一个更好的生存环境,管理者把所有的狼都赶走了。然而一段时间以后,公园里鹿的数量虽然明显增加,但鹿群的整体素质下降了。很多鹿饱食终日,身体臃肿,体质很差,奔跑能力大不如前。由于不善奔跑,它们的活动范围变得很小,致使近亲繁殖现象十分严重,形成恶性循环。于是,管理者不得不再把狼请回来。不久,鹿群又恢复了往日的生机。

有人看见已裂开一条缝的茧里的蝴蝶正在痛苦地挣扎,他于心不忍,便拿剪子把茧剪开,帮助蝴蝶脱茧而出。可是这只早产的蝴蝶却因身体软弱,翅膀干瘪,根本飞不起来,不久便死去了。原来,幼蝶在茧中的挣扎是在锻炼自己,让身体更加结实,让翅膀更加有力,使自己脱茧后能够飞翔。恰恰是那颗充满同情的"爱心",害死了这只本可翩翩起舞的蝴蝶。

案例二

2006 年 9 月 12 日　晴

前天我在班里把小谢的作文当范文读了,并说了许多赞美之词。今天,小谢在家庭作业本上用铅笔写道："老师,请你以后在班里不要表扬我,好吗？我是一个外地生,很多同学看不起我,认为外地人的一篇好作文纯属偶然。本来在班级里我就没有几个朋友,现在就更没人愿意搭理我了。老师,请你以后少表扬我！"看着这几行出自一位六年级学生虽稚嫩却痛苦的心声,我的心被震撼了。我为自己由于一时疏忽而给小谢造成了如此大的心理负担感到惭愧。于是,我提起笔在本子上真诚地写道："小谢,首先老师为自己给你造成如此的坏心情向你说一声对不起,但是我还要告诉你,一个人必须看到自己身上的优点。你的作文的确很棒,受表扬理所当然,老师还希望你的每次习作都能给我带来惊喜。你说同学们用异样的眼光看待你,朋友很少,那是因为你刚转来这个班,同学们还不了解你,只要你主动和大家交朋友,相信用一颗真心可以换得很多真诚的友谊。试着先向别人伸出自己的友谊之手,你会发现生活很美好,试试吧！"

2006 年 9 月 19 日　晴

今天小谢没有在作业本上留言,但她开始带着微笑和大家说话了。我知道这个聪明的女孩开始和同学试着真诚友好的交往了,我为她的转变感到高兴。

2006 年 9 月 22 日　晴

今天小谢在作业本上写道："老师,我按你说的去做,果然找到了很多朋友,原来他们真的很好相处。我以前太不了解他们了。现在我觉得在六(3)班感觉很快乐。"我回复："老师真心地为你感到高兴,你真诚的付出有了回报。继续用真诚友爱的心去看待这个世界吧。"

**3. 案例分析**

在案例一中,由于给予鹿和蝴蝶过多的照顾和关爱,以至于鹿几乎失去了原有的奔跑能力,蝴蝶飞不起来并最终死亡。

在案例二中,老师记录了学生小谢的一段成长过程。可以看出,老师不仅关爱学生小谢,而且能设身处地地为她着想,教师不把小谢看作是弱小的、被支配的对象,只是认为她缺乏沟通能力。于是从学生的立场出发,创设合适的教育教学环境,调整学生的心态和情感变化,耐心指导,细心呵护,使学生心理朝着健康的方向发展。

**4. 案例启示**

教师应该关爱学生,但绝对不能溺爱学生,教师对学生的关爱应着眼于学生的未来发展。

### 5. 学海泛舟

一位教育实践工作者对于师生之爱,有着自己独到的见解。他说:"对教师来说,真正的爱,首先要对学生进行很好的观察。当发现学生需要温暖时,不要直接给他温暖,而是给他一把柴刀说,你去打柴,不会打,我告诉你怎么打。远远地看着他,如果他不能划着火柴,再帮他做下一件事情。但绝对不要代替他去做任何事情。"他认为,这种爱才是对孩子真正的爱,是对他一辈子负责的爱。他还说:"教育的最高境界是不留痕迹。我希望自己能够达到这个地步。成长的过程是需要爱、尊重与理解的过程。老师创造给学生更多这样的人生体验,是远比授业解惑更难也更重要的事情。"

### 6. 智慧心语

在学校生活中,老师应教给孩子什么呢? 一方面,教师应该教会他们自尊、自信、自强,让孩子感受到生命存在的独特价值,这是教师能够给学生提供的最珍贵的厚礼。苏霍姆林斯基说过:"在每一个年轻的心灵里,都存放着求知好学、渴望知识的火药,只有教师的思想才有可能去点燃它。"人性最深刻的原则是希望别人对自己加以赏识。教师要用自己的关爱使每个孩子学会生存,学会感受幸福。另一方面,教师要善于关心爱护学生。其实,学生的心灵是最敏感的,他们能够通过老师对自己的态度来判断老师是否真心爱自己。同时,他们也渴望老师能够时时刻刻地关心爱护自己。罗森塔尔效应告诉我们:只要教师真心爱学生,并让他们感受到这种爱,他们就能以极大的努力向着教师所期望的方向发展。

第五十七则
# 惩罚教育的艺术

### 1. 教育絮语

惩罚是一门艺术，它本身不是目的，而是让学生改正错误的手段。教师不能为了惩罚而惩罚，而应该为了学生的成长与发展去惩罚。惩罚的方法也要因人、因时、因地而异，如果惩罚巧妙，就能触及学生的灵魂；只有讲究惩罚艺术，只有了解学生的个性特征，只有对症下药，才能取得好的效果。

### 2. 经典案例

新学年开始了，为了在教育管理中贯彻在暑假期间学到的新的教育理念——以学生为本的教育理念，我在班级管理中尝试实行了新的管理措施。这个新的管理措施主要是针对违纪学生制订的，它的主旨是学生在违纪后，可以自选处理办法，也就是自己给自己开"罚单"。

这个"罚单"的内容非常有趣，可以选择给班级的试验田菜地浇水，可以选择唱一首校园歌曲，可以选择写一篇1 000字左右的文章，也可以选择背诵英语单词或课文等等。可供选择的项目总共有60种，学生每违纪一次，自己可以选择一次处理办法，但是选择的办法不能重复，对于违纪多的同学来说，可供选择的"罚单"会越来越少。

### 3. 案例分析

惩罚教育要讲究艺术。

从上述案例中可见，学生犯了错，教师不是板着一副铁面孔一味训斥，不是进行严厉的处罚，而是采取一种极具人性化的教育方法，如："给试验田浇水、唱一首校园歌曲、写一篇1 000字左右的文章"，这样做易于被学生接受、家长理解。

这种尊重学生人格，促进学生健康成长的方法，犹如春风拂面，令人耳目一新，同时也一定能取得良好的教育效果。

**4. 案例启示**

巧妙的惩罚既能达到教育学生的目的，又能激发学生进一步学习的兴趣。

**5. 学海泛舟**

陈鹤琴十分重视学生人格的培养，他说："我们对于学生训育问题，不应当用消极的方法来取缔学生的行动，应当用积极的方法来鼓励他们、教导他们。"有时候学生犯了错误，教师不问其犯错误的原因，一味地让他"站墙角"，甚至于"关暗室"等，其效果也许适得其反。同时，教师和学校定的一些规则大都是消极性的，如：不准吸烟、不准打架、不准随地吐痰等等，如果有违反纪律的学生，轻则记过、记大过，重则被学校开除。

实际上，有些做法是不可取的，就拿开除学生学籍这件事来说，能解决学生犯错误的问题吗？很明显是不能的。所以，教师应该运用种种方法来教导学生，使他们能积极改进自己的过失，争做一名好学生。

**6. 智慧心语**

当学生犯了错误时，教师决不能置之不理，而是要进行恰当的批评与惩罚，促使犯错误的学生认识错误，从内心产生自责，并帮助学生找到弥补错误的办法。

惩罚教育是一门艺术，对教师也提出了更高的素质要求，它要求教师懂得心理学知识，对学生要有爱心、恒心，只有这样，教师才能握好这门教育艺术，才能更好地为学生服务。因此，教师在运用批评和惩罚时，如果能在真诚的批评与适当的惩罚中留给学生自省的余地，有意识地促使学生产生内疚感，形成自我谴责的意识，并去积极地体验这种感觉，产生改正错误的愿望，那么这样的惩罚教育必定会收到事半功倍的效果。

另外，惩罚教育也需要具有创造性、艺术性。高明的惩罚者总是针对不同的时间、场合、错误程度以及违纪者的个性特点等，机智灵活地选择不同的惩罚方式，并努力将惩罚教育的副作用降到最低限度。高明的惩罚，有时可能表现为风刀霜剑，有时又极富人情味。

# 第十二篇

## 因材施教的意蕴

因材施教是长期以来在教学中行之有效的教学经验，其要义是指要从学生的实际出发，有的放矢地进行教育。在教育教学过程中，如何掌握好"因材施教"的原则，是教师能否成功地进行"传道、授业、解惑"的关键。特别是对中小学生来说，无论是体魄、智能、思维、能力方面，还是意志、兴趣、志向、性格、情感和行为等方面都有很大的差异。因此，一个好教师，必须具备驾驭因材施教这一方法的能力。因材施教应该体现在每个学生身上，应使全体学生都能在原有的基础上获得提高和发展。

# 第五十八则

# 因材施教

## 1. 教育絮语

"因材施教"原则,是针对学生的差异,采取有区别的教育、教学措施,这是个古老而又常新的话题。它不仅能开发学生的内在潜能,而且能有效促进每个学生的发展,是每个教师必须遵循的基本原则。

## 2. 经典案例

米德尔顿夫人向学生演示如何画线形图。学生选择一些形容词来表示纵坐标轴的两端。每个班选的词大同小异,顶端位置(最好)的词一般是"卓越的"、"一流的"、"优秀的",底端位置(最差)的词多为"失败的"、"不足的"或"糟糕的"。学生在最好与最差的两个端点间还用词语做了标记。

米德尔顿夫人请学生把"擅长写作"、"精通数学"、"善于踢足球"、"擅长阅读"、"会打扫自己的房间"、"拼写熟练"等指标写在横坐标上。学生也可以再添加四五个其他指标。为了使学生明白如何在图表中标记自己的位置,米德尔顿夫人先在黑板上以自己为例示范了一遍。

她把自己描绘成一个"写作、数学还不赖,拼写糟糕,足球踢得糟糕,不会打扫房间"的人。她在增加的几个指标上也画出了自己的位置,解释出来就是"精通摄影"、"会画卡通"、"善做纵横拼字谜"。米德尔顿夫人安排学生回家完成画图,然后在接下来的两周内,每天都分配三四名学生分享他们的图表。最后,学生把图表分好类并张贴在教室的墙壁上。一段时间后,米德尔顿夫人再请学生思考他们在这些图表中看到了什么,并将学生的回答汇总起来,学生的回答中以下情况居多:

每个人都觉得自己的能力有强有弱;没有人画了平直的横线,因为没有人会认为自己的所有能力都在一个水平上;……米德尔顿夫人又追问学生:"如果你自身的优势都不一样,比如你们中有的人英语拼写好但阅读水平差,我该怎么做?"

**3. 案例评析**

这个案例体现了因材施教的方法。老师米德尔顿夫人通过教授画线形图来了解学生各自的学习、爱好等情况,为今后进一步针对学生的实际情况进行教学做了充分的调查研究。

**4. 案例启示**

教学中,教师首先要针对学生的实际情况进行调查,做到心中有数。

**5. 学海泛舟**

孟子在教育实践中,善于根据学生不同的性格特点、心理品质、兴趣爱好、能力专长及所处环境条件的差异,分别给以不同的教育。他根据不同情况,注重采用五种不同的教育方法。他说:"君子之所以教者五:有如时雨化之者,有成德者,有达财者,有答问者,有私淑艾者。此五者,君子之所以教也。"

孟子认为第一类的"有如时雨化之者",是程度最高、修养最好,发展最为全面的学生。对这类学生施教,只需抓住紧要关节稍加点化,便能豁然贯通。这种"点化",有如时雨春风沾溉万物一样,着重于教师的感化,强调潜在的影响,以达到"润物细无声"的境地。第二类的"有成德者",指偏重于德性修养的人,教师应着重诱导熏陶,深入细致地晓之以理,动之以情,使之成为完美无缺而品格高尚的人。第三类"有达财者",指对于有才识、才能的人,教师应善于启发,认真指导,使之成为才识博贯、才能通达的人才。第四类"有答问者",指德才、学识、智能都平平,即普通的一般学生,教师应采取问答的方式,要耐心细致,做到有问必答,认真解释疑惑。第五类,"有私淑艾者",指那些受时间、地点或环境条件的限制,不能当面听讲的学生,应该用间接的方法,使他们能受到一定的教诲。

**6. 智慧心语**

因材施教原则是学生身心发展规律在教学中的应用。一定年龄阶段的学生,他们的心理特点和智力水平既有一定的普遍性,又有一定的特殊性。在教学中,教师要针对学生的共同特点和个别差异,因材施教。实施因材施教,对于培养适应时代需要的创新型人才,具有非常重要的意义。在教学中,教师要注意以下两个方面：一方面，要考虑基础不同、理解能力有别的学生，采取不同的教学方法。教师要对学生的知识水平、接受能力、学习风气、学习态度和每个学生的兴趣、爱好、知识储备、智力水平等方面的特点，都要充分了解，以便从实际出发，有针对地进行教学。另一方面，教学生学会自主学习。在整个教学过程中，教师只是作为辅助作用，学生才是主体。课堂教学不在于老师教多少，而在于学生学多少。因材施教的实施能让教学达到事半功倍的效果。

## 第五十九则

# 尊重差异

### 1. 教育絮语

教师如果对学生强求一致,常常扼杀天才,因此,在课堂教学中,教师要充分关注、尊重并且善待学生的差异。

### 2. 经典案例

娜奥米学习许多学科都有困难,尤其是历史、社会学科、文学等。在这些学科中,理解概念、事件与人物之间的关系非常重要。在家长和教师的联席会议上,教师解释说娜奥米不能理解复杂的关系和细节,她也许需要留级。

几乎同时,这位教师指着挂在墙上的一幅画,告诉我这是娜奥米在情人节来临之际创作的一幅"心"形招贴画。它看上去像是一张简单的情人节图画,但当我走近再看时,我发现她在一张彩色美术纸上画出了一个多层、立体的"心"。"心"中有"心","心"中套"心",众多颗"心"形成了一个复杂的迷宫,通向中间的那颗"心",这颗"心"由几百颗多姿多彩的微小的"心"组成(很像玫瑰游行花车上的花瓣),"心"的中间写着:"情人节属于我"。

我惊呆了,特别是我刚刚被告知我的女儿不具备处理复杂关系和细节的能力!

我即刻指着画对那位教师说,"如果她能够这样学习历史、社会学科和文学,她就能成功"。

那位教师回答说:"拉泽尔先生,艺术是艺术,历史是历史。历史不是艺术,历史需要学习事实、日期、任务、事件以及它们之间的关系。你的女儿学不会这些东西。"

### 3. 案例分析

娜奥米在画画方面非常有天赋,但是在文学、历史和社会学科方面比较差,老师没有利用娜奥米在艺术方面所具有的处理复杂关系的能力,采取有针对性的教学来弥补娜奥米在文学、历史学习方面的不足,反而说"娜奥米学习许多学科都有困难,……娜奥米不能理解复杂的关系和细节,她也许需要留级"。这是一个不尊重学生差异、不懂因材施教的典型案例。

### 4. 案例启示

在教学过程中,教师要了解学生的差异,并有针对性地扬长补短。

### 5. 学海泛舟

孔子在因材施教方面积累了丰富的经验。事实上,"'因材'必'因人'、'因机'而异。所谓'因材'就是从学生实际出发,学生的实际既有其人的实际,也有他们所处时间、地点的实际。具体的教学情境,不妨称为'机'。也就是说,因材施教既要'因人'又要'因机'"。孔子根据学生的个性差异施教,提出:"中人以上,可以语上也;中人以下,不可以语上也。"

夸美纽斯认为,儿童们以不可言喻的方式显示了他们的个体差异,他说:"人心的不同和植物、树木或动物之各不相同一样大……有些人的心理能力确乎是很大的,他们能在每门学科上面有成就;但是也有许多的人,连某些基本的东西都极难掌握。有些人对于抽象的科学显得很有能力,但是对于实用的科学,才力之小,就像一匹驴子不会玩七弦琴一样。有些人除了音乐之外,什么都能学会,有些人却不能够精通数学、诗词或逻辑学。"面对儿童的差异,夸美纽斯认为,教育者不应该厌弃某些儿童,也不可按照自己的主观意愿去改变儿童的天性。他要求教师必须研究儿童、了解儿童、掌握不同儿童的特点,并根据不同特点,有的放矢,对儿童采取不同的教育方法和措施。

### 6. 智慧心语

自孔子提出因材施教到夸美纽斯开创班级授课制,教学方式有了很大的转变。但时至今日,个别化教学仍然占据着极其重要的地位。"个别化教学是指使每个学生都以自己的水平和速度进行学习的教学方法,换言之,个别化教学是为了适合个别学生的需要、兴趣、能力、学习进度和认知方式特点等而设计的教学法。"常用的个别化教学主要有:

第一,班内个别化教学。教师因人而异地给学生提出各种学习要求,并花一定时间以一对一的形式辅导学生。实施这种教学要注意：教师给学生布置的学习任务以及辅导必须以该生的学习准备、学习特点和个性特点等为依据；教师的作用主要在于指导和帮助学生自学；学生的学习由教师"扶着走"向独立过渡。这种方法不仅简单易行，而且也能达到因材施教的目的。

第二，个别化教学系统。每一门课大致划分为 20 个学习单元，包括一般导言、一张列出所有要达到标准的表格、一份建议程序。每个学生在学完某个单元之后，必须接受各要点的提问和考查，如达标就给予鼓励；如未达标，学生必须重新复习该单元。该教学法具有五个特点：第一，自定速度；第二，掌握：学生在未达标之前不准许进入下一单元的学习；第三，学生相互辅导；第四，指导；第五，自由式讲课：学生自愿参加教师讲课。

第三，合作学习。这种学习一般是让四个能力各异的学生为一组，他们在一起学习几周或者几个月。在学习开始前，教师要教他们一些具体的技能，如积极地学习、容纳他人等；在教学过程中教师简单介绍学习的内容；最后教师总结并回答学生普遍存在的问题。这种方法有利于学生有效地掌握知识。

第六十则
# 正确对待学习有障碍的学生

### 1. 教育絮语

教育的灵魂是爱,不管对什么样的学生,爱心远比任何教育方法都来得重要。有学习障碍的学生比较自卑,需要老师以融融的爱心温暖孩子的心房。学生固然担心具体的学习障碍,但更担心就此失去教师对他们的信心,而这将导致学生自信心的丧失和进取心的缺乏。

### 2. 经典案例

案例一

纽约大学医疗中心儿童神经外科主任爱泼斯坦,是世界上一流的脑外科权威之一。他首创了不少高难外科手术,然而,他在读书时却是一名严重的学习障碍学生,他自述说:"至今,那一天还寒气逼人地凸现在我的记忆里:黑板前,我诚惶诚恐地描摹着老师要我写的字,写完后,同学们哄堂大笑,原来,所有的字都写反了。为了避免上学,我经常装病。到五年级时,尽管很不情愿,我开始自认为比别人笨。"

但爱泼斯坦的老师默菲却不这么认为。他把爱泼斯坦叫到一边,递给他交上去的考卷,上面满是叉号。"为什么我们不再来一次呢?"他叫爱泼斯坦坐下,挨个问考卷上的原题,他一一作答。"答的对。"老师微笑着连连说:"我知道你其实懂得这些题目!"老师边说边把题目都打上钩,把分数改成及格。

爱泼斯坦五年级以后转到纽约市一所公立小学,新老师肖小姐也看出他学习很费劲,努力帮助他。一天,在他花好长时间完成习字练习后,肖老师夸奖他进步大并建议他拿给校长看。

爱泼斯坦的姨妈是一位小学老师,她也乐于帮助他。她让他在餐桌旁坐下,不厌其烦地辅导说:"不要着急,咱们明天再试,你会通过的"。爱泼斯坦的字写得乱七八糟,他姨妈常常先检查上周的作业,如果不能赞扬他的书写,至少也要赞扬一下书写的内容。"那个想法太妙了,让我们把它再写一遍。"随后就是拥抱,小饼干和姜汁啤酒。

就这样,爱泼斯坦始终没有失去信心。他记性好,能背诗,又善唱歌,化学学得不错,终于有了出头露面的机会。

他凭借努力,攻读了医学博士学位并取得了不错的业绩。

案例二

某地各个区县教育局都有一个非常特殊的下属部门——特殊教育中心,它的职能是管理本地区的特殊教育工作,比如聋哑儿童、弱智儿童教育等。这个"中心"只有三四个人,平时很清闲,但每个学期总有一个多星期,这里门庭若市,好不热闹,把这几个工作人员忙得不可开交。怎么会出现这种情况呢?是因为教育局所管辖的各个学校的老师们都要来这个中心办理"弱智生"的证明,换句话说,就是各个学校来这里争取"弱智"的名额。

争取"弱智"名额,是什么意思呢?原来,这个教育局辖下初中和小学有近80所,为了对各所学校的教学质量进行考查,教育局规定每个学期都要组织统考或抽查考试,并且以考试成绩作为衡量学校工作实绩的依据之一。教育局在发文件时明确规定:"为了公平起见,除了弱智生外,其他所有在册的学生都必须参加统考。弱智生如果参加考试,其成绩不必统计在内。"

各所学校的领导和老师们都很清楚,一个班四五十个学生,如果有一两个成绩很差,那么,就会把整个班的平均分拉得很低。如果把这几个考得很差的学生归为弱智生而不算成绩,那么,全班平均分就能提高一大截。于是,许多学校动起了歪脑筋,想尽一切办法,把成绩差的那几个学生归到"弱智生"里去。由于鉴定是否弱智的权力在"特教中心",又由于鉴定弱智有一定的灵活性,这就使得个别特教中心的工作人员异常吃香。

虽然各所学校通过努力如愿以偿,但是那些被争取划入"弱智"行列的学生又会如何呢?因为这些"弱智生"的考试成绩不计入总分,所以他们就更不愿学习了,而且同学们还会瞧不起他们,使他们在人格上经常受到侮辱,更为严重的是有碍于他们今后的健康发展。

**3. 案例分析**

一种教育行为的背后,总是隐藏着一定的教育理念。在第一个案例中,爱波斯坦是很幸运的,虽然他学习有障碍,但是他遇到了几位富有爱心又懂教育的好老师。他的老师默菲的耐心教导和鼓励,以及后来的肖老师、他的姨妈也都给予他热心的帮助,这样就使他一直有信心努力学习,最终获得了很好的成就。

第二个案例中,某些学校为了取得好的考试成绩,竟然不顾学生的感受,而争取让学习差的学生成为"弱智学生",这种做法严重违背了"以人为本"的教育理念,不但不利于学生在学校的生存和发展,而且还会给他们的发展蒙上阴影。令人心寒的教育现象背后是价值观的扭曲。

**4. 案例启示**

教师的关爱能让学生树立自信心、进取心,扭曲的教育观则阻碍了学生的健康发展。

**5. 学海泛舟**

鲁迅说过:"教育根植于爱。"他认为:没有好的泥土就不可能培育出好的花朵,好的教育环境是有助于孩子发展的最重要的泥土。要爱护青少年,不要怕他们幼稚,不要责怪他们无知,正是因为孩子幼稚,才更需要成人的爱护与指导。

陶行知纪念堂上写着四个大字:"爱满天下。"陶行知以博大的胸怀倡导并且实践了爱的教育,"没有爱,就没有教育"是陶行知思想的精髓。他一生爱教育,爱学校、爱学生,"捧着一颗心来,不带半根草去"是其精神的写照。他的一生献给了教育事业,他对学生的爱是真正的爱,是一种充满情感又渗透理智的大爱。

**6. 智慧心语**

在中小学教育教学工作中,存在不少学习有困难、有障碍的学生,如果教师能及时发现苗头,从保护他们的自尊心、激发上进心、树立自信心等方面着手,用爱去温暖他们的心灵,一定能收到良好的教育效果。一方面,教师要对学习有障碍学生的优点给予肯定。有的教师对待学习有障碍的学生,往往只是看见他们的不足,并不关注他们的进步,这样的教师对待学生难免存在主观上的偏见,在帮助有障碍的学生时也缺乏耐心和细心,因此,师生间的距离越来越远。实际上,当教师蹲下身子从不同视角观察学习有障碍的学生时,不难发现很多学习有障碍的学生其实也有很多亮点,有很多可爱之处,教师一定要抓住这些优点,给予鼓励。

　　另一方面,教师要多给学习有障碍的学生一份尊重。他们在班级中往往倍受冷落,不被重视,大都有自卑感,缺乏自信。因此,特别渴望得到关怀、同情、理解和尊重。如果教师对他们冷眼相待,甚至讽刺挖苦,就会伤害其脆弱的自尊和自信,使其"雪上加霜"。反之,教师如果用热情、诚恳和信任的态度去感染学习有障碍的学生,尊重他们,打动他们的心灵,并采取适当的方式去引导他们,就能建立一种相互理解、相互尊重的师生关系。

　　此外,营造合作、民主的课堂学习氛围和环境也是影响学生学习信心的一个重要因素。目前在以竞争为导向的课堂里,学生面临的压力较大,尤其对于学习有障碍的学生来说,更容易诱发自卑、自弃心理。为此,在教学中,教师要为学生营造一种和谐、民主、宽松的学习氛围,给每个学生以成功和发展的机会,给予学习有障碍的学生更多的关注与鼓励,而民主、和谐的课堂气氛,有利于激发学生积极的情绪。教师一句亲切的话语,一个温暖的眼神,一番激励的评价,常常能帮助他们重新找回学习的自信。教师可以为学习有障碍的学生安排成绩优秀、性格开朗、乐于助人的合作伙伴,为其创造良好的学习环境。

　　总之,教师要用微笑与真诚、鼓励和信任与学习有障碍的学生沟通交往,形成师生间心理的共鸣与互动,在师生间建立起心灵的彩桥,用自身的智慧点燃学生心灵的火花,激发学生的热情,使学习有障碍的学生也能获得成功。

## 第六十一则
# 注重教育的方式

### 1. 教育絮语

教师要想工作轻松且富有成效,就应懂得管理;教师要想让自己的教育教学质量更好,就要能管理、会管理。众所周知,有效的管理需要研究方式方法。

### 2. 经典案例

某教师刚刚参加工作,一天晚自习时间,他在教室外面的走廊上巡视,从窗户外窥见学生徐某眼睛不住地往桌洞内瞧。他想:该生一定是在看武打之类的"闲书"。

联想到徐某平时种种不好的表现,老师心里的火气马上升腾起来。他悄悄地推开教室的门,迅速走到徐某面前,用低沉却严厉的语气说:"站起来,把桌洞内的书交出来!"

徐某吃了一惊,有些狐疑地把书递给了老师。老师一看,那本书是"基础训练"。老师不相信,便用更严厉的口气说:"把你偷看的书拿出来。"徐某镇静下来,否认自己看过别的书。

在全班同学的注视下,老师更生气了,蛮横地把徐某扯到一边,亲自去翻检他的桌子,结果真的没有别的书。老师似乎下不了台,推了徐某一把,说:"学习就应该有学习的样子,以后注意点,坐下吧!"

徐某平白无故地被老师训了一顿,很是委屈,用不满的目光狠狠地盯了老师几秒钟,坐下了。后来他一直无法原谅这位老师的。

### 3. 案例分析

没有调查清楚真实情况,教师就武断地认为这个学生没有学习,而是在看武打之类的"闲书",于是就出现了案例中不应该出现的那一幕,最终导致对学生的伤害，以致这个学生很难原谅这位教师。

**4. 案例启示**

在教育管理中，教师不能凭借所谓的"印象"来界定学生，这种"印象"所导致的思维定势经常是靠不住的，还会陷入可悲的误区。

**5. 学海泛舟**

一个优秀的教师应该具备什么素养呢？

"善于发现在教学和教育过程中，可能会出现的复杂情况，并及时防止它们的发生；善于刻不容缓地和准确地处理复杂的教育情境；具有教育嗅觉，善于强制地、得心应手地控制教学教育过程；在教学过程中成为一个能使儿童充满着欢乐、关怀、信任和乐观主义的人，一个朴实无华和平易近人的人，同时又是一个为儿童所需要的和敬爱的人。"

**6. 智慧心语**

在实际的教育教学工作中，教师会遇到各种各样的学生。有的学生，知错必改；可有的学生，屡教不改；有的学生比较听话，容易施教；可有的学生不好管教。针对这些实际情况，教师一定要注重教育学生的方式。教师自己先要学会学习，这种学习包括学习书本、学习他人以及学习学生。

通过学习书本，教师可以认识到，培养学生的目标是"有一定文化知识，有一定文明素养，有一定生存技能的新一代合格公民"。一旦教师对自己的职责有着深刻的认识，就会增强对工作的责任感，就会热爱工作，热爱学生。这种"爱"一旦让学生感知，他们就会主动配合教师的教学活动，进而努力学习。

学习他人就是学习其他教师的成功经验。有的教师上课艺术水平高，有的教师与学生谈话水平高，有的教师综合管理水平高。因此，在平时的工作之余，教师要善于沟通交流，以便得到他人的有效经验，从而提高自己，完善自己。

学习学生不仅包含传统的教学相长之意，更意味着深入学生的心灵。现在的学生独立意识强，反叛意识也强，从学生身上能发现诸多教育的信息。教师要学会理解各种类型学生的方法，如：偏执暴力型的、努力学习型的、热心助人型的、娇生惯养型的，等等。只有学会向学生学习，全面深入地了解学生的内心世界，才不会纸上谈兵，教书育人才能做到有的放矢。

# 第十三篇

做快乐的老师

随着工作节奏的加快,竞争压力的增大,有相当数量的教师长期处于亚健康状态。因此,教师们无不渴望有一种相对宽松、充满人文气息的工作环境、生活环境。但在现实生活中,尤其是在工作环境中,很难体验到宽松。于是,有的教师就不停地抱怨。实际上,教师们与其抱怨,还不如从自身出发,寻找工作中的乐趣,做一个快乐的老师。

如何做一个快乐的老师呢? 教师的快乐就在身边:在课堂,在学生,在自身。魏书生说:"在不能改变生存环境和别人时,只能改变自己,让自己融入环境,热爱本职,方可找到些许安慰,更能找到工作快乐。"

做一个快乐的老师,不仅使自己心情愉快,还要把灿烂的阳光洒向学生的心田。

## 第六十二则
# 做快乐的老师

### 1. 教育絮语

教师的人生应该是激情燃烧、乐观憧憬的人生,应该是一个能够享受教育幸福的快乐人生。教师要想达到这种状态,关键是心态:心态是快乐的天使,快乐是一种享受,快乐可以寻找,可以发散,也可以创造。

### 2. 经典故事

我高中时的一位英文教师、我后来的同事,曾是大家心目中最"倒霉"的人:大学毕业后即下乡劳动;1979 年落实政策被分配在乡镇工作;中年丧妻,留下一对儿女,他当爹又当娘。然而,他在同事和学生心目中总是那么乐观开朗,许多人对他的快乐不理解。

不过,他的"不幸"慢慢变了滋味:由于下乡期间生活枯燥,他读完了大学期间没有时间读的许多原版小说,英语"功力"大增;参加工作后,由于他身处农村,是全市唯一在乡下工作的本科英文教师,教学也出色,他成为第一批高级教师,还提了副校长;他乐观上进的人生观影响了孩子们,儿子高一时就考上了中科大少年班,如今已成为某大学的教授。由于家庭困难,女儿自小懂事能干,大学毕业后回到他身边工作。

然而,我身边的一些朋友与同事常常为工作、生活中的种种不如意而倍感痛苦:有的认为教师这份职业无法施展自己的才华;有的苦于教着"非重点"班级,感觉付出多回报少;有的抱怨工作太忙负担太重因而失去了进修或出国的机会;做行政、做班主任工作的觉得太辛苦、太累、太不值,不做的则觉得不受领导重视、待遇太低……

其实,如果将每个人的现状比成各种花朵,每种花都有自己的美丽和缺陷;如果将每个人的环境比成各种风景,每一道风景都有令人心醉或心碎的角度与色彩。悲观的人只看到对自己不利的一面,不明白任何事情都有好的一面,也有不好的一面,而且坏事也可以转化成好事。生活是一面镜子,你有什么样的心态,就会看到什么样的自己。

**3. 案例分析**

案例中的教师虽然身处不利环境,但他总以乐观的态度面对生活,积极向上。老天不负有心人,他对待工作和生活的乐观、积极、向上的态度,终于得到了回报。

反之,现实生活和工作中,怨天尤人的教师也时有所见。

这个案例告诉我们,作为教师不管处于什么样的境地,一定要以积极乐观的态度去面对。要记住:顺境只能给人留下美好的回忆,而真正使人成长、成熟、强大起来的是逆境。

**4. 案例启示**

不论处于何种环境,做快乐的老师一定会是幸福的。

**5. 学海泛舟**

"教师的教育工作实践要求培养和形成活泼开朗、热情奔放的性格。"

"教育工作是培养人、教育人的事业,教师要用知识启迪学生的心扉,用情感陶冶学生的心灵,用行为影响学生的心声。因此,教师要努力使自己表现出乐观进取和积极向上的精神面貌。要热爱生活,埋头工作,朝气蓬勃,勤奋学习,使活泼开朗成为性格中的稳定因素,即使遇到挫折和不顺心的事,也应正确对待,而不轻易流露出伤感和悲哀的情绪。"

**6. 智慧心语**

如何做一位快乐的教师?人们常说:"快乐是一天,不快乐也是一天。"快乐的秘诀也许是:不是做你喜欢的事,而是喜欢你做的事。

现在的教师面临很大的压力,包括教师人事制度改革、课程教学改革等方面。面对压力,如果教师能调整心态积极应对,将会产生丰厚的回报,而成功的喜悦又会激起更大的兴趣,兴趣又能带来新的成功。教师应以高度的责任心对待平凡的工作,责任心就是认认真真地上好每一节课,就是让学生学会珍惜时间,就是时时注意自己的言行是否可能对孩子们产生良好的影响。责任心体现在教育的每一个细节上,容不得半点虚假。因此,教师要满腔热忱地关心每个学生,热爱每个学生,从每个学生的不同特点出发,全心全意地教育好学生。

第六十三则

# 幽默的艺术

### 1. 教育絮语

幽默、风趣是一种语言艺术,幽默、风趣的语言是课堂教学的润滑剂。教师幽默、风趣的语言不仅能够吸引学生的注意力,而且有助于缓和课堂中的紧张局面,从而营造一种良好的教学氛围。

### 2. 经典案例

案例一

任老师在向学生讲解"质量和高度是影响物体重力势能的两个因素"时,他是这样给学生提问题的:"当一片叶子从六层楼高的天空中落向你的头顶时,你将会怎样?"学生都不假思索地回答:"落下来就落下来呗,这有什么可怕的啊?"任老师接着问道:"那么,一块水泥板从六层楼高的某建筑工地上将要落向你的头顶时,你将会怎样做呢?"这时,有的学生下意识地用手或其他物品盖过头顶,有的同学则非常紧张地说:"那就快跑呀!"大家都笑了,也明白了物体的势能和质量是有关系的。

接着,在讲势能和高度的关系时,任老师很风趣地问学生:"当你从凳子上跳下来与从课桌上跳下来相比较,哪一种情况对松软的地面造成的'迫害'要深一些呢?"教师这样幽默的话语加强了学生对这一部分知识的理解和记忆,使课堂教学收到了很好的效果。

还有一次,任老师在上电学内容时,发现有部分学生无精打采。这时,他的幽默风趣又派上了用场。任老师故意扯开话题,给学生们讲了一个小故事:富兰克林曾经做了一个实验,想电死一只火鸡,不料刚接通电源,电流竟通过了自己的身躯,把自己击昏过去了。醒来后,富兰克林说:"好家伙,我本想弄死一只火鸡,结果差点电死一个傻瓜。"

讲到这里,学生们都哄堂大笑起来,精神状态不好的学生也来了精神,课堂气氛一下子变得活跃起来,从而为接下来的讲课奠定了很好的基础。

案例二

暑假过后学校又开学了。十年级的同学们集中在自己的教室里,老师在黑板上写说明。

教室里有点紧张,有点"第一天"的焦虑感。拉里向他的新老师提出了一个问题:"'occuring'这个单词是不是有两个'r'?"他指着黑板上的字问。老师有那么一会儿看起来有点困惑,然后说:"你是对的。"接着,狡黠地笑了笑说,"只是为了考察你们 下。"

可是拉里却不够宽容:"今年你准备教我们拼写吗?"这好像是说:"你究竟是哪方面的语言老师?"然后他看起来有点为自己的傲慢感到吃惊。有几个小家伙已经开始窃笑了。

然而,老师却安之若素地反击了,"噢,我还想把这个秘密保守得更长久点,但现在只好坦白了:我并不完美!但这肯定不能阻止我期望你们所有的人完美无缺。"

### 3. 案例分析

在第一个案例中,任老师讲课是非常幽默风趣的。他引用富兰克林的话:"好家伙,我本想弄死一只火鸡,结果差点电死一个傻瓜。"仅一句话就调动了学生学习的积极性。在第二个案例中,学生拉里指出老师拼写的错误,还讽刺说"今年你准备教我们拼写吗",正当他为此得意时,老师说"噢,我还想把这个秘密保守得更长久点,但现在只好坦白了:我并不完美!但这肯定不能阻止我期望你们所有的人完美无缺"。这句话既体现了老师的智慧,又展示了老师的幽默艺术。

确实,讲究语言艺术,使用幽默风趣的语言,对于营造课堂教学的浓郁氛围大有裨益。教师要想在课堂上既让学生乐于学习,又能提高他们的学习效率,幽默风趣是非常见效的一种方法。

### 4. 案例启示

教师的幽默不但能营造和谐的学习氛围,而且还能调动学生学习的积极性,提升课堂教学的实效性。

### 5. 学海泛舟

幽默是指一种行为的特性,能够引发喜悦、带来欢乐或以舒适的方式使别人获得精神上的快感。"教学幽默艺术,乃是指将幽默运用于教学并以其独特的艺术魅力在学生会心的微笑中提高教学艺术效果和水平的活动。"教育学专家马克斯·范梅南认为,对于教育工作者而言,幽默十分重要。每一个教育工作者都应该具有幽默感。

幽默更像一种活动的性情,是一种反思性智慧的结晶,而非某种遗传的天资才能。当教师能够忽略日常生活所伴随的各种缺陷和摩擦时,他就在学习以一种幽默感看待生活。教师对孩子们、对生活的美好所具有的信心和信念使其能够对最终也许并非十分重要的事情保持一种幽默感。在需要引导的教学情境中,幽默常常使教师能够机智地与孩子们相处。

### 6. 智慧心语

教学幽默艺术以其较高的审美趣味和显著的教学实效,赢得了越来越多的关注,这是因为教学幽默艺术本身具备多方面独特的教育功能。一方面,它能活跃课堂气氛。课堂气氛是影响教学艺术效果的一种非理性因素,良好的教学幽默艺术具有强大的情绪感染力,能有效活跃课堂气氛。课堂上的笑声会制造出积极的气氛,使教与学变得轻松有效。另一方面,它能和谐师生关系。苏霍姆林斯基认为:"如果教师缺乏幽默感,就会筑起一道师生互不理解的高墙:教师不理解儿童,儿童也不理解教师。"教学幽默可以使学生感到教师的人情之美和性格优点,既不损失教师个人的尊严,也不伤害学生的自尊心。此外,教学幽默艺术还能有效激发学生的求知欲,有利于学生对知识的了解和掌握。

第六十四则
# 重视着装

### 1. 教育絮语

作为教师,其着装不仅体现个人尊严,而且是所在学校形象的窗口。因此,每一位教师都必须对着装的礼仪规范有一定了解。俗话说:相貌的美高于色泽的美,而优雅合适的举止和修饰之美又高于相貌的美。

### 2. 经典案例

侍老师着装端庄大方,优雅得体。她的衣服款式各异,有套装、休闲装、长裙、西服等,另外,还有领花、丝巾等,但她从来不戴太招摇的首饰。无论同一种颜色或类似颜色的组合,还是对比色的搭配,她的衣服总会展示出特有的基调,从来不会给人一种"侍老师今天穿的衣服颜色可真花哨啊"的印象。

当然,侍老师的衣服也并不是什么高档名牌,但她搭配得恰到好处,所以,出现在学生面前的她总是给人一种大方、典雅、协调的感觉,总会令学生耳目一新。最让学生称道的是"丝巾配衣说",一年四季,她总会有颜色各异、款式多样的丝巾来点缀衣服,用她的话说:"一样的衣服,配不同的丝巾往往会给人换了新衣服的感觉。"

讲台上的侍老师,总是能让学生精神大振。有一次,她穿了一件翡翠绿有蕾丝花边的长袖上衣,下穿一条白色长裙,脖间配了一条红珊瑚项链,当她出现在学生面前时,立即有女生说:"侍老师,你今天简直漂亮死了。"一个小女生有一次甚至说:"侍老师,你在我们眼里就是美的化身!"

侍老师的课总是在学生们的"眼前一亮"中开始。在他们眼里,上侍老师的课简直就是一种享受、一种欣赏。讲台上的侍老师,衣着得体、举止安详、风度文雅,加之她的温柔和坚定,让人边看边听,赏心悦目,因而深受学生爱戴。

### 3. 案例分析

讲台上良好的着装,可以让老师在短短几秒钟内便赢得学生的好感,树立自己的威信,起到融洽师生关系的重要作用。侍老师优美得体的着装,不但起到调节课堂气氛的作用,而且还能调节学生的视觉。她优雅的着装和举止潜移默化地影响着学生,使学生受到美的熏陶。如果学生一直在一种美的环境中接受熏陶,在美的气氛中成长,那么学生就会用美的眼光去看待身边的事。

教师的服饰是无言的课本,因此,教师对着装决不可掉以轻心,教师要像对待教案和教学设计一样,有意识地讲究衣着、礼节、风度和仪表。

### 4. 案例启示

教师的衣着、礼节、风度和仪表对学生来说是一本无言的教育课本。

### 5. 学海泛舟

马卡连柯说:"外表在一个人的生活中有很大的意义。很难想象一个脏兮兮的、马马虎虎的人,他竟能注意自己的行为。"孔子说:"不可以无饰,不饰无貌,无貌不敬,不敬无礼,无礼不立。"他所谓的饰,指的就是服饰。

作为教师只讲"穿衣戴帽,各凭所好"是远远不够的,在某种意义上,一位教师的服装并不只是表露他(她)的智慧,教师的衣着习惯往往透露出人生的哲学和价值观。"教师的风度、仪表不纯粹是个人的兴趣、爱好和习惯,而是要受职业严格限制的。不管主观上是否注意到这一点,教师都应该努力在社会舆论、传统习惯和美的规律约束下实践。这并不是要统一每一个个体细小的微观环节,抹杀人的个性,而是对教师总体的职业规范要求。"

### 6. 智慧心语

教师要谨慎地把自己的着装行为调整到符合学生的欣赏水平上,在为人师表的宗旨下,把自己打扮得整洁朴实、美观大方,把好的精神面貌呈现给学生。一方面,教师要"庄重而保守"。在学校这个大环境中,教师的着装应该突出"庄重保守的特点",这样才显得端庄而典雅。另一方面,衣服要整洁而和谐。教师的衣服不论其质量好坏、新旧,都要洗干净,扣子要扣好,以给人清新、高雅之感。各种衣服给人的第一印象就是色彩,色彩整体上要和谐,另外,服装各部分的形状和款式也要注意协调统一。总之,教师的着装应该做到简洁大方,这就既能为人师表,又有助于营造宽松和谐的学习氛围。

## 第六十五则
# 教师的肢体语言

### 1. 教育絮语

教师的教态是无声的语言,能补充、配合与修饰教学情境,使之更容易为学生所接受。教师的肢体语言具有无穷的魅力,通过合宜的肢体语言和生动有趣的表情等优美的教态,教师能为学生创设一个适合学习的课堂气氛,让他们跟着老师的思维深入学习的过程。

### 2. 经典案例

周老师脸上挂着微笑走进了教室。刚走上讲台,她就微笑着向台下的学生发出了指令:"Stand up",同时做了个"起立"的手势。接着,她又说:"Sit down",同时作了个"坐下"的手势。台下的学生看着周老师的动作,听着周老师"叽里呱啦"的话,有点儿不明就里。于是周老师微笑着解释:"同学们,这是我们从今天开始要上的一门新语言,就是英语。相信大家从我的手势中,已经知道那两个词的意思了吧?""知道了,是起立和坐下。"学生说。"没错,现在大家跟我读,并且做出相应的动作。""Stand up。"周老师又做出一个站起的手势。"Stand up",学生站了起来;"Sit down",学生齐刷刷地坐下去了。

看到大家都明白了单词的意思,周老师竖起大拇指向学生晃了晃,学生一看就笑了。"Ok! 现在,我们开始做自我介绍,Hello, I'm your new English teacher. I'm Miss Zhou!",说着,她用手指对着自己。"小军,你来向大家自我介绍一下",周老师指向一个男生。"Hello, I…"小军没说上来。周老师温和地看了看小军,用眼神示意他"没关系,再说一次。""Hello, I'm Liu Xiaojun!""OK! 小军。""现在,大家做自我介绍。"看着新老师满脸笑容,也不批评"犯错误"的同学,大家都对新老师产生了一种亲切感,都用"Hello, I'm ..."介绍自己。接下来,在操练课堂用语时,周老师故意隐去了脸上的笑容,略带严肃地说:"Class begins. Stand up!"同时马上双手紧贴裤缝,腰杆挺直地站好。等学生起立后,她又恢复了刚才的笑容,亲切地向学生问好,"Good morning!"

就这样,周老师用自己优美的教态征服了学生。

### 3. 案例分析

周老师给学生上第一节课时,脸上挂着微笑,一下子就消除了学生对她的疏离感。她饱满的精神状态,又在向学生表明:同学们,准备好好听课。就这样,周老师营造了一个适宜的课堂氛围。因为是英语课,当然得用英语,但学生们连基本的单词都不会,周老师就从基本的课堂常规用语"起立和坐下"开始,配以手势语,激起了学生的学习兴趣。很快,学生就学会了,周老师不失时机地送上了自己的鼓励,竖起大拇指使劲地向学生晃了晃,这样,学生的学习热情又被提升了。老师在这节课中,使用了合适的肢体语言,使自己的个人魅力散发到教室的每个角落,为学生营造出一个适合学习的课堂氛围。

### 4. 案例启示

教师的肢体语言是非常重要的教育元素,如果运用得好,就能起到意想不到的效果。

### 5. 学海泛舟

在课堂教学中,教师的口头语言是主要的,但是,为了更好地达到教学目的,在不同阶段或不同情景,教师应采用不同的刺激来配合自己的口语,也就是用非语言来吸引学生的注意,从而生动地传授知识和交流感情。这就涉及教师的教态。

教师教态的主要类型之一是身体的动作。"教师在课堂上的身体动作,主要指教师在教室里身体位置的移动和身体的局部动作。"它一般体现在两个方面。首先,教师在课堂上的走动。通过走动,教师能传递信息,如果教师适时地在学生面前走动,并且不分散学生的注意力,课堂不但会变得有生气,而且还能激发学生的兴趣,调动学生学习的积极情绪。其次,教师身体局部的动作。教师除全身的移动外,头部和手臂的动作均能表达一定的思想或辅助语言。

美国教育家费得瑞克·琼斯说:"教室管理常规的建立,90%可以依赖肢体语言的发挥。"因此,作为一名老师,不但要"言传",而且还要"身教",当学生对你的眼神和动作有了反应,就说明你与学生沟通的渠道已经逐渐畅通。如果能用得体的肢体语言去打动学生的心,学生就愿意和老师亲近,老师的引导就能充分发挥作用了。

### 6. 智慧心语

教师的教态不应矫揉造作,而应自然大方,只有得体、大方的教态才能聚集学生的注意力。同时,教师不能忽视对课堂气氛的调控作用,应该认真掌握好教态的分寸,真正做到言传身教,用自己完美的教态给学生创造出一个适宜的学习氛围。具体来说,教师要注意以下几点:

一是教师的目光。只有当教师的眼神亲切中有严肃、肯定中有期待、否定中有鼓励、容忍中有警告,学生才能感受到老师的亲和、期望与呵护。二是教师的表情。教师要尽可能地和蔼、热情、开朗,尤其要面带微笑,使自己在学生面前富于亲和力。三是教师的身姿。教师的身姿、教态会给学生留下深刻的印象,如站姿要端庄、点头或摇头时幅度不要太大、讲课时不要下意识地叉开双腿,好的教态会把学生的注意力最大限度地聚焦在课堂教学上。总之,亲切的面容、期待的眼神能缩短学生与老师的感情距离;得体的身姿能感染学生,并引导他们全身心地投入课堂教学。

第六十六则

# 智慧的语言

### 1. 教育絮语

教师的智慧语言是指教师在其工作与生活中,语言与文字的规范化、专业化及创造性的使用。课堂教学语言是指教师在教学过程中所使用的语言,是一种专门的行业交际语言。课堂教学语言是贯穿整堂课的主轴,对课堂教学的质量和效果具有重要作用。因此,课堂教学语言的锤炼对教师而言是十分必要的。

### 2. 经典案例

案例一

大家都知道英国首相丘吉尔,也知道他还是诺贝尔文学奖的获得者。但大家不一定知道,丘吉尔能获得诺贝尔文学奖,他的演讲才能帮了他大忙。能否给奖? 给文学奖还是和平奖? 诺贝尔评奖委员会内部争议很大,瑞典文学院的安伦教授针对不同意见反驳说:"单凭丘吉尔的历史著作还不足以证明他具备了获奖的资格,如果用他在演讲反战方面的成就来强化他的文学地位,丘吉尔则无疑是有获奖资格的,在20世纪没有谁能超过丘吉尔,没有人比他更清楚如何以口才激起巨大的反响,或者感动如此多的人……"丘吉尔获文学奖的资格,主要是靠他的演讲,可见,说话艺术和他的作品是息息相关的。

1953年,丘吉尔终于获得了诺贝尔文学奖。颁奖大会上,在瑞典文学院给他的获奖评语中,用了大量动人的词语赞美他的作品《第二次世界大战回忆录》,也高度赞美他的演说才能:"由于他精通历史和传记的艺术,以及他那捍卫崇高的人的价值的光辉演说……丘吉尔成熟的演说,目的敏捷准确,内容壮观动人,犹如一股铸造历史环节的力量……丘吉尔在自由和人性尊严的关键时刻的滔滔不绝的演说,却另有一番动人心魄的魅力,也许他自己正是以这伟大的演说,建立了永垂不朽的丰碑!"

案例二

一次,我上老舍的《草原》一课。一开课,我一五一十地介绍老舍的生平及《草原》一课的写作背景,然后请学生看图。看完以后,我问学生看到了什么。学生几乎没有反应,个个呆坐不动。在课后的反思中,这个现象引起了我的深思。

斗转星移,我又到了下一个年级,同样是教《草原》一课。一开课后,我就以饱满的热情说:"同学们,想不想听老师给你们唱首歌?"学生齐声回答:"想!"(个个显得特别高兴)我说:"好,不过,你们听完以后要告诉老师,你通过歌曲看到了什么。"说完,我清了清嗓子,放开歌喉唱了起来:"蓝蓝的天上白云飘……"我唱得很投入,还不时走到学生中间,像歌星一样和学生们握手。孩子们都很高兴,听得也饶有兴味。一曲完了,回答的学生特别踊跃,那节课也上得轻松惬意。

同样一节课,第二次只是变化了形式,变化了交流的方式,效果却大相径庭。第二次课堂上优美的歌声、饱满热情的语言深深打动了学生。这节课后,孩子们深深地爱上了语文课。有的说:王老师声音甜美。也有的说:王老师的课征服了我。

### 3. 案例分析

故事中的英国前首相丘吉尔能够获得诺贝尔文学奖与他的演讲口才是分不开的。案例中的语文老师通过切身的经历,体会到教师的语言在课堂上是多么的重要!他说:"同样一节课,第二次只是变化了形式,变化了交流的方式,效果却大相径庭。第二次课堂上优美的歌声、饱满热情的语言深深打动了学生。"由此可见,教师的语言表达和音色修炼是多么的重要。

### 4. 案例启示

教师优美的歌声不仅能渲染课堂气氛、调动学生学习的热情,而且能给学生以美的享受。

### 5. 学海泛舟

苏霍姆林斯基说:"教师的语言修养在极大的程度上决定着学生在课堂上的脑力劳动的效率。我们深信,高度的语言修养是合理地利用时间的重要条件。"在日常教育教学活动中,教师主要是采用口头语言的形式进行信息传递。"虽然随着科技的发展和教育的进步,越来越多的教育、教学媒体被吸收进了课堂,但它们并不能完全代替教师的口头语言表达。教育、教学毕竟还不等于单纯的知识技能等信息的传递,教育活动中的师生之间的信息传递具有较强的心理性和教育性的特点,是教师和学生之间的一种知识、心理和情感互相交织、互相促进的综合交流,这是任何教学媒体所不能完成的。"

### 6. 智慧心语

教师的一言一语往往会对学生产生很大的影响,语言对于教师这个职业特别重要。教师的语言应该是热情、理性和智慧的。大爱之心往往表现在细微之处,而合宜的语言和温暖的话语往往是爱的天使。那么如何提高课堂教学语言的艺术性呢?

首先应广泛阅读,扩大知识面。教师教学语言修养的提高依赖于教师学识水平和思想水平的提高,所以教师应该从自身的思想观念、道德观念、法规观念、心理知识、逻辑知识、专业知识、哲学意识、审美观念、教学理念等方面加以提高,这是"储蓄"工程,即所谓"台上一分钟,台下十年功",这样才能达到教学语言"动之以情,晓之以理"的境界。

其次应注重积累,夯实语言基础。语言的锤炼不是一朝一夕的事,须靠长期的积累与实践。古今中外凡是有学问、有成就的人,都十分重视知识的积累。《后汉书·烈女传》中说:"一丝而累,以至于寸;累寸不已,遂成丈匹。"知识是逐步积累起来的。只有把书中的智慧财富变成自己的知识和教养,才会在教学中游刃有余,凭借出色的口才打动学生,激发他们的求知欲望。

第六十七则
# 教学语言的生命力

**1. 教育絮语**

在课堂教学中,教师主要是运用教学语言向学生传道、授业、解惑,所以,教师的语言表达能力影响着教学的效果。要想提高教学效果,就必须研究教学语言。语言是极具生命力的,它是一把双刃剑,所谓"成也萧何,败也萧何"。

**2. 经典案例**

案例一

我儿子上的是省示范小学。一年级上半学期的一天,儿子回家问我:"妈妈,什么叫'有娘养无娘教'?"我一愣,"你是从哪儿听来这句话?""老师说的。"我不知道如何向一个刚刚迈进学校大门的孩子解释这句侮辱性的话。因为我在家长登记栏里填的是研究生,没想到这竟成了孩子的耻辱和十字架。每当孩子做错了事,老师便拿他妈妈是研究生来教训,"你妈还是研究生,怎么教育你的……"于是别的孩子就奚落他:"你妈是研究生?你妈是研究臭豆腐的吧?"我的孩子回答:"你妈才研究臭豆腐呢!"对方又说:"我妈又不是研究生。"然后双方开始骂脏话……

一次孩子做作业慢了一些,全班都做完了,他还没做完。老师就骂他"你这个老黄屎"。于是这个绰号就传开了。儿子经常被安排和一个女生坐在一起。这个女孩也是班上常挨骂的。于是两个人在一起就老说话。班主任又老在我面前说他俩不守纪律,老是说话。我小心翼翼地说:"老师,他们俩都爱说话,是不是把他俩调开?""调什么调,他们既然爱说话,就让他们在一起好了,让他们俩都烂掉,免得影响其他同学!"最让人不能容忍的是,她竟然在课堂上当着全班同学的面,奚落我的孩子和那个女孩子说:"看看你们俩,你摸摸我的大腿,我摸摸你的大腿,就像一对儿,多亲热呀。"

案例二

我曾经教过一个班,这个班人数比较多,总共 64 名学生。总的来说,这个班品学兼优的学生占三分之二,有 8 名学生学习特别吃力,其中,有 3 个学生是因为一直不努力学习造成的,另外 5 名同学确实是理解力差点。每当讲解新知识的时候,不管老师怎么讲,这几个学生就是听不懂。

教我这个班的各科老师大部分都有耐心,但数学张老师是年轻人,性子急,所以在教这几个学生时总是很不耐烦。一次,张老师把袁××叫到办公室讲解关于不等式方面的内容,可是不管怎么讲,他就是听不懂,张老师就说:"你这个弱智,怎么能学会呢?"张老师经常在课堂上说学生"弱智"、"笨蛋"之类的话。

**3. 案例分析**

案例一中老师的谩骂讥讽,不仅侮辱了学生,也丢失了自己的人格。在日常教学中,往往会出现不符合教育规律的话语倾向。有的教师为了维持上课秩序,对略有小动作的学生恶言相向,或者因为某个学生的回答不符合自己的标准,对学生冷嘲热讽,甚至侮辱。如案例一由于学生做作业慢,老师就骂"你这个老黄屎";在案例二中,数学老师反复讲解,并把学生带到办公室单独辅导,可学生就是听不懂,于是就说"你这个弱智,怎么能学会呢",甚至平时也经常把学生说成是"弱智"、"笨蛋"之类的,这时候教师的话语犹如刀刃深深地伤害了学生的自尊。

**4. 案例启示**

教师一定要慎用自己的课堂教学语言。播下语言的善种,方能收获明天的希望。

**5. 学海泛舟**

人文主义思想家蒙田在其《论儿童的教育》一书中尤其强调"文字是为事物服务的,不是事物为文字服务。"他提出,最好的语言不是一味地追求韵律、格式的矫揉造作,而是自然、平易、简洁、紧凑、有表现力、有实质。因此,他对教师的教学话语提出了与之相应的要求,以避免对学生造成不良的影响。

**6. 智慧心语**

一堂课通常需要运用多种教学艺术,其中语言艺术是基础,它贯穿在课堂教学之中。教师在运用课堂教学语言时,需注意:

　　一是课堂教学语言要精练、准确、清晰、逻辑性强。语言精练就是指教学语言要少而精，要求教师能提纲挈领和简明扼要地表达基本原理、观点、重点和难点。课堂教学语言用词要准确，确保达意传情，符合科学性、富有教育性。语言清晰主要指吐字清晰和思路清晰。课堂教学语言要清晰悦耳，让学生听清楚教师讲了些什么，所以教师的发音必须标准，吐字必须清楚。条理清晰是指教师讲课观点明确，层次分明，重点突出，层次性强。语言要有逻辑性是指课堂教学语言要前后一贯，上下承接，顺理成章，合乎思维的逻辑结构、规则和规律。教学时，如果教师能够深入挖掘教材内容之间的内在联系，在学生已有知识水平和思维能力的基础上，运用逻辑推理进行教学，就能层层深入，取得较好的效果。

　　二是课堂教学语言要生动形象、幽默风趣、有感染力。语言生动形象是寓基本概念、基本原理于具体形象的事例、情节之中，使枯燥的概念生动化，深入浅出，通俗易懂，从而激发学生的学习积极性，给学生留下深刻的印象。幽默是教师智慧、学识、机敏、灵感在语言运用中的结晶。讲话幽默的教师，不但会给学生增添快乐，在谈笑风生中领略知识的真谛，而且也会使自己的语言具有诱人的魅力。

第六十八则
# 微笑的魅力

**1. 教育絮语**

教师的微笑有着无穷的教育魅力,教师微笑着面对学生,能给学生一种宽松的人际环境,能使学生感受到教师的理解、关心、宽容和激励。此外,教师的微笑还能够活跃课堂氛围,激活学生思维以及调动学生情绪。

**2. 经典案例**

微笑可以表现自信豁达的精神境界。在学生的心目中,严肃的面容未必意味着老师严谨的治学,严厉的措辞未必表现出老师过人的才智。相反,老师"凶巴巴"的样子会使学生心理紧张,也容易使之产生厌恶的情绪,只有微笑才能显示出老师宽容的本真和深厚的学术修养。

记得我读初中时曾有位班主任,记忆中从没有对我们笑过,他总是拉长着脸走进教室,发火、教训成为他管理班级的主要手段。后来,有些较调皮的男生恨之入骨,居然在夜里摸到他的宿舍。他们用火柴棍封死了班主任的门锁,还用一些树枝为他设置了"路障"。平心而论,这位班主任还是很有才气的,语文教学也很出色,但多次遭到学生"恶搞",却难赢得大家的同情。我高中时一位教数学的周老师则正相反。那时,他刚从大学毕业,瘦瘦的脸上总挂着笑容。他对人温和,说话慢条斯理,总给人一种悠然自得的样子,不少同学都很崇拜他。有一次上课时他批评了在看课外书的某同学。那同学居然反唇相讥,而且出言不逊。当时我们以为,周老师一定会勃然大怒。然而,周老师居然冲他笑了笑,然后摆摆手说道:"你先坐下吧,我们课后再聊。"这位同学也知道自己过于冲动,课后便拉着我陪他去向老师道歉。周老师仍然慢悠悠地笑着说:"没有关系的,知道你脸上挂不住了。"

多年之后,我才知道周老师当时并不像外表显得那样轻松自在、游刃有余,他甚至正经历着工作分配不公、爱情坎坷等不幸,而且那是他第一次教毕业班。但他的微笑却总让我们感到心里踏实。那年高考,我们班的数学成绩在年级"领跑"。

**3. 案例分析**

学生讲述了他的两位老师:初中语文老师"是很有才气的,语文教学也很出色,但多次遭遇学生'恶搞',难赢得大家的同情",主要原因是"他总是拉长着脸走进教室,发火、教训成为他管理班级的主要手段"。但是,高中那位周老师"瘦瘦的脸上总挂着笑容。他对人温和,说话慢条斯理,总给人一种悠然自得的样子,不少同学都很崇拜他"。一次,在课堂上批评一名同学时,遭到这名学生的反唇相讥,然而周老师没有生气,过后还"慢悠悠地笑着说,'没有关系,我知道你脸上挂不住'。"可见,教师的微笑在教育教学工作中是多么的重要,当教师走进课堂时,教师的微笑是对学生最好的问候。

**4. 案例启示**

教师的微笑不但能给学生以信心,温暖学生的心灵,还能给学生带来激情。

**5. 学海泛舟**

教师的微笑是拉近师生关系,增强师生感情的催化剂。美国杜鲁门总统的老师蒂莉·布朗在教育教学中非常善于运用微笑。她说:"我们对学生微笑,生活就会对学生微笑,学生也就会微笑着面对生活。对于教师来说,微笑就是一种欣赏、一种简单、一种坦荡、一种宽容、一种幸福的体验、一种诗意的享受……微笑就是一种激励、鼓励和关爱。微笑真的很重要,它能使教师达到最佳的教育效果。"确实,师生交往过程中,"教师非言语行为的沟通功能非常重要,……不管是教师的一个眼神、手势,还是教师的嫣然一笑、轻轻一按等,都会起到传递特定信息、强化师生关系的作用。"

**6. 智慧心语**

教师的微笑是启迪学生心灵、开启学生智慧的钥匙,是点燃学生创造性思维的火花。微笑,将会给学生无限灿烂的阳光。学生喜欢快乐的、温情的、面带微笑的老师。因为微笑的魅力是无限的,所以教师无论多不开心,都应在走进教室之前,一定要对自己笑一笑,对自己说"别把自己的坏心情传染给学生",学会驾驭自己的情绪,微笑地面对学生。

苏格拉底说:"在世界上,除了阳光、空气、水和微笑,我们还需要什么呢?"可见,微笑在生活中的重要性。微笑对于教师来说尤为重要。作为一名教师,面对的是几十双求知的眼睛,面对的是几十个充满渴望的孩子,他(她)们希望教师是永远带着微笑的知识的传播者、文明的使者。

教师的情绪、教师的脸色,能最直接地在学生身上起到影响作用。在教师与学生的交谈中,教师亲切的微笑会给学生无限的理解和信任,让学生感到巨大的热情和愉悦;上课时,教师走进课堂时甘甜的微笑,将给这节课增添浪漫的感情色彩;教师给学生解惑时春风润雨的微笑,将点燃学生智慧的火花。当教师微笑着走进课堂,迎接教师的一定是几十张微笑着的脸,教师的课也就成功了一半。

教师带着微笑走进课堂,传递给学生一个信息:教师的心情不错,教师是有备而来的,教师是有信心上好这节课的。这样,学生怎么能不好好听课呢? 如果教师铁着脸走进课堂,会让学生充满紧张和猜测,不知道教师会在课堂上发多大的火,说不定自己就会成为受害者,学生就可能不愿意回答教师的提问,课堂也将会是死气沉沉的。

# 第十四篇

教师人格的教育力量

教师的人格魅力是一种宝贵的教育资源，它比言语教育具有更强的心灵渗透力。教师人格是影响学生人格形成、心理发展、学业成绩提高的重要因素。乌申斯基说："在教育工作中，一切都应当以教师的人格为依据，因为教育力量只能从人格的活的源泉中产生出来，任何规章制度，任何人为的机关，无论设想得如何巧妙，都不能代替教育事业中教师人格的作用。"

教师每天面对学生，其思想行为对学生具有强烈的感染力和暗示性。学生大多有模仿教师言行的心理倾向，尤其喜欢模仿那些师德高尚、知识渊博、教育教学经验丰富，对学生关心爱护、责任心强的教师。一个有着人格魅力的教师，像一块无形的磁铁，有一股无形的力量吸引着学生，使他们形成一种强烈的学习动力和愿望。

## 第六十九则
# 教师人格的教育力量

### 1. 教育絮语

一个好教师的基本条件是什么？有言道："学高为师，身正是范。"就是说，为师者必须具备两个条件：高深的学问和高尚的情操。教师从事的是教书育人的事业，真正的教师无疑是人格之师，教师的人格就是无声的教育，体现了最强大的教育力量。

### 2. 经典案例

案例一

军队院校开办高等教育，急需高层次人才，刘教授毅然辞去蒸蒸日上的工作，从西安来到南京炮兵学院。从此，他与三尺讲台结下了不解之缘。有一次在批改作业时，他发现全队100多名学员在一起上课，后排学员往往听不清、看不明，在一定程度上影响了听课效果。刘教授在征得学院同意后，将讲大课变为讲小课，把一个学员队分成四个区队，教学质量普遍提高。但是对刘教授来说，课时量是原来的四倍。刘教授有个习惯，总是当着学员的面批改作业。这样，既可以当场解决学员没有弄懂的问题，又可以检查自己的授课效果。一次批改作业时，他发现学员张强还在哨位上，想到自己晚上要出差，而且一去要好几天，于是带着作业本来到哨位上给张强批改作业。

刘教授总是说："我们当教员的，要对学生负责，对未来战争的胜利负责，对国家和人民负责。"刘教授不但在教学上严格要求自己，在工作上也同样如此。多年来，刘教授养成了"超负荷、快节奏"的工作作风，这使得他患上了多种疾病，有时候关节炎发作起来疼痛难忍，即便是这样，也从未影响过工作。在他的带动和影响下,他所在的教研室在教书育人中取得突出成就,涌现出了一大批先进人物。刘教授用自己的一言一行、一举一动感染和影响着人们,成为学员们一本无言的教科书。

案例二

王老师是某小学的青年英语教师,业务能力不错。一天,教学副校长通知说,下周她要上一节公开课。王老师自认为依照平时的教学常态就可以,但有好心人告诉她:"你这样肯定不行,万一课堂上出现了意外或突发事件,比如学生回答不上来问题,或者尴尬冷场等情况,让领导看着就可能说你能力不行,最好的办法是事先排练一次或几次,让学生熟悉起来,这样的课就会预防漏洞,比较完美。"王老师采纳了这条建议,利用课堂把精心设计的这节课预演了好几遍,对其中的关键环节,比如提问、由谁来回答问题、怎样回答才正确无误等更是倍加留心,提前做了精心安排,自认为万无一失才放下心来。

公开课如期举行,一切正如预先设计的那样,教师讲解语言清楚,课堂节奏流畅自如,学生回答正确响亮,眼看就要下课了,还有最后一个问题,让学生用英语说出各种水果的名称及特征,孩子们非常配合,按照事先安排,依次说了苹果、梨等,最后一个词汇是西瓜,但是没有人回答,孩子们互相看来看去,却没有人站起来。

听课的领导和老师也开始小声议论,王老师疑惑地问,"难道没有同学知道吗?"大家摇摇头。"那为什么没人回答呢?"一个孩子怯怯地站了起来:"报告老师,'西瓜'今天生病了,您还没来得及说让谁替他呢!"

**3. 案例分析**

案例一的刘教授展现了高尚的人格魅力,为教师树立了榜样。他总是说:"我们当教员的,要对学生负责。"并且在行动中实践自己的诺言。案例二的王老师,为了能在公开课上给领导留下一个好印象,他把公开课变成了"作秀课",虽然这类行为似乎并不鲜见,但他忽视了自己的人格精神,使其形象在学生心目中大打折扣。做教师的应该谨记孔子的名言:"其身正,不令而行;其身不正,虽令不从"。

**4. 案例启示**

只有教育者做出了榜样,才能使受教育者在潜移默化中形成一种良好的道德习惯。

## 5. 学海泛舟

日本教育家福泽谕吉说:"德育贵在身教而不在于言教,要培养孩子的道德观念,只靠教师的讲授是不足以奏效的,父兄的训诫也难以成功。最重要的是教育者本身是一位有德行的人。只有教育者的躬行实践,为孩子做出榜样,才能使受教育者在潜移默化中形成一种良好的道德习惯"。教师对学生的这种影响,是任何教科书、任何道德教育都不能代替的一种教育力量。"学高为师,身正是范"正是教师影响力的真实写照。

## 6. 智慧心语

在教育教学工作中,教师要用自己的人格力量教育学生。教师的人格力量主要体现在:一是具备良好的道德情感。如陶行知提倡"爱满天下",教师对学生的爱,不仅表现在教师对全体学生的尊重、信任、理解,把爱洒向全体学生,而且表现在教师对学生严爱结合,恩威并重,严格管理,严格要求。对待学生的错误与缺点,要及时指出,尽力帮助其改正;对待学生的成长进步,要热情肯定,用满腔的热忱去温暖学生的心灵。二是具备扎实的业务素质。教师的业务素质包括精通自己所教的学科,懂得教育规律,有良好的语言表达能力和创造力等。因此,教师必须勤于学习,不断完善自我。随着社会的发展,知识的领域日益宽广,教师还需要不断加强学习,完善自己的知识结构,拓宽自己的学术视野。

## 第七十则

# 教师的心灵美

### 1. 教育絮语

教师的心灵美是教师职业道德的重要内容。在当代精神文明建设中,特别是在和谐教育的建设中,教师负有重要的历史使命,他应该努力贯彻以人为本的思想,把言传与身教结合起来,以自己优秀的思想品德去影响教育学生,营造学生美的心灵。

### 2. 经典故事

古希腊哲学家苏格拉底带着他的一群弟子去漫游世界。他们游历了许多国家,拜访了很多有学问的人。历经十年艰辛后,他们回来了,个个都是满腹经纶。

快进城了,苏格拉底在郊外的一片草地上坐了下来,对弟子们说:"十年游历之后,你们都成了饱学之士。现在,学业就要结束了,我们上最后一课吧。"弟子们便围着他坐了下来。

苏格拉底问:"现在,我们坐在什么地方?"弟子们回答:"我们坐在旷野里。"苏格拉底说:"这旷野里长满杂草,现在我想知道,如何除掉这些杂草。"弟子们感到十分惊奇,他们没有想到,一直在探讨人生奥秘的老师,最后一课问的竟是这么简单的一个问题。

一个弟子先开口了:"老师,只要有把铲子就够了。"另一个弟子接着说:"用火烧也是一种很好的办法。"第三个弟子说:"撒上石灰就会除掉所有的杂草。"第四个弟子说:"斩草要除根,要把根挖出来才行。"等弟子们都讲完了,苏格拉底站了起来:"课,就上到这里,你们回去以后,按照各自的办法,除去一片杂草,一年后再来这里相聚。"

一年后,弟子们都来了。原来相聚的地方,已经由杂草丛生的土地,变成了一片长满谷子的庄稼地。弟子们在谷子旁边坐了下来,等待老师的到来。可是,苏格拉底始终没有来。

几十年后,苏格拉底去世了。弟子们在整理他的言论、著述时,发现他在著述的后边补上了这样一章:"要想除掉旷野里的杂草,方法只有一种,那就是在上面种上庄稼。同样,要想让灵魂无纷扰,唯一的办法就是让美德占据心灵。"

**3. 案例分析**

苏格拉底给他的学生上最后一课时,让学生们思考一个问题:"这旷野里长满杂草,现在我想知道如何除掉这些杂草。"学生们想了,说了各种办法,但是苏格拉底都不满意,于是让他们一年后再聚。直到苏格拉底去世后,学生们才知道了老师的想法,"要想除掉旷野里的杂草,方法只有一种,那就是在上面种上庄稼。同样,要想让灵魂无纷扰,唯一的办法就是让美德占据心灵"。俗话说:无德无以为师。追求灵魂的高尚是教师的天职。

**4. 案例启示**

教师的工作,是用"心"去培育一代新人的工作,因此,教师应该拥有美丽的心灵。

**5. 学海泛舟**

日本教育家小原国芳说:"教育者要绝对是美的体验者,是有生气的艺术家,是人生的创造者。很多伟大的教育家,与其说是知识渊博的学者,毋宁说是具有优秀的艺术天性的才子,是纯情美的体现者。"确实如此,如裴斯泰洛奇、福禄贝尔等都既是知识渊博的教师,又是具有纯情美的艺术家。小原国芳还说:"教师要有爱心,教师与学生之间的爱的关系,与继母与继子之间的关系相同。忍耐是必要的。爱是意志,是十字架。倘若人格不行,则感到学生可怕,地位堪忧。"

乌申斯基强调:"教师人格是教育事业的一切,是任何东西都不能替代的照亮学生心灵的阳光。"

**6. 智慧心语**

教师要影响学生的心灵,必须首先拥有一颗美丽的心灵。一个人除了父母之外,接触得最多的当属教师。儿童心理学认为,孩子的各种能力主要是通过模仿学习而取得的。通俗地说,孩子是一张白纸,你在上面无论画上什么图案都会清晰醒目。高尚的师德是最高的学位,教师应该成为学生人生路上的指路明灯。

　　教师的人格高尚，使孩子景仰高尚，摒弃庸俗；教师的知识广博，使学生选择勤奋，鄙视无知；教师的微笑和赞许，给学生以自信和力量；教师的无私关爱，使学生明白了爱心的伟大，自私的可鄙。当教师真正获得学生的信任和尊敬时，教师的一个眼神、一个形体动作就能胜过无数的严厉训斥和禁令，这个时候，真正的教育就产生了。这个教育的过程，是教师把自己的心灵全部坦陈在学生面前并获得学生敬仰的过程。可以这样说，教育因为教师心灵的美丽而美丽。

第七十一则

# 为人师表

### 1. 教育絮语

教师是学生的榜样,也是学生用以观察自己和设计自己的镜子。教师的为人、仪表、风度、言行对学生示范性强,影响深远。因此,教师要做到"严于律己,以身作则"。自古以来,"以身立教,为人师表"就是教师职业的传统美德。

### 2. 经典案例

按照教育处的要求,我动员头发较长的同学去校外理发。话音刚落,教室后面不知道谁冒出一句:"您的头发也够长的。"我一怔,循声望去,竟然是表现一贯散漫的小张同学。遇上我的目光,他的头低下了。同学们面面相觑,教室里显得异常寂静,我也感到很难堪。我看了他一眼,便不动声色地走出了教室。临出门,我示意他随后来办公室。

回到办公室,我认真思考着刚才发生的一切。学生的做法显然有不妥之处,但是,要求学生做到的,老师难道不应该做到吗?学生遇到我的目光就低下了头,证明他说走了嘴,有点后悔。这样看来,还应该对他做细致的工作,可我的面子如何挽回呢?思前想后,我决定将计就计……

过了一会儿,小张来到办公室,好像是来承认错误或是来解释什么的。我没让他说什么,便带着他来到了校外的理发馆。我先坐在了理发椅上,让理发师将我的头发理短。随后,他也理了个合乎学校要求的发式。理完发后,我带着他回到了教室。同学们见我俩进来,先是一怔,继而响起了一阵热烈的掌声,并向我投来一种敬佩的目光。看来,这样做既是教师做了示范,教育了学生,又为自己挽回了面子,树立了威信。

过了一天,在办公室的抽屉里,我发现了小张写来的一封信。

"王老师:

您好!昨天,我一时说走了嘴,让您在众多同学面前难堪了,这是我的不对,应受到批评;您并没说我,我的心里更是不安,我忘不了您的宽宏大量。"

看完了这封信,我也陷入沉思:如果我把小张狠批一顿,似乎也可以,但这样做,只能造成师生间的对立。而我以身作则,虽没批评他一句,却胜过一百句的说教。这件事告诉我:冷静的思考,适当的宽容,是处理突发事件、改善师生关系的一剂良药。看来只有教师以身作则,才能赢得学生的尊重,才能使教育更加有力量,教师本人也才能获得真正的尊严。

**3. 案例分析**

俗话说:"亲其师,信其道。"王老师没有因为小张同学的责难而生气,反而把握了这次机会,陪同学生一起去理发,既教育了学生,又起到了示范作用。这个案例体现了民主、平等的教育观,同时,也蕴含了为人师表的教育理念。

**4. 案例启示**

在教育教学中,教师一定要言行一致,为人师表。

**5. 学海泛舟**

董纯才说过:"只教书不教人的现象,现在还不少见。教书是对的,不教人则不对。按理,既要教书又要教人,言传身教,以身作则。这样做能起潜移默化的模范作用,使学生有所效法,学有榜样。教师切忌自己言行不一,作风不正,那样就可能带坏学生。所以为人师者,应当为人师表。"

**6. 智慧心语**

教师不仅要教书,更要育人,以自己模范的品行来教育和影响学生。其人格品行作为一个重要的教育因素,在教育过程中一直潜移默化地发生着作用。一方面,为人师表蕴涵着诚实、正直、言行一致、表里如一。教育学生不是演戏,假象绝对逃不过学生的眼睛,故意表演出来的所谓"榜样",一旦被学生识破,就会造成恶劣的影响。因此,教师在讲授知识、解答问题时,必须做到知之为知之,不知为不知。教师"言必行,行必果",要求学生做到,自己首先必须做到。言行不一,表里不一,不仅会失去学生的信任,而且会使学生对教师的教育行为产生怀疑。另一方面,为人师表意味着教师要对学生真诚关怀。教师只有热爱自己的职业,关心热爱学生,学生才能尊重、信任教师。教师在平时对学生的教育过程中应该一视同仁，"一碗水端平"。对学习好的学生，教师不娇惯、不溺爱；对学习差的学生，教师不歧视、不讽刺。如此，学生才会尊重、拥护教师。此外，为人师表体现着美。教师语言美，则其心地必然善良而正直，必然追求自身的道德修养，因而必然会做到为人师表。整洁、大方、端庄应是每位教师仪表美的标准。教师为人师表，其行为举止、仪表风度必然会给学生树立美的楷模。更为重要的是心灵美。心灵美是最本质、最内在的美，教师心灵美对学生是一种无形的教育。

第七十二则

# 言行一致

### 1. 教育絮语

言行一致是教师职业承诺的一种重要表现形式。师者,所以传道授业解惑也。不言而喻,在传道授业解惑诸方面,教师的言传是非常重要的。但无数事实告诉我们,在教育学生方面,教师的身教是一种更现实、更生动、更鲜明、更有力的手段。

### 2. 经典案例

那是四月的一天,我像往常一样迈着轻松的脚步走进课堂,开始了师生间的对话。

师:同学们,再过两个月你们就毕业了,我想在你们离开学校之前,举行一次水果欢送大会,怎么样?

"耶!"学生们高兴得手舞足蹈,兴奋之情溢于言表。

于是,我趁机说:"下面就请你们说出自己最爱吃的水果,并说说你为什么最喜欢它。"

生:我爱吃鸭梨,因为它水灵灵的,很解渴。

生:我最爱吃葡萄,因为它又酸又甜。

生:我爱吃荔枝,因为它样子美,味道也好。

生:我最爱吃苹果,上次我生病,王涛他们几个来看我,就带了一大袋苹果。

师:在你心中苹果代表着友谊,是吗?

生:(真诚的)是的!

……

师：同学们说出了这么多自己喜爱吃的水果，可是众口难调啊！我买水果的时候，哪种水果应多买一些呢？

生：老师可以数一数，喜欢哪种水果的人多啊！

生：可以让同学们举手表决。

生：也可以统计一下。

……这是我上统计图课的开场白。正因为有"水果大宴"的吸引，这堂课同学们情绪高涨，一直被积极的情感牵引着，各个教学环节都完成得很好。学生们学得轻松、愉快，我教起来也轻松了许多。一整天，我都被这种融洽、和谐、积极的课堂气氛激励着，更为自己别出心裁的设计——"水果大宴"而暗自得意，感谢它给学生带来的动力和兴趣。

时间一天天地过去了，转眼到了毕业会考复习的日子，课下和同学们聊天时，"调皮鬼"小安笑着对我说："老师，你曾说过给我们开一个'水果欢送大会'，是什么时候开呀？"其他同学也附和着说："是呀，什么时候开呀？我们都等急了。"

"水果欢送大会？"我心里暗暗嘀咕着，它早被我抛到九霄云外了！它只是我教学中一个小小的设计。我的初衷只是为了吸引学生的注意，激发他们的兴趣，并没有真正想开什么水果大餐。可是如果我把真实的想法说出来，他们一定会失望的。于是我说："对不起，老师都忘了，可是现在马上就要毕业会考了，时间很紧张，等考完试来我家庆祝好吗？"听我这么一说，他们就像泄了气的皮球，"完了，完了"，"真没劲"，"就知道是假的"……

孩子们七嘴八舌的话语使我寝食难安。

**3. 案例分析**

教师通过"水果大餐"的设计导入新课，不仅调动了学生学习的热情，而且使师生关系更加融洽。但是，老师这个"水果大餐"的承诺最终没有兑现，使学生们很是失望，对老师也失去了信任。这件事让老师明白了诚信的重要性以及言行一致的教育意义。

**4. 案例启示**

教育教学中，教师绝对不能失信于学生。

**5. 学海泛舟**

教师在从事教育教学工作时，一定要有职业承诺的意识。"教师职业承诺，是指教师对教师职业的一种认同和投入。教师职业承诺与教师的工作态度、表现和继续从事教师职业的意愿关系密切,影响着学校组织的效率和功能。"教师在行为上具有示范性,"示范性是指教师在履行自己职业的活动中,时时处处都起着示范作用。这是教师劳动与其他劳动的一个最大的不同点。师德不仅要具有较高的水准,还要有完美的品格和模范的行为,成为学生最直接的榜样,起着'以身立教'的作用"。孔子曰:"其身正,不令而行;其身不正,虽令不从。"这句话,肯定了教师身教的重要性。

### 6. 智慧心语

教育学生要诚信,教师首先要做到诚信。教师在学生中不可说大话,说漂亮话,做"说话的巨人、行动的矮子";也不可随便许诺,而要言行一致,说话算数,以诚育诚。教师的言行对学生良好品质的形成至关重要,它起着潜移默化的作用。要求学生做到的,首先教师自己必须做到。教师的表率作用是很重要的,如老师要求学生做到自己却做不到,就会给学生言行不一的感觉,师生信任度也会随之降低。教师在学生心目中是崇高的,对他们而言,教师的话犹如圣旨。如果教师经常说而不做,其威严和信任便会逐渐消失,甚至还会使学生养成言而无信的坏习惯。面对那群纯真的学生,尤其是低年级的孩子,教师千万不要轻易许诺,哪怕是微小之处也不可马虎,做不到的绝对不说,说出去的就一定要履行。

# 第十五篇

管理学生的艺术

教师的职责不仅在于向学生传授系统的科学文化基础知识,并在此基础上培养学生的基本技能,还要担负起教育和管理学生的重任,它直接关系到教学的成败和学生的成长,乃至自身的发展。可见,教师对学生的教育管理工作多么重要。

教师既要教好书,又要育好人,教书育人是每一位教师义不容辞的责任。在对学生的教育管理中,教师不仅要学习和掌握批评学生的艺术、表扬学生的艺术和惩罚教育的艺术等,而且应该了解育人为先的重要性。

学生是学校教育的主体。学校的教育管理要坚持以人为本,就是要一切从学生出发,一切以满足和促进学生的生存和发展为宗旨。

## 第七十三则
# 管理的艺术

**1. 教育絮语**

管理学生是一门引领人发展的艺术,假如教师能掌握这门艺术,那么就能掌握教育的主动,就能赢得学生的信赖,成为学生的良师益友,引领学生走上成人之路。

**2. 经典案例**

案例一

格伦离开自己的座位,慢悠悠地走到削铅笔器旁,开始削一支长铅笔。每次他削好后,都会再次把铅笔塞进去把铅笔弄钝。

"坐下",马丁内斯夫人叫道:"我们都在自己的位置上做事,你不应该离开座位。"

"我只是想削铅笔。"格伦向全班同学大声说,"这也有错吗?!"

马丁内斯夫人走到格伦面前小声说:"格伦,全班同学都在认真完成他们的小组作品,你的小组同学也非常需要你的帮助。"

格伦不情愿地回到自己的小组里,却用粉笔在玛丽毛衣的背后画了一个笑脸。

"你混蛋!"玛丽尖声叫道,"你什么时候才能成熟点?"

格伦看到教室里的所有同学以及马丁内斯夫人都在看他时,他笑了。

马丁内斯夫人走到格伦身边,拍拍他的肩膀,然后两人走出教室,走进了大厅。

案例二

坐在座位上的保罗敲铅笔的声音越来越大了,直到坐在他前面的布里坦尼生气地转过头冲他大叫："你能不能别敲了！"

"闭嘴！"保罗也冲他大叫，"如果你再扭过头来，我就用铅笔画到你脖子上。然后它就会毒害你的全身。"他威胁地说。

"喂，成熟点吧。"在教室另一头的罗恩叫道，"真无耻！"

"我会告诉你什么叫无耻。怎么样，到教室外面单挑？"保罗反击道，"我不用武器就能打赢你。"他边说边用铅笔指着罗恩。

"真希望你不在我们班。"萨莉紧张地小声说。

萨米提高了嗓门，大声说："我希望他不要在我们学校！"

保罗冷冷地笑了，又开始敲他的铅笔。布里坦尼捂住了耳朵，把头趴在桌子上。

这时，威尔逊夫人走了过来，低下头和保罗悄悄地说了几句话，保罗停止了敲铅笔并开始看书了。

### 3. 案例分析

案例一的格伦是个非常调皮的学生，他故意反复把削好的铅笔弄钝。在老师的管理下，他不情愿地回到了自己的座位。但是，他仍然不甘于寂寞，在玛丽的毛衣后面画了个笑脸，"格伦看到教室里的所有同学以及马丁内斯夫人都在看他时，他笑了"。格伦这样做，是为了吸引大家的注意。老师马丁内斯夫人没有在教室里处理这件事，而是和格伦一起到了教室外。

案例二的保罗因顽皮引起了同学们的普遍反感。但是，不管同学们怎么说，保罗就是不听规劝，继续他的顽劣行为。老师威尔逊夫人没有大声呵斥他，而是和他说了悄悄话，最后保罗停止了捣蛋。

### 4. 案例启示

对于非常调皮的学生，教师要根据具体情境随机应变地采取相应措施进行管理。

### 5. 学海泛舟

马卡连柯说过："教师应当善于组织、善于行动、善于运用诙谐，要既快乐适时，又要生气得当。"可见，在对学生进行教育管理时，教师要灵活运用各种措施和手段，只要能达到管理的效果都是可取的。

### 6. 智慧心语

一般来说，顽皮学生希望引起大家注意有两方面的原因，一是缺少关注，二是不知道如何以正确的方式吸引注意。教师应对的策略是：一方面,帮助这样的学生找到闪光处,使其通过积极的方式获得关注;另一方面,通过给学生安排一些任务来给予正面的关注。例如领读、擦黑板、收卷子或做班干部等。通过各种方式给予这类学生表现的机会,当做得好时,还要给予及时的鼓励。

## 第七十四则

# "冷处理"的妙用

### 1. 教育絮语

"冷处理"是指师生间发生矛盾后不急于处理,而是放一放、降降温再作处理。面对突发情况,教师要冷静,以"冷"制"热",以静制动。这一方法有利于化解矛盾、处置得当。

### 2. 经典案例

在班队活动课上,杨老师正教育学生要养成好习惯。她刚说到"不要无故迟到"时,教室的后门就被推开了,原来是小枫同学迟到了。杨老师有点生气,身为班干部的小枫竟然带头迟到,太不像话了!因此,杨老师口气生硬地问道:"为什么迟到?你不知道现在都已经上课好几分钟了吗?"小枫竟然也用强硬的口气回答,"方便去了!"说完便重重地坐到座位上,还故意弄出很大的声音。那口气、那架势使全体同学都惊讶了。杨老师顿时来了气,大声斥责道:"下课时你干什么去了?上课时间是不允许上厕所的,这是违纪。"小枫理直气壮地回答道:"下课时我那东西没来,它偏偏上课时候来,我有什么办法。""嘻嘻……"听到小枫的回答,下面有同学在偷偷地暗笑。杨老师被学生顶撞感觉很没面子,不由得火冒三丈,情急之下说出了这样的话:"如果全班同学都像你这样,还不乱套啊!原来你也和他们是一样的货色,算我以前看错了眼。"小枫也毫不示弱,"腾"地一下站了起来:"我是人,不是货色!"说完,眼睛怒视着杨老师。其实杨老师刚说出那句话就后悔了,看着小枫愤怒的样子,杨老师暗暗地告诉自己,要冷静,再冷静,千万不要发火。就这样,两人对峙了几秒钟,杨老师挥手让小枫坐下了。

小枫坐下后,杨老师马上让全班同学讨论小枫的表现是对是错。趁同学们讨论的时候,杨老师单独把小枫叫到办公室。杨老师首先承认自己因一时生气说错了话,伤了他的自尊心,请他原谅。小枫对老师主动承认过失感到意外,很感动,低下了头。杨老师继续说:"其实在老师的心目中,你一直是个好学生,真的!而且你在同学们眼里也不错,你以前从没这样过,是不是当时心情不好? 跟老师说说,看我能不能帮上忙。"小枫完全被感动了,哽咽地说:"杨老师,是我的错,我不该迟到,更不该顶撞你,我当时心情不好,你能不能原谅我? 我向你保证,今后不再发生这种事情了!"杨老师真诚地微笑着对他说:"你有知错能改的好品质,我相信,今后的你在各方面都会更出色。"听了杨老师的话,小枫笑了,恳请杨老师让他在同学面前检讨……就这样,杨老师和小枫的冲突彻底冰释。

### 3. 案例分析

学生上课时间上厕所,这本身是违纪行为,老师询问是很正常的,但是小枫的态度强硬,还顶撞说:"下课时我那东西没来,它偏偏上课时候来,我有什么办法。"明摆着是故意和老师对着来。幸好老师及时克制情绪冲动,于是在安排同学们讨论这件事的过程中,单独和学生交谈,还主动承认了自己处置此事的过失。这样,学生很受感动,也主动承认了自己的过错并要求在全班同学面前作检讨。通过这件事,学生看到了老师的真诚,拉近了师生间的距离,同时,维护了老师的威信,也起到了应有的教育作用,使事情得到了圆满解决。

### 4. 案例启示

在对班级的管理中,"冷处理"是一种值得运用且能起到一定教育作用的管理方法。

### 5. 学海泛舟

班级管理中的学生违纪问题,有时会发展到教师把学生送进校长办公室处置的地步,而这又往往是由小事引起的,因教师处理不当,最后激化成大冲突。如果教师的干预低调,尽量把问题解决在悄声无息之中,就会使很多冲突得以避免。有经验的老师一般都知道,如果让那些出现了行为问题的学生成为教室里的注意焦点,他们反而会获得成就感,乃至得寸进尺。因此,"避免与问题学生发生冲突的首要策略是理解这些学生:他们的需求是什么? 为什么与他们的冲突不断? 我怎样避免跟他们发生冲突"。

### 6. 智慧心语

采用"冷处理"，要注意选择时机。教师在运用时，要根据情况灵活使用。但是，"冷处理"不能坐待时机，相反，应创造条件，促进时机的到来。一方面，教师对待学生要因人而异，因地制宜，让学生先冷静下来，然后在办公室或其他场合对学生进行劝告，找个台阶下，切忌僵持不下。这样不仅可以防止师生对峙局面的形成，而且也能使学生对教师的豁达大度产生认同感和感激，从而转化态度，认识自己的错误。另一方面，教师要放下架子，切忌居高临下。教师要主动与学生求"同"，让学生感受到教师的一腔热情，从而真心地承认自己的错误。教师可适当表示对学生的某些想法的理解和肯定，这样会使学生觉得教师是通情达理的，从而转变自己的态度。此外，对犯过失的学生，教师要循循善诱，做到以理服人。教师要以一个慈善长者的身份出现在易犯错误的学生面前，因为这些学生未必在事先就想过会带来不良的结果，可一旦做错后，肯定感觉到所犯过失的严重性，已是心头撞鹿。这时，教师若再示之以严肃紧张的面孔，他们的内心会更加惊恐不安。外在的压力越大，其内心的反抗力会更强，甚至会摆出"死猪不怕开水烫"的架势，让教师进退两难，不利于教育引导工作的开展。

## 第七十五则
# 化解学生的矛盾

### 1. 教育絮语

在日常教学中,教师经常会遇到学生之间发生矛盾冲突的现象。由于学生同处在一个学校、一个班级,在长期的交往过程中,他们往往会因某些摩擦或分歧而产生各种各样的矛盾冲突,教师须认真而富有策略地对待之。

### 2. 经典案例

多年的语文教学使我习惯了在周记上与学生对话、交流与沟通,每每品读那稚气的语言和鲜活的思想时,作为教师的我心里就有抑制不住的兴奋。

随手翻开一本周记,突然一段文字跃入眼帘:"现在我每天都在痛苦中度过。想起以前我们互相帮助,互相鼓励,和和乐乐的往事,我就忍不住眼泪直往下流。现在的我,上课听不进老师讲课,下课没心思开展工作……总之,现在把世界上所有形容痛苦、悲伤的词语加到我头上都不过分。老师,我该怎么办呢?"这是团支部书记小焦同学的周记,密密麻麻五大页,详细记叙了她和另一位同学因调位问题产生的分歧,最后甚至互不理睬、形同路人的经过,字里行间流露出对友谊破裂的失望、悔恨和痛苦。虽然周记里只字没提那位同学的姓名,但我还是一下子猜到了她:她的同桌,班长小郑。合上周记本,回想一下班里的情况,确实这几天上课时小焦不是低着头,就是在发呆,一副心不在焉的样子,校园里看不见她活泼的身影,也没听过她银铃般的笑声。对这些情况,我怎么没有注意到呢?作为班主任,我又该怎么来处理两人之间的矛盾?

半天过去了,一个想法在我的头脑中渐渐成熟起来。放学后,我叫小郑来到办公室,告诉她:"我这儿有件事比较难办,想请你帮帮忙。"我把小焦的周记本递给她："你看一下这篇周记,回去帮我查一查她写的那位同学是谁,帮我做做两人的思想工作。"接着,我倒了一杯水放在她面前,轻轻带上门走了出去。10分钟后,我再回到办公室,只见她伏在桌上正失声痛哭,见我进来哭得更伤心了,半天才抬起头来,哽咽着说:"老师,不用查了,她写的就是我。"她的话证实了我的猜想。此时的她,像个孩子一样毫不掩饰自己的感情,眼泪像断线的珠子往下掉,我的内心触动很大。别看这些初中生平常争强好胜,故作潇洒地玩深沉,他们的内心深处却有一片不容易被人发现的未经修饰的绿荫地,她们是那样真诚地渴望纯真的友情。此时,我没有急于询问,而是静静地等待着。好半天,她才抬起头来,详细讲述了她俩的矛盾和经过。末了,她还哭着说:"我真没想到她原来也这样痛苦,我还以为她自高自大,又无情无义,只有我才那么傻,伤心难过。是我对不起她。"直到这时,我才轻声地问她:"要不要我去找她说明情况,帮你们俩重新和好?""不,老师,不用了,我亲自去找她。""那么,我等着听你们的消息。"

第二天,小郑满不好意思地来找我:"谢谢您,老师。"碰到小焦,她喜悦地告诉我:"老师,我们和好了!"说罢,一阵风似地奔向了操场。望着她俩活泼欢快的身影,我从心里笑了。

### 3. 案例分析

老师没有批评指责闹矛盾的两个学生中的任何一个,没有空谈搞好关系的理论,事情由她们自己解决了,而且取得了意想不到的效果。这个案例告诉我们:教师在处理一些看似十分简单的事情时,既不能简单粗暴,也不能小题大做,有时候看似漫不经心的办法反而容易打动学生的心灵,容易被其理解、接受。在教育教学工作中,教师要多动脑筋,以心换心,获得学生的信任与理解。因为作为学生,最需要的是老师的关怀、爱护和理解。

### 4. 案例启示

在教育管理中,教师首先要信任学生,然后才能赢得学生的信任,这样问题才容易解决。

### 5. 学海泛舟

在学生的学习和生活中有许多矛盾和困难,需要教师帮助解决,这就需要教师具有一定的教育技巧和教育素养。"教师的素养包括这样三个层面:文化底蕴、教育追求与教育智慧。文化底蕴即我们对于人类的精神成就的分享程度,它决定着我们对于世界理解的广度和深度;教育追求就是我们对于教育根本问题的个人观念,它决定着我们的关于教育的理想和信念;教育智慧就是我们处理日常的教育问题所表现出来的机智、技巧与艺术。教育追求和教育智慧都只能从教师的内心生长出来,其长势取决于土壤的肥沃程度:我们的文化底蕴,包含我们的学识修养、心性修养、精神追求;教育追求和教育智慧也都不可能从外面灌输进去。没有任何一门课程可以直截了当地教给我们教育的智慧。"

### 6. 智慧心语

学生在一起学习、生活,难免会出现摩擦、矛盾、冲突,造成关系紧张,思想不愉快。作为教师,应及时观察学生们的情绪变化和行为表现,并积极采取相应的措施加以解决。教师要寻找诱发点。学生之间绝不会无缘无故地产生矛盾冲突,这就要求教师在处理问题的时候,应该耐心细致地寻找导致学生产生矛盾的起因,这是化解学生矛盾的前提。教师在寻找起因时,必须全面、准确地了解有关情况,弄清引起矛盾冲突的来龙去脉,既要了解学生的主观动机,又要正确把握事情发生的客观情况,真正掌握第一手资料,然后用辩证的观点,一分为二地去认识学生。只有这样,才可能采取适当的措施化解学生之间的矛盾,把问题处理得合情合理,使学生心悦诚服。

第七十六则

# 以情攻心

### 1. 教育絮语

教育学生,应该"动之以情,晓之以理",也就是要以情攻心,这样才能达到事半功倍的效果。动之以情是实施教育的有效办法。立足感化是所有方法的灵魂,只有感化,才能转化。

### 2. 经典案例

有一次,上课铃响了,同学们迅速走进教室。就在这时,小建不小心把小军的铅笔盒碰翻了。但小建既没有向小军道歉,也没有帮小军把东西捡起来。小军非常生气,冲小建喊:"喂,你把我的铅笔盒碰掉了!""又不是故意的,你捡起来不就得了吗?"小建满不在乎地回答。"我让你捡起来!""我不捡!""你捡不捡?""我不捡!"就这样,他俩激烈争吵起来。突然,小军把小建的桌子使劲一掀,就听轰隆一声,桌子倒在地上,课本撒满了一地。只见小军的小脸涨得通红,双拳紧握,眼里含着泪珠。李老师看到这种情况,就走过去轻轻地拍了拍他的肩,但仍无法稳定小军的情绪,小军坐在位置上瑟瑟地发抖。

还有一次语文课上,因为被老师批评了几句,小军很不服气,坐在位子上大发牢骚,再次表现出气愤万分的样子,两眼敌对地怒视着老师,紧紧地搓着拳头,似乎在尽力克制,一副差点就要冲上前去揍老师的样子,嘴里还不停地说着"我没错"。

通过这两件小事,李老师发现小军是个脾气暴躁的学生,为一点小事就易冲动、发火。

针对小军的实际情况,李老师采取了以下矫正方法:首先,家庭、学校联手教育,师生紧密合作。为了对小军有一个全面的了解,李老师多次进行家访,同小军的父母促膝谈心,建议他的父母和孩子多交流沟通,以心换心,不要只关心他的成绩,更要注意控制他的情绪。其次,巧用激励赞赏,加深情感体验。利用小军上课积极发言且很有质量的特点,适时地对他进行表扬,课余时间还注意观察他的言行举止。渐渐地,小军变了,他从一个暴躁、自负的孩子成长为遇事动脑、冷静思考,与同学快乐合作、和谐相处、深受同学欢迎的人。

### 3. 案例分析

案例中,李老师通过两件小事中小军的表现,"掀桌子、握拳头、和老师顶嘴",知道小军是一个脾气暴躁的学生,他很容易被一点小事点燃怒火。于是老师对小军采取了有针对性的教育措施,既注重学校和家庭的合作,又运用激励赞赏的方法,让小军获得了情感体验,最终小军的脾气、性格有了很大改善。

### 4. 案例启示

"动之以情,晓之以理"是非常好的教育学生的方法。

### 5. 学海泛舟

俗话说,一切最好的教育方法,一切最好的教育艺术,都产生于教师对学生无比热爱的炽热心灵中。"要有效地教学生,教师就应该以同样的心理去理解那些个性不同的学生,并应确切地了解他正在教的这些学生的生活空间真正起了什么变化。要了解每个学生和他的认知世界,教师必须发展一种有训练的朴实天真的素质(指儿童的朴实、天真的童心);他必须理解学生的个性和他的环境,正像理解他自己和他的环境一样。为了成功地透彻了解一个学生,教师必须通过学生本人来了解这个学生。"

### 6. 智慧心语

要达到好的教育效果,教师的教育方法一定要灵活得当,要根据学生的年龄特点和个性差异,在不同时间、不同场合、不同情况采用合适的教育方法,切忌简单粗暴。一方面,要使学生懂得暴躁的危害及其形成的原因,让学生了解这种不良的个性品质通过教育和自我教育是可以改变的;另一方面,要教育学生学会控制自己的情绪,尽量回避容易引起自己愤怒的情境,学会容忍和宽容。教师对学生的教育应和风细雨,润物无声。

孙子兵法所谓"不战而屈人之兵"为上策,就是讲攻心为上的道理。学生的思想问题解决了,他们就会尽力把事情做好。做学生思想工作要坚持"晓之以理、动之以情、导之以行、持之以恒"的原则。教师固然要把道理讲透,但讲道理要实实在在,不能空洞说教。要以情动人,抱着一颗火热的心去关心、爱护学生,让学生感到你是真心为他们好,一旦他们感动了自然会努力学习,把事情做得更好。同时,对学生要多疏导,堵塞不是办法。古代"大禹治水"就是运用疏导的方法,这一方法同样可以启迪教师,不要动不动就对学生讲"不要怎么样",而要多讲"应该怎么样",重在正面引导,给学生指明奋斗的方向。

# 辩证法的妙用

### 1. 教育絮语

在实际教育工作中,常常会遇到一些逆反情绪很严重的学生,教师在教育这类学生时,如果不能选择适宜的环境和方法,就极有可能加剧学生的逆反情绪。当遇到逆反情绪严重的学生时,教师应冷静思考并理智处理,以满腔的热情、仁慈、爱心,给予学生无微不至的关怀,这样做,既能加强师生之间的情感交流,还能保护学生的自尊心。

### 2. 经典案例

小孙是李老师从教以来遇到过的最棘手的学生之一,他的逆反情绪很严重,每位老师都对他无可奈何。上课的时候,如果他听懂了,就不肯再继续听下去,开始跟老师捣乱;如果他听不懂,就指责老师;如果老师批评他,他就开始骂人。有一次上物理课,小孙对一道题刨根究底,物理老师说有些问题是初中知识无法解释的。小孙就冲着物理老师说:"讲不好你就别讲!"语文老师批评小孙学习态度不认真,他就一直记恨在心里,时不时骂语文老师几句。如果老师对小孙的批评多了,他就会割伤手臂,以自残的方式发泄心中的不满。还有一次,李老师接到小孙妈妈打来的电话。他妈妈在电话里叹气说:"小孙要买台电脑,我不同意,他就把房门踢了一个大洞,能钻过一头牛!我可管不了他了,您说该怎么办啊?"

对此,李老师也只能苦笑。每次给学生写评语时,李老师都把小孙放在最后一个,因为实在不知道写点什么。这个学生怎么会这样呢?经过了解,老师发现,小孙出现这么严重的逆反情绪是由父母关系的破裂导致的。李老师决定采用辩证法帮助小孙。李老师找到小孙,帮他分析所发生的事情,并真诚地说:"你跟物理老师发生冲突,这反映出你对知识十分渴求,很多成绩比你好的学生都没有这种刨根问底的求知精神,只不过你的言语有一些过激。你看,下次你再想问老师一些问题的时候能不能这样说……"针对他与语文老师的矛盾,李老师又说:"语文老师批评你了,你一直不高兴,说明你很在乎别人对你的看法,不希望自己在别人眼里是不好的。但是你只对语文老师的批评耿耿于怀是没有用的,改变不了他对你的看法。你应化批评为动力,他说你哪里做得不好,你就偏偏要做好,用行动告诉他,他的看法是不对的。"

说起小孙把家里的门踢个大洞的事情,李老师笑了笑说:"你想有台电脑可以更方便学习是件好事,但妈妈不给你买一定有她的原因,你问也不问就把门踢坏了,这对吗?如果你做了一件事,我不问缘由就骂你一顿,你会有什么感受呢?"就这样,在李老师的引导下,小孙的逆反情绪渐渐地被理"顺"了,他开始学会控制自己的情绪,学习成绩也稳步上升。在一段时间内的考试中,他的数学成绩连续几次得了满分。

**3. 案例分析**

小孙是非常棘手的一位同学,如"上课的时候,如果他听懂了,就不肯再继续听下去,开始跟老师捣乱;如果他听不懂,就指责老师;如果老师批评他,他就骂人"。而且,他的逆反情绪很严重,"如果老师对小孙的批评多了,他就会割伤手臂,以自残的方式发泄心中的不满"。李老师通过辩证法让小孙逐渐明白了自己的错误:"你想有台电脑可以更方便学习是件好事,但妈妈不给你买一定有她的原因,你问也不问就把门踢坏了,这对吗?如果你做了一件事,我不问缘由就骂你一顿,你会有什么感受呢?"通过正反推理,李老师把班里最棘手的同学慢慢地转变了过来。

**4. 案例启示**

教育"问题"学生,一定要深入了解学生真正的问题所在。

**5. 学海泛舟**

教育具有逆反心理的学生是一件非常不容易的事情。"在对学生进行思想教育的过程中,教师所提出的要求,所灌输的思想,要能转化为学生本身的要求和思想,需要有情感的过滤和催化。……一种要求和意见,如果被学生认作是出于关怀和爱护,就会产生肯定的倾向而被愉快地接受。相反,同样的要求和意见,如果被学生认作是教师故意的非难、恶意的打击,就会引起抵触的情绪和行动上的抗拒。教师对学生所表现的一贯的真诚的爱，是师生间信任的基础。"

**6. 智慧心语**

要使"问题学生"真正转化，需要教师做大量的工作。一方面，教师要有耐心，遇事不急躁，要冷静。中小学生正处于个性的形成阶段，他们对社会有自己的看法，但又不成熟，有时甚至还很幼稚；他们有极强的自尊心，渴望得到别人的理解与尊重，但有时作为一个"问题学生"，却难以得到老师的理解与尊重，于是不免产生一种自卑心理和逆反心理，这两种心理交织在一起，很可能导致他们在某些事情上，爱出风头、固执己见，或故意破坏，以引人注意。此时教师如果不够冷静，看到他们的缺点就横加指责，很可能一下子触动他们的逆反心理，事事与你顶撞，处处与你作对，让你时时处于被动地位，无法寻找教育的契机。另一方面，教师还要有恒心，对学生的教育要持之以恒。教育是一项艰苦而长远的事业，学生素质的培养不可能一蹴而就，因此，教师不能急于求成，要点点滴滴感化，只有量变积累到一定程度才会使学生产生质的飞跃，从而使"后进生"得到真正的转化。

## 第七十八则
# 暗示效应
∨∧∨∧∨∧∨∧

### 1. 教育絮语

教师对学生的暗示有时可以达到事半功倍的效果。来自教师方面的暗示与期望,往往会对学生的心理、行为产生显著的影响,一个富有教育经验、关怀体贴学生的教师,会时时注意自己在学生面前的一举一动、一言一行,会始终给学生以有益的暗示、良好的刺激,而不是对学生妄加贬斥。

一个责备的眼神,能让开小差的学生迅速收回信马由缰的心;一个鼓励的微笑,能让灰心丧气的学生再次扬起前进的风帆;一句饱含哲理的话,能让调皮生事的学生幡然醒悟。

### 2. 经典案例

案例一

多年前的一个傍晚,一个叫亨利的青年移民站在河边发呆。这天是他30岁生日,可他不知道自己是否还有活下去的必要。因为亨利从小在福利院长大,身材矮小,长相也不漂亮,讲话又带着浓厚的法国乡下口音,所以他一直瞧不起自己,连最普通的工作都不敢去应聘。因此,他没有工作,也没有家。

就在亨利徘徊于生死之间的时候,他的好朋友约翰兴冲冲地跑过来对他说:"亨利,告诉你一个好消息,我刚刚从收音机里听到一则消息,拿破仑曾经丢失了一个孙子,播音员描述的相貌特征,与你丝毫不差。""真的吗,我竟然是拿破仑的孙子!"亨利一下子精神大振。

联想到爷爷曾经以矮小的身材指挥着千军万马,用带着泥土芳香的法语发出威严的命令,他顿感自己矮小的身材同样充满力量,讲话时的法国口音也带着几分高贵和威严。第二天一大早,亨利便满怀自信地来到一家大公司应聘。

20 年后,已成为这家大公司总裁的亨利,查证自己并非拿破仑的孙子,但这早已不重要了。

案例二

许老师刚走进教室,就注意到教室门前一片狼藉,她佯装视而不见,和学生们问好后说:"同学们,我有件礼物送给你们,你们猜猜是什么?"学生们睁大了好奇的眼睛。许老师拿出十几幅风景画来,"你们看,这几幅漂亮的山水画多美啊。把它们挂在教室的墙上怎么样?"学生们立即眉开眼笑,几个男生主动上来帮老师挂好画。然后,老师又把准备好的几盆花让学生搬进了教室。这样,教室显得格外美丽。几天后,许老师注意到教室的地面比以前干净多了。

有一天,许老师悄悄来到教室巡视时,一个叫王琪的调皮鬼一扬手,一团废纸在空中来了个"抛物线运动",正好落在了讲台边。王琪很快注意到站在门口的许老师,一下子慌了,赶忙说了声:"许老师……"脸便红了。但许老师一言未发,走过去,弯腰把那团废纸捡起,并扔进垃圾桶。王琪的脸一下红到了耳根,正低着头等着许老师批评,但她已经出了门。

从此以后,这个班级的卫生越来越好,地面开始光洁一新,极少再见到废纸屑了。

**3. 案例分析**

在案例一中,亨利由于其朋友约翰的话:"亨利,告诉你一个好消息,我刚刚从收音机里听到一则消息,拿破仑曾经丢失了一个孙子,播音员描述的相貌特征,与你丝毫不差",使他在今后的工作和生活中信心十足,最终成为一家大公司的总裁。

在案例二中,许老师是一个非常懂得暗示教育艺术的班主任,多次利用暗示的力量来激发学生的道德意识和自尊心,如"许老师一言未发,走过去,弯腰把那团废纸捡起,并扔进垃圾桶"。正是这种暗示的力量给了班上每一名学生以激励,因此这个班级的卫生越来越好。

**4. 案例启示**

教师在教育教学中要善于运用"暗示"来激发并促进学生的健康发展。

**5. 学海泛舟**

保加利亚心理学家洛扎诺夫在 20 世纪 60 年代创立了"暗示教学法",它的理论基础是暗示理论。暗示是指在非对抗态度的条件下,用非直接的、含蓄的或对方不能明显感觉到的方式和方法,对人的心理和行为施加影响。洛扎诺夫认为,暗示教学法的目的和任务,就是在教学中"创造高度的动机,建立激发个人潜力的心理倾向,从学生是一个完整的个体这个角度出发,在学习的交流过程中,力求把各种无意识暗示因素组织起来"。优秀的教师不论是在课堂内还是在课堂外,总会有意无意地使用某些有特定意味的手势、表情、眼神等辅助手段交流信息,暗示对学生的信任、提示与鼓励。

**6. 智慧心语**

在学校教育教学工作中,实施暗示教育,能收到良好的效果。在运用时,教师要注意以下几点:一方面,注意环境的选择。要提高暗示教育的效果,教师必须创造良好的暗示教育环境,把学生置身于有益的环境氛围之中。环境暗示包括物化环境暗示和心理环境暗示两类。无论是优美惬意的物化环境的陶冶,还是宽松和谐的心理环境的感化,都能使学生在无对抗的状态下,乐意、顺利地接受环境的暗示信息,从而达到教育的目的。另一方面,选择合适的方法。暗示教育的方式方法很多,有言语、动作、表情等等,如用眼神暗示是一种很好的方法。当学生上课时注意力不集中,教师不必用言语提醒学生,更不必让该生站起来,只需看他一眼,用眼神给学生以暗示,学生自然就会收敛精神,这既保全了学生面子,又避免了因批评引起的反感或对抗情绪,使教育效果更明显。

第七十九则
# 教育机智

### 1. 教育絮语

教育机智就是机智地应对教育的复杂情景,是指教师在教学过程中,面对各种教学事项的意外变化随机应变、灵活巧妙地组织教学活动的能力。教育机智是教师应该娴熟掌握的一门教学艺术。如果教师面对教学中的意外变化或突发事件能够处变不惊,凭借良好的教学素质,运用灵活的手段随时调控,就能营造出适宜的教学氛围,创造出良好的课堂教学效果。

### 2. 经典案例

案例一

初二(5)班的语文课正上得津津有味,突然一只蝉从窗外飞了进来。瞬时间,几十双眼睛全集中到蝉的身上,先是一阵骚动,继而有人起哄"捉住它"。

这时老师有力地发话了:"同学们,先让它趴在窗沿上休息,我现在讲一讲关于蝉的问题。"学生们听到老师要讲蝉的问题,不免有些意外,很想知道老师讲点什么,都静了下来,老师顺势说:"首先得考考大家,谁能说出'蝉'的词语。"

立即有同学举手,说"金蝉脱壳",有人接着说"蝉联"……这样,学生的注意力不知不觉又回到了课堂上。但老师看还是有同学盯着那只蝉,接着宣布:"下面的半个小时,请同学们根据平时及现在对蝉的观察,写一篇不少于300字关于蝉的短文,看谁写得又快又好!"

接下来,同学们的眼睛、大脑和手上的笔忙碌了起来……

案例二

一位化学教师在公开课上讲道:"当我们把燃烧着的金属钠伸到装满氯气的

集气瓶中,将会看到钠剧烈燃烧并生成大量白烟。"接下去演示实验,集气瓶里却冒出了黑烟。同学们愕然了。

化学老师将错就错、随机应变:"这块金属为何燃出黑烟:请同学们回忆一下金属钠的物理性质及其贮存方法。"全班立刻由惊愕变成活跃,一位同学抢着发言:"金属钠性质活泼,不能裸露在空气里,而是贮存在煤油里。""你说得对!"

教师怀着歉意的心情向大家说,"由于我的疏忽,实验前没有将沾在金属钠上的煤油擦干净,结果发生了刚才的实验事故。为了揭示上述错误的原因,我不打算回头处理煤油,而是将沾有煤油的金属钠继续烧下去。请大家想一想,燃烧的过程中,烟的颜色将发生怎样的变化?"

"黑烟之后将出现白烟!"结果再次演示实验证明了大家的预言。当化学老师宣布:"同学们,你们的预言实现了!"教室里响起了热烈的掌声,不仅有学生的,还有听课老师的。

### 3. 案例分析

在案例一中,教师正在上课时,一只蝉飞进了教室,此时,如果上课老师不能随机应变地来处理这个突发事件,势必会影响这堂课的效果。可喜的是,语文老师通过讲解关于蝉的知识以及让同学们写一篇关于蝉的作文,不但没有让这只蝉影响上课,反而充分利用了这只蝉的教育价值。在课堂上,语文老师时刻把握住了课堂变化的脉搏和发展趋向,及时地采取了灵活有效的应变策略,化消极为积极,保证了教学活动的顺利进行。

案例二中的化学老师由于一时疏忽大意,没有将沾在金属钠上的煤油擦掉,导致了第一次实验的失败。不过,老师没有因为疏忽而慌了手脚,而是将错就错,沉着冷静,生成新问题:"这块金属为何燃出黑烟?"激发了同学们的积极思考。然后,化学老师又向学生坦诚地承认失误,并以此为督促学生探究的动力。

### 4. 案例启示

教师需要在教学实践中善于学习、探索和运用教育机智。

### 5. 学海泛舟

乌申斯基说过:"无论教育者怎样研究教育学理论,如果他没有教育机智,他就不可能成为一个优秀的教育实践者。"确实,教育机智是一条教学原则,是一种教学艺术,也是教师的一种教学态度。教学中的教育机智是教师对教育方针、教育原则的灵活贯彻,在实际操作中没有固定的模式,一切应视具体情境而定,这就需要教师在平时的教学实践中潜心学习、积极思考。

**6. 智慧心语**

在教学实践中，教师要想自如地运用教育机智，必须具有良好的综合素质，这可以从以下几方面入手：首先，加强理论修养。教育机智的背后是浑厚和扎实的教学基本功。教师不仅要精通所任学科的专业知识，而且要掌握并能够运用教育学和心理学的知识。这就需要教师加强各类知识的学习，它们是教师教育机智得以形成的不可缺少的因素之一。理论学习不仅有助于掌握有关教育的知识，更重要的是有利于提高教师的理论思维能力。其次，提升应对能力。教师应通过学习、训练、积累，形成扎扎实实的教学基本功，这样才能灵活应对和处理各种教学意外事件。再次，训练思维品质。教育机智是对教师提出的一种较高的素质要求，需要教师具备良好的思维品质。教师的优良思维品质主要表现在：在教育、教学情境中善于透过纷繁复杂的表面现象，全面系统地认识现象之间的关系，从而发现问题的本质，这要求教师的思维具有一定的深刻性和广阔性；教师需要创设适合的教学情境，及时而有针对性地指导学生，这就要求教师的思维必须具有创造性和独立性，能迅速、敏捷地分析与处理问题。

第八十则
# 榜样的作用

### 1. 教育絮语

古人云："以人为镜，可以明得失"，说的就是以人为效学或警戒的对象。榜样的力量是无穷的，在学生管理中，如果能给学生树立学习的榜样，就会取得事半功倍的效果。

### 2. 经典案例

这间宿舍里住着来自高一（六）班的 10 个女生，因个性不同、家庭生活背景各异，她们的处世方式不同。有的同学外向活泼，心直口快；有的同学文静内向，喜欢安宁，心思敏感易受伤。在日常生活中，磕磕碰碰，小矛盾不断，大摩擦也常有发生。学期初，舍长一发现问题就马上向老师汇报，刘老师就像救火队员，到处"扑火救灾"，做了很多工作，但效果不佳，师生心情都不舒畅。

痛则思变，刘老师把她们约在一起坐下来开了个民主生活会。每人轮流发言，把存在的问题逐一提出来，并商讨解决的方法和措施。如：卫生习惯差，到处是垃圾，值日生费时又费力，很有意见。大家经过讨论形成如下措施：不随便乱扔垃圾，而是放到垃圾袋里；如有大袋垃圾就自己倒入垃圾桶，自己可以做的事决不给别人添麻烦；如果值日生一个人忙不过来，其他同学就前去帮忙。

又如就寝纪律多次扣分，有待提高。大家形成了这样的决议：做任何事情都应有时间观念，回到宿舍以最快的速度解决生活问题；不能因为接听电话而耽误上床前的准备工作，宿舍成员互相提醒、互相监督。

刘老师告诉她们，学会分担是每个同学应该学习的一种美德。提议她们表扬宿舍的姐妹，说说每个人的长处，找出每个人可以作为榜样的地方。当她们了解到,原来自己在别人眼里有这么多优点的时候,会特别感动。尤其是舍长,被大家好好地表扬了一番,公认为宿舍的好榜样,她也激动得泪如雨下,所有因管理宿舍而受的压力和委屈顿时化为乌有。

民主生活会持续了很久,刘老师讲得不多,几乎像一个旁观者在看一场精彩的表演,而宿舍里的女孩们无疑就是出色的演员了。

这样的民主生活会在刘老师班的其他三个宿舍中依次进行了,都得到了令人满意的教育效果。

### 3. 案例分析

刘老师班的学生宿舍出现了一些矛盾和摩擦,经过再三考虑,他决定召开这个宿舍的"民主生活会",让所有集体成员畅所欲言。在发言中,刘老师引导学生要多发现别人的优点,要善于学习同学们的长处,以弥补自己的不足。

经过这个会,该宿舍不但成为一个非常团结、友爱的小集体,而且每一个同学都意识到其他同学都有很多值得学习的优点,这是难能可贵的。

### 4. 案例启示

在教育管理中,教师要善于引导学生发现身边的好榜样,并且运用榜样对学生进行教育。

### 5. 学海泛舟

榜样是以他人的高尚思想、模范行为和卓越成就来影响学生心理的方法。"榜样把道德观点和行为规范具体化了、人格化了,形象而生动,具有极大的感染力、吸引力和鼓动力。而青少年学生又富有模仿性,爱效法父母、师长,学习有威望的同学,尤其崇拜伟人、英雄、学者。在良好的环境里,榜样的力量是无穷的。它能给学生以正确方向和巨大力量,引导他们积极向上。"

### 6. 智慧心语

孔子的"三人行必有我师",说的就是从善避恶的人生智慧。没有榜样是悲哀的,有榜样而不知尊敬和学习,则是更大的悲哀。在教育教学工作中,教师一定要充分利用榜样的作用对学生进行教育。一方面,营造学习榜样的氛围。榜样在哪里? 其实榜样就在日常生活中。无数事实证明,学生身边的榜样具有更强的教育性。关键是要善于发现,精心培养。一个班集体的风气,对班级每个成员都有约束、感染、熏陶、激励的作用。营造和谐的环境是保障教育教学工作顺利开展的前提条件。教师在教育教学管理中,要通过细心观察和深入了解来发现班集体中各层次、各方面的好榜样,并通过学榜样产生"新榜样",以形成"一花引来百花开"的良好教育效果。通过身边的榜样,让同学们自省自纠,从而规范自己的言行,营造和谐的学习环境。另一方面,寻求适切的榜样。榜样在教育活动中属于外在动机,要转化为学生学习的内在动机,必须具备如下特点:榜样应该是学生认可的;榜样应该是学生通过努力能达到的,如果学生离目标太远,则会失去追逐的兴趣和信心。

# 第十六篇

教育是"慢"的艺术

不知从什么时候开始，我们生存的这个世界开始变得这样急功近利：高效率，高回报，以"快"字当头，一切都以效率为评判标准。在这样的大环境下，学校也陷入了一个非常令人担忧的教育误区，即无视孩子的年龄特征，一味地急功近利、揠苗助长，甚至将孩子作为满足成人虚荣、追求功利的工具。

"十年树木，百年树人"，教育是"慢"的艺术。育人来不得半点急躁，教师要遵循教育的内在规律，不能急于求成。教育是需要期待的，教师要有一种耐心，一份信任，一份宽容。

教师要减少浮躁与功利，要从每一个学生个体做起，从当下做起，从最基本的地方做起，一点一滴地促进学生各方面的成长。

## 第八十一则
# 教育是"慢"的艺术

**1. 教育絮语**

"慢"是艺术，是睿智，是彰显人文与生命教育的具体过程。在教育教学工作中，教师要慢慢地去感悟，就像为人父母，育人的经验也是慢慢感悟出来的。对待学生的学习和成长，教师来不得半点急躁，不能越俎代庖。

**2. 经典案例**

八年前，我接任初二某班班主任，"遭遇"了小华同学，我俩"斗争"了半年时间，差点两败俱伤。

具体经过还得从头说起。小华同学本来生长在一个幸福家庭，爸爸是县科技局局长，妈妈是县人民医院一名护士。但因他爸爸有了"新欢"，这个家庭从此便"战火纷飞"，本来就有点调皮的他因此变得心灰意冷，对生活失去了信心，对学习失去了兴趣。我刚接班时，对他家的情况全然不知。当发现他不正常后，曾多次与其谈心，每次都是我乱猜一通，然后自以为很有道理的指点，但每每事与愿违，一点效果也没有。后来转向家访，我连续去了七次，一次也未遇到家长（据说他妈妈已住医院集体宿舍），每次碰到小华同学不是在家看电视就是在玩电子游戏，每次都在他家里苦口婆心地教育一番，然后败兴而归。后来，我又改变了策略——直奔科技局去找他爸爸，将小华同学在学校的思想表现、学习状况如实地作了反映。碍于面子，第二天，小华的爸爸来到学校，在教室里对他进行教育，哪知他不但听不进去，反而跟他爸在教室里打起来了。教室的墙壁刚刚粉刷过，地上有许多石灰浆印迹，父子俩满身石灰，我好不容易制止了这场"恶战"。我的身上虽然没有沾上石灰，但我的心灵已笼罩上了一层阴影。山重水复疑无路。

静下心来回想他的一连串表现,思考其"桀骜不驯"的原因。我又找了他,但没有责备他的"不敬",而是希望为他分忧。我跟他约定:今天我当听众听你讲,你有什么不幸的事,有什么委屈,对老师有什么看法都说出来。这一次,他像开闸的水库中的水倾泻而出,我只是偶尔问问细节,效果出奇的好,他好像卸下了一个大包袱。后来,他遇到不快的事也能主动地找我说说,笼罩在我心灵的阴影也逐渐消失。我主动争取家长配合,他爸对他的关心也渐渐地多了起来,小华也终于有了进步。

小华同学高中毕业后参军入伍,在部队光荣地加入了中国共产党。他在给我的来信中写道:"感谢您三番五次地教育,如果您放弃了对我的教育,那么就不可能有我的今天,我可能已走进了⋯⋯"我也从这件事领悟到:教育,需要耐心;教育,需要等待。

### 3. 案例分析

"教育是'慢'的艺术",这是生命教育课题的一个重要理念。个体生命的教育不能急于求成,欲速则不达。案例中,这位老师能把一个各方面表现不好的学生转化过来,与他的细致引导和耐心等待是分不开的。由于一开始不了解学生,未从学生实际出发来施教,导致老师和学生之间产生了很大的矛盾。后来,老师转变了策略,通过与学生父亲交谈寻找原因,而且能换位思考,真诚倾听学生的心声,终于精诚所至,金石为开,该学生最终被感化。更为可喜的是,他当兵后,仍然不忘老师的谆谆教诲,对老师充满感恩之情。

### 4. 案例启示

教育学生需要真诚、需要耐心,教育是一门慢的艺术。

### 5. 学海泛舟

荀子主张道德修养的教育,也要求积极主动的学习,指出道德修养是一个专一和积渐的过程。他说:"今使涂之人伏术为学,专心一志,思索孰察,加日县久,积善而不息,则通于神明,参于天地矣。故圣人者,人之所积而致也。"荀子强调治学一定要坚持不懈,持之以恒,循序渐进。他说:"骐骥一跃,不能十步;驽马十驾,功不在舍。锲而舍之,朽木不折;锲而不舍,金石可镂。"就是说学习成功与否,关键在于有没有持之以恒的精神,因为学问是一个积渐默化的过程,所以学习者必须以顽强的意志,通过坚持不懈的努力来到达理想的彼岸。

**6. 智慧心语**

教育是一门"慢"的艺术,这种慢,需要平静加平和;这种慢,需要细致加细腻;这种慢,更需要耐心加耐性。一方面,教师要学会等待。教育,作为一种"慢"的艺术,需要教师留足等待的空间和时间,需要有舒缓的节奏。需要教师期待的目光长时期地注视,需要潜移默化,渐渐熏陶。等待,是教师的一种修养,是教师爱心的体现,是教师与学生磨合的过程,它能够让教师进一步了解、调查、倾听学生的心声和需求,发现学生的思想变化,深入体察学生的生活与心灵,发现学生的行为习惯如何养成。等待,更是一种教育智慧,对于学生平时暴露出来的各种各样的问题,不草率对待,不简单否定,而要细心分析,帮助学生找到适合他们成长的方法和措施。

另一方面,教师要善待学生的过错和不足。教育,作为一种"慢"的艺术,尤其需要合理地对待学生的不足、缺陷甚至错误。每个人的成长过程,就是点滴错误、点滴成绩积累变化而成的过程。这个过程充满了许许多多的跌下去和爬起来。学生一跌倒,教师就去惩罚他,而不是等待他、鼓励他自主地站起来,那么,学生也许会要性子,干脆不起来,等着你来拉扯他。对学生来说,错误是人生的缺憾,错误也是一种经历,错误更是一种难以完全避免的成长资源,而学生的成长需要教师配之以"慢"的教育艺术。

第八十二则
# 学习贵在坚持

### 1. 教育絮语

学习不是一朝一夕的事情,需要平时的积累和功夫。荀子在《劝学篇》中说:"不积跬步,无以至千里;不积小流,无以成江海。"在教育教学工作中,教师要想方设法让学生从小养成有利于今后持续不断发展的良好的学习习惯和生活习惯,为其终身幸福奠定基础。

### 2. 经典案例

案例一

战国七雄中,秦国仗着强盛不断发兵进攻邻国,占领了不少地方。其他六国都很害怕,想方设法来对付它。当时有一个人,叫苏秦,他提出"合纵"的策略来抗秦,意思是六国联合起来共同抗秦。苏秦是洛阳人。洛阳是当时周天子的都城。他很想有所作为,曾求见周天子,却没有引见之路,一气之下,变卖了家产到别的国家找出路去了。但是东奔西走了好几年,也没做成官。后来钱用光了,衣服也穿破了,只好回家。家里人看到他趿拉着草鞋,挑副破担子,一付狼狈样。他父母狠狠地骂了他一顿,他妻子坐在织机上织帛,连看也没看他一眼;他求嫂子给他做饭吃,但嫂子不理他扭身走开了。苏秦受了很大刺激,决心争一口气。从此以后,他发愤读书,钻研兵法,天天到深夜。有时候读书读到半夜,又累又困,他就用锥子扎自己的大腿,虽然很疼,但精神却来了,他就接着读下去。这就是后来人们所说的成语"引锥刺股",用来表示读书刻苦的精神。苏秦用一年多的功夫使自己的知识大大丰富了。

公元前334年开始,苏秦到六国去游说,宣传"合纵"的主张,结果他成功了。

第二年,六国诸侯订立了合纵的联盟。苏秦挂了六国的相印,成为显赫的人物。

案例二

华罗庚原只有初中文化水平。当初他一直在其父亲的杂货店当记账员,在繁琐、单调的劳作中,他并没有放弃最大的嗜好:数学研究。正在他发愤自学时,灾难从天而降——他染上了可怕的伤寒,被医生判了"死刑"。然而,他竟然奇迹般地活了过来,但左腿却落下了终身残疾。他常挂在嘴边的一句话是:"所谓天才,就是靠坚持不断的努力。"这位没有大学文凭的年轻人,凭着坚持不懈的努力,刻苦自学,于1930年以《苏家驹之代数五次方程式不能成立的理由》的论文,被中国数学界刮目相看。后被熊庆来教授推荐到清华大学数学系任助教。在这里,他得益于熊庆来、杨武之的指导,学术上获得长足进步,并逐渐树立起他在世界数学界的地位。1948年他应美国一所大学聘请前去任教。

新中国成立后,他毅然放弃美国优越的工作和生活条件,携妻儿回国,担任清华大学数学系教授,后任中国科学院数学研究所所长。他一生勤奋耕耘,共发表200余篇学术论文、10部专著。

### 3. 案例分析

"引锥刺股"作为刻苦学习的典范常被老师挂在嘴边。苏秦屡次受挫后,意识到自身的不足,于是产生了继续学习的欲望。在苏秦身上可以看到他为了实现自己的目标而艰苦奋斗的精神。

华罗庚虽然早年因病左腿终身残疾,但是他仍然坚持不懈地努力学习,最终成为闻名于世的数学家。华罗庚的一生是光辉的一生,更是学习的一生。在科技飞速发展的今天,学历并不能代表永久的学力和能力,任何人在各自的生活和工作中都应该不断学习、虚心学习,从而不断完善自我和超越自我。

### 4. 案例启示

功夫不负有心人,学生只要坚持不懈地努力,就能最终获得成功。

### 5. 学海泛舟

北宋时期思想家张载认为:读书穷理,学习知识,锻炼品德,提高素质,这都是艰苦细致的脑力劳动,必须勤勉顽强,坚持不懈,才能日有所得。他说:"始学之要,当知'三月不违'与'日月至焉',内外宾主之辩,使心意勉勉循循而不能已。"张载还强调,学习不能间断停息,一旦停息学习,就如同活人中断了生命,成了木偶人。

《学记》中明确提出了"进学之道",分为三个方面。首先,"志学",即建立信念,立志学习,就是坚定不移地树立理想,立定志向,这是学习者想要学有所成的根本因素;其次,"乐学",学习者是否乐意学习,对学习是否有兴趣,这是学习成败、得失的关键因素之一;再次,"善学",学习者立定了志向,潜能得到了充分发挥,便会加倍勤奋地努力学习,同时还要懂得学习的门径和方法。

**6. 智慧心语**

教师一定要培养学生良好的学习习惯。叶圣陶说:"什么是教育?简单一句话,就是要培养良好的习惯。"学生只有养成良好的学习习惯,将来才能自觉地、持之以恒地去学习。一方面,良好习惯的培养要从细节着手。教师要把习惯的培养融入学生日常的生活和学习中,如:培养学生上课认真听讲、课前预习功课、按时完成作业的习惯。同时,必须持之以恒地进行严格训练,在训练中讲清道理,这样,长此以往,才会收到良好的效果。另一方面,培养意志是关键。人的意志可以在习惯养成的过程中得到充分体现,学习习惯的养成必须依靠并强化对自己意志的培养和锻炼。教师不仅要教育学生严格要求自己,做到"言必信、行必果",而且要求学生以名人为榜样,以名人的学习方法及读书故事作为其行动的借鉴,并以他们的箴言、格言作为座右铭,以此来督促自己养成良好的行为习惯。

# 第八十三则
# 学无止境

## 1. 教育絮语

任何成功的得来,都不是一朝一夕的结果,不懂、不会,就要了解,就要学习。要想成功,就要不断学习。学习是为了更好地适应发展,学习是永无止境的,学业上有永远学不完的东西和探索不完的奥秘,身处终身教育的时代,人人要活到老、学到老。

## 2. 经典案例

美国东部一所大学考试的最后一天。在一座教学楼的阶梯上,有一群机械系大四学生挤在一起,正在讨论几分钟后就要开始的考试。他们的脸上显示出充分的信心,这是最后一场考试,接着就是毕业典礼和找工作了。有几个说已经找到工作了,其他的人则在讨论想找的工作。

怀着对四年大学教育的肯定,他们觉得心理上早有准备,能征服外面的世界,即将进行的考试对他们而言是很轻易的事情。教授说他们可以带需要的教科书、参考书和笔记,只要求考试时不能交头接耳。他们喜气洋洋地走进教室。教授把考卷发下去,学生都眉开眼笑,因为他们都注意到只有5个论述题。

3个小时过去了,教授开始收集考卷。学生们似乎不再有信心,他们脸上有可怕的表情,没有一个人说话。教授手里拿着考卷,面对着全班同学,他端详着学生们担忧的脸:“有几个人把5个问题全答完了?”没有人举手。“有几个答完4个?”仍旧没有人举手。“3个?2个?”学生们在座位上不安起来。“那么1个呢?一定有人做完了1个吧?”全体学生仍保持沉默。

教授放下手中的考卷说:“这正是我预期的。我只是要你们加深印象,即使你们已完成四年工程教育,但仍旧有许多有关工程的问题你们不知道。这些你们不能回答的问题,在日常操作中是非常普遍的。"于是教授带着微笑说下去:"这个科目你们都会及格。但要记住,虽然你们是大学毕业生,但你们的教育才开始。"时间消逝,这位教授的名字已经模糊,但他的训诫不会模糊。

### 3. 案例分析

学生即将毕业踏上工作岗位,教授在最后时刻给了学生一次非常深刻的教育,"这个科目你们都会及格,但要记住,虽然你们是大学毕业生,但你们的教育才开始",这句话让学生们明白,学校教育的结束并不意味着个人教育的终结,未来生涯他们需要学习的东西还很多。现代社会是一个终身教育的社会,学生们应该了解这一教育趋势,以便毕业走入社会后能持续不断地学习,提高自己在各方面的能力,跟上社会发展的步伐。

### 4. 案例启示

教师不仅要传授给学生知识,更要让学生掌握获取知识的本领和持续学习的能力。

### 5. 学海泛舟

终身教育理论的倡导者保尔·朗格朗认为:"终身教育是一系列很具体的思想、实验和成就,换言之,是完全意义上的教育,它包括了教育的所有各个方面,各项内容,从一个人出生的那一天起一直到生命终结时为止的不间断的发展,包括了教育各发展阶段各个关头之间的有机联系。"他还说:"当我们说到终身教育的时候,我们脑子中始终考虑的就是教育过程的统一性和整体性。"

进入21世纪的新时代,社会、经济和文化方面的发展,要求每一个受教育的公民尽可能地发挥潜力,教育日益成为推动人类发展进程的强大力量。在这一进程中,人通过各种经验,学会如何表现自己,如何与他人进行交流,如何探索世界,而且学会如何继续不断地、自始至终地完善自己,这就需要终身教育。终身教育并不是一个教育体系,而是建立一个体系全面的组织所根据的原则,这个原则又贯穿在这个体系每个部分的发展过程中。终身教育认为,人的发展是无止境的、不断完善的过程和学习的过程,仅仅掌握学校教师传授的知识是远远不够的,每个人必须终身不断地学习。

### 6. 智慧心语

21世纪是一个学习化的社会,一个人只有终身不断地学习,才不至于落后。

中小学教师要为学生今后的持续学习打下一个良好的基础,让学生想学习、爱学习,也有能力去学习。一方面,培养和激发学生浓厚而持久的学习兴趣。一个人只有对学习产生了浓厚的兴趣,才能激发起巨大的学习热情,积极主动地参与学习,促使自己更好地设计和组织相关的学习活动。另一方面,培养学生学会学习。科学家笛卡尔说过:"没有正确的方法,即使是有眼睛的博学者也会像瞎子一样盲目摸索。"学生掌握丰富系统的基础知识,是形成学习能力的基础,但是,如果学生没有良好的学习方法,就会阻碍学习能力的发展。教师要改变传统的教学方法,注重对学生学法的指导,教会学生如何学习,使学生真正成为学习的主人,以充分发挥学生在学习能力形成和发展中的主体作用。多向学生传授科学的学习方法知识,如开设专题课程或讲座,专门研讨有关学习方法的问题,或结合各科教学进行各学科具体学习方法的传授。

第八十四则

# 脚踏实地

### 1. 教育絮语

在教育工作中，一些教师好高骛远，不愿从一点一滴的小事做起。有的教师认为自己的抱负不能实现，是因为工作环境不好，没有施展才华的机会，从而对学校工作怨天尤人。实际上，这样做是没有用的。教师应该静下心来钻研教育艺术，学习业务知识。教师应从现在做起，从身边的事情做起，一步一个脚印地从实际出发，去做好自己的本职工作。

### 2. 经典案例

案例一

印度有一位生活殷实的农夫叫阿利·哈费特。一天，一位老者去拜访阿利·哈费特，对他说："倘若你能得到拇指大的钻石，就能买下附近全部的土地；倘若你能得到钻石矿，就能让你的儿子坐上王位。"

钻石的价值深深地吸引了阿利·哈费特，于是，他请那位老者告诉他在哪里能找到钻石。老者想打消他的念头，但阿利·哈费特听不进去，他执迷不悟，死皮赖脸地缠着老者。老者只好告诉他："你去很大很大的山里寻找流淌着白沙的河，倘若能够找到，那白沙里一定埋着钻石。"于是，阿利·哈费特变卖了自己所有的家产，出门去寻找钻石。他找啊找，却始终没有找到。他终于失望了，最后在西班牙尽头的大海投海自尽了。可是，买下阿利·哈费特房子的人牵着骆驼到院后小河边时，无意中发现了河沙中有块发光的石头，就把它带回家，放在炉架上。过了些时候，那位老者又来拜访这户人家，进门就发现了炉架上那块发光的石头，不由得奔跑上前。"这是钻石！"他惊奇地嚷道，"阿利·哈费特回来了？"

"不,阿利·哈费特还没有回来,这块石头是在院后的小河里发现的。"新房主答道。

于是,两人到那条小河边挖掘起来,接着便露出了一块更有光泽的石头。后来这个地方成了印度最大的钻石基地。

案例二

朱老师常说,把信念揉进每件小事,成功便多了许多基石。虽然她自己并不十分聪明,但她懂得笨鸟先飞的道理。在披荆斩棘后,伤痕下面是荆棘般的韧劲,这是探路的代价,也是一种收获。作为小学数学界的第一个代表,朱老师曾被推送去杭州参加国家级数学骨干教师培训班的学习。在培训班里,她有幸聆听了教育界著名教授、专家们的讲座。先哲的睿智、名师的风采,促她登高望远,倍感"高山仰止,景行行止"。于是,她忘情地吮吸着知识的甘露,玩命地搏击在书籍的海洋里,图书馆、微机室成了她的好去处,书籍、笔记本成了她的好伙伴。短短三个月,她研读了十几本专业书籍,做了几十万字的教育札记。在二十多年的教坛实践中,朱老师从小事做起,把小事做好,一步一步地进入了教学的至境,一点一点地感悟着教学的至道。

**3. 案例分析**

在现实生活中,人们常常舍近求远。在案例一中,农夫阿利·哈费特渴望拥有大量的财富,当听一位老者说如果能找到钻石就能发财时,他变卖了所有的家产,到远方寻找钻石,但是始终没有找到,没想到自家院后的小河里就有钻石。他对身边的珍宝视而不见,却要到很远的地方去寻找近在咫尺的东西,最终由于失望而投海自尽。

案例二中的朱老师在日常教学中,从身边小事做起,一步一步成长为一名优秀教师。她常说:"把信念揉进每件小事,成功便多了许多基石","自己并不十分聪明,但懂得笨鸟先飞的道理"。由此可见,小事情能够成就大事业。尽心尽力地做好本职工作就是最大的成功。

**4. 案例启示**

教师的成功来源于脚踏实地地学习和工作。

**5. 学海泛舟**

英国教育家赫胥黎对教师一直特别重视,他说:"要成为一个好的初等学校教师,要教任何的基础科目,就需要最精心地思考并精通所教的那门学科;反之,如果你没有精通那门学科,就更有必要使你自己尽量多地熟悉你所聘任教的学科内容,也就是要专心研究它,直到你把它当做你的日常生活和日常知识的一部分。总之,教师首先应当真正地和实际地精通他所教的科目,透彻地了解教学的内容,并能够充满信心地用明白易懂的语言去讲述它,就像讲述他日常生活中的事情一样,使教学生动而又实际。"

**6. 智慧心语**

教师应在平凡中体现伟大,应在平凡的教育工作中做出不平凡的业绩,在自己的脚下挖掘出闪光的钻石。脚踏实地地当好一名教师是真实的、是快乐的、是幸福的、也是永恒的。一方面,教师应以自己的职业为荣,充分认识到肩上任务的艰巨和责任的重大,热爱本职工作,树立终身从教的专业思想,树立正确的世界观、人生观、价值观,专注于自己所从事的职业。从走上教育工作岗位起,就应该努力做到爱岗敬业,潜心教育,使敬业精神成为自己赖以立身和前行的精神支柱。另一方面,在反思中学习。反思的过程就是一个再学习的过程。教师在反思的同时,应该参加学校组织的教科研活动,同时阅读经典的理论著作和学习前沿的教育教学研究成果。教师的专业发展是一个过程,永无止境;反思也是一个过程,永无终点。但只要教师保持着对教育的激情与反思精神,就会在激情中享受教育的快乐,在反思中提升教育的品质,在实践中丰富教育的智慧。

第八十五则
# 自我反思

### 1. 教育絮语

教师的教育反思,是指教师能够以学生学习的指导者、学生发展的促进者和学生做人成才的引导者的角色,对自己的教育理念和教育教学行为进行经常性的审视与思考,也是教师基于自我成长的省悟。

### 2. 经典案例

案例一

从前有一个牧民,养了几十只羊。他白天放牧,晚上便把羊赶进一个用柴草和木桩等物围起来的羊圈内。一天早晨,这个牧民去放羊,发现少了一只。原来羊圈破了个窟窿,夜间有狼从窟窿里钻进去,把一只羊叼走了。邻居劝告他说:"赶快把羊圈修一修,堵上那个窟窿吧。"他说:"羊已经丢了,还去修羊圈干什么呢?"他没有接受邻居的好心劝告。第二天早上,他去放羊,发现又少了一只。原来狼从窟窿钻进羊圈,又叼走了一只羊。这位牧民后悔没有接受邻居的劝告,及时采取补救措施。于是,他赶紧堵上那个窟窿,又整体加固,把羊圈修得牢牢实实的。从此,这个牧民的羊就再也没有被狼叼走过。

案例二

一位特级教师在谈起自己的成功经验时这样说:"工作 21 年来,我坚持每天晚上反思一下当天的工作,并且把所思、所感、所得记下来,日积月累,形成了很珍贵的原始素材。多次整理,写了不少的文章。为了让大家更了解创新学习的内涵,我撰写了《创新学习:21 世纪的学习观》、《创新学习界定及特征》、《创新学习的方法》、《创新学习研究与探索》、《创新学习开展的有效途径》、《创新学习的模式》等 30 多篇论文,出版了《创新学习论》等 5 部专著。"他还笃信孔子的教导:"学而不思则罔,思而不学则殆。"他总是将思考与读书结合起来。他读书,不是简单地了解别人的观点和见解,还运用"思考"把人家的观点融会于心,变成自己的。他还应邀到美国芝加哥作了"创新学习"专题报告,获得了广泛好评。他对此作了反思:"我的报告之所以获得了成功,是因为我对报告的内容思索了很久。我想,讲心理学、教育学是不行的,美国是这些学科的发源地。经过思考,我选择从中国博大精深的古代文化中挖掘创新的内容作为报告的框架,从中找到创新学习的基础。"

### 3. 案例分析

案例一的"亡羊补牢"说明,做错事情以后,如果能及时认识自己的错误,赶紧去弥补,还不为迟。

在案例二中,这位特级老师在工作中获得了很大的成功,得益于 21 年来坚持每天记录自己对于工作的反思。可见教师的反思在教学工作中是不可或缺的一个重要部分,反思对于教师成长的益处是很大的。

### 4. 案例启示

在日常教学中,课后的反思是教师工作中非常重要的一部分。

### 5. 学海泛舟

孔子主张学思并重,他说:"学而不思则罔,思而不学则殆。"在谈及学与思的关系时,首先,他认为学是思的基础,他说:"吾尝终日不食,终夜不寝,以思,无益,不如学也。"由此可见,孔子特别强调学习是思考的前提。其次,他认为学习离不开思考,而且思考有助于学习。当然,反思也需要教师良好的心态,"教师要的是静气。就是要静下心来备每一堂课,静下心来批每一本作业,静下心来与每个孩子对话;静气就是要静下心来研究学问,静下心来读几本书,静下心来总结规律,静下心来反思自己的言行和方式,以便更好地超越自己;静气就是要静得下来细细地品味与学生在一起的分分秒秒,品尝其中的乐趣,品味其中的意义"。确实,教师应该清楚自己缺少什么,需要什么。自我反省是一名教师的必备能力,它是认识自己的基础,也是不断超越的基石。

### 6. 智慧心语

教师应怎样对自己的教学活动进行自我反思呢? 建议从以下几方面着手:

其一,反思收获。教师在每一堂课中总有自己的成功之处,或是教学过程中达到预先设计目的的做法,或是课堂教学中突发事件的应变过程,或是教育学心理学中一些基本原理运用的感触,或是教学方法上的改革与创新等等。无论是哪一方面的收获,都应在课后及时反思,这样日积月累、持之以恒,并把它们归类整理、提升,就能形成一些带有规律性的东西,这对以后的教学大有裨益。

其二,反思失误。众所周知,任何一节课,即使教师的备课十分细密,慎之又慎,也不可能十全十美。如：对教材处理不当;对教学中偶发事情估计不足;对某个问题的阐述有失偏颇;或者感到对某个问题的处理力不从心等。如果对其回顾、梳理,作深刻的反思、探究,并引以为戒,就可以帮助教师减少遗憾。只有敢于正视自己的不足,汲取教训,及时弥补不足,才能不断地走向成功。

其三,反思难点。在课堂教学中,对教材难点的突破事关整个教学的成败。如果教师每一轮教学都能把教材难点的处理方法、教学信息的反馈成效、今后改进的教学设想等记下来,并且进行深入细致的分析、比较、研究,这样长期坚持必将极大地提高自己驾驭课堂的能力,也能帮助学生突破难点,化难为易,加深对教材的理解。

## 第八十六则
# 环境熏陶的作用

### 1. 教育絮语

遗传、环境和教育在人的发展中各有其重要作用。遗传是儿童智力发展的先决条件,环境是儿童智力发展的决定因素,教育在儿童智力发展中起主导作用,这三个因素是一个统一的整体,缺一不可。同时,这三个因素又是互相渗透、彼此促进、相互制约的。

### 2. 经典案例

孟子的祖辈以农耕为主,家境非常贫寒。孟子家住在一个村庄的边缘,附近是一片坟地,孟子出于好奇,小时候常去墓地玩耍,看见人家要埋死人,他就和一些小朋友学着样子玩抬棺材、挖坑、哭嚎的游戏。

孟母见此情景很担心,认为这个地方对孩子成长不利,就搬了家。

孟家搬到城里的一条街上,附近是集市和商店,商人云集,一天到晚吆喝声不断。孟子住到那里后,又和小朋友学起商人做买卖的游戏来。孟母感到这个地方对孩子的成长也不利,于是又搬家了。

孟家第三次住的地方是一所学校的旁边。到这里来的除一些学生外,还有一些著名的学者。他们出出进进很有礼貌,早晚还会听到琅琅的读书声。孟母高兴地说:"这个地方很好,有利于教育孩子。"孟家便定居在此。

孟子住在这里,常到学校旁看学生游戏,听老师上课和学生朗读,学习来往行人的礼貌动作,孟母看了十分高兴。直到他上学,孟母仍不放松对他进行教育。后来,他终于成为儒学代表人物。这就是传诵至今的"孟母三迁"的佳话。

**3. 案例分析**

"孟母三迁"反映了环境在人的成长中的重要作用。在案例中，望子成龙的孟母考虑到环境对孩子发展的重要作用，于是一次又一次搬家，为的是想找一处有利于孩子成长的居家之地。最后，她把家搬到一所学校的旁边，由此，孟子耳濡目染，逐渐进步，最终成长为儒家学派的代表人物。

**4. 案例启示**

教师和父母要千方百计地为学生营造适宜的学习环境。

**5. 学海泛舟**

环境是围绕在个体周围并对个体自发地发生影响的外部世界，它包括个体所接触的物质文明、精神文明。个体生命因参与其中而接触到的社会经济生活、政治生活、文化生活以及家庭生活，也包括邻里、亲戚、朋友的交往等，并不以培养人为直接目的，但自发产生了对个体发展的影响，就是此处所说的"环境"的作用。

人一生下来就接受环境的影响，身体在成长过程中受环境制约，精神世界也随之展开，人也慢慢获得一定的生活知识和经验，形成了各种思想意识和行为习惯。"一个人的身心能否得到发展和发展到什么程度，都与他的社会环境分不开，社会环境是人的身心发展的外部的和客观的条件，对人的发展起着一定的制约作用。"

**6. 智慧心语**

在教育学生的过程中，教师需充分利用学校这个环境在人的发展中的关键作用。课堂是对学生进行教育的主要场所，课堂教学则是影响学生的主要渠道。为此，一方面，要创设良好的校园环境。苏霍姆林斯基说："孩子在他周围，在学校走廊的墙壁上、在教室里、在活动室里，经常看到的一切，对他精神面貌的形成具有重大意义。"也就是说，孩子周围的环境对他来说是有所诱导、有所启示的。所以作为教育工作者，应从丰富学生的思想、陶冶学生的情操出发，努力创设带有浓郁的高雅文化气息的校园育人环境。如：在学校教学楼走廊的墙壁上悬挂名人名言和名人画像，其中既有伟大的科学家、文学家，也有爱国志士；也可以在校园宣传橱窗里展出教师、学生的优秀美术作品等。另一方面，应重视培养良好的班风和校风。良好的班风、校风，能使学生形成健康、积极、进取、乐观的教育导向，使学生在潜移默化中不知不觉地受到感染，形成良好的行为习惯。如开展

"学习标兵"评比活动;搭建竞技大舞台;创建师生读书会;成立家校合作共同体等等。这样,师生双方都会使自己在心理和生理方面处于积极、主动的状态,寓教于乐,教学相长。

## 第八十七则
# 促进专业成长

**1. 教育絮语**

教师专业发展是教师内在结构不断更新、演进和丰富的过程，即教师通过接受专业训练和自身主动学习，逐步成为一名专家型和学者型教师，不断提升自己专业水平的持续发展过程。

**2. 经典案例**

你是胡萝卜、鸡蛋，还是咖啡？

一位厨师，带着人生失意的女儿走进厨房。他先往三只锅里倒入一些水，然后把它们放在旺火上烧。不久，锅里的水烧开了。他往一只锅里放些胡萝卜，第二只锅里放只鸡蛋，最后一只锅里放入碾成粉末状的咖啡豆。他将它们浸入开水中煮，一句话也没有说。

女儿咂咂嘴，不耐烦地等待着，纳闷父亲在做什么。大约20分钟后，他把火闭了，把胡萝卜捞出来放入一个碗里，把鸡蛋捞出来放入另一个碗里，然后又把咖啡舀到一个杯子里。做完这些后，他才转过身问女儿："亲爱的，你看见什么了？""胡萝卜、鸡蛋、咖啡"，她回答。

父亲让她走近些，并让她用手摸摸胡萝卜。她摸了摸，注意到它们变软了。父亲又让女儿拿来鸡蛋并打破它，将壳剥掉后，她看到了是只煮熟的鸡蛋。最后，父亲让她喝了咖啡。品尝到浓香的咖啡，女儿笑了。她怯生生问道："父亲，这意味着什么？"

父亲顿了顿，解释说，这三样东西面临同样的逆境——煮沸的开水，但其反应各不相同。胡萝卜入锅之前是强壮的，结实的，毫不示弱；但进入开水之后，它变软了。鸡蛋原来是易碎的,它薄薄的外壳保护着它呈液体的内脏,但是经开水一煮,它的内脏变硬了。而粉状咖啡豆则很独特,进入沸水之后,它们反而改变了水。

父亲问女儿:"哪个是你呢? 当逆境找上门来时,你该如何反应? 你是胡萝卜,是鸡蛋,还是咖啡豆?"

人生不如意事十有八九,前进的路没有一帆风顺的,而一个人在逆境时的表现往往决定了个体的人生走向。

### 3. 案例分析

上述案例中父亲问女儿"哪个是你呢? 当逆境找上门来时,你该如何反应? 你是胡萝卜,是鸡蛋,还是咖啡豆",这是个非常有趣的提问,也是一个人在逆境中必须直面的选择。人在成长过程中是不可能一帆风顺的,那么当人们面临逆境的时候该怎么办呢? 勇往直前还是退缩? 不同的抉择就会带来不一样的人生。教师的成长过程如同人生一样,同样也会面临拷问和抉择。

### 4. 案例启示

教师在成长过程中,会面临许多困境,这需要靠自己的智慧和勇气坦然面对。

### 5. 学海泛舟

汉代的扬雄强调学习和修身必须坚持不懈、持之以恒,他以"百川学海而至于海,丘陵学山不至于山"为喻,指出江河奔流不息,故最终能汇入大海;丘陵静止不长,故永远不能与山比齐,强调学习和修身是扎扎实实、逐渐长进的过程。确实,作为传道授业解惑者,教师不仅在专业方面要不断发展,而且在精神上也要奋发砥砺。不断上进和完善自身,这是教师一生的修为,是一种磨炼,更是一种境界。

### 6. 智慧心语

教师专业成长的途径很多,不断反思教学经验则是非常重要的途径之一。国内外的多项研究结果表明,教师教学经验的自我反思已经成为教师专业成长的重要手段。一方面,教学需要经验。"阅历是人的宝贵财富",同样,对于教师而言,教学历程和在教学工作中所积累的教学经验是教师的一笔无形财富,它对于教师的专业成长具有基础性的作用。没有一定经验的积累,难以形成对教育教学工作的驾驭能力。另一方面,经验需要反思。如果一个教师仅仅满足于获得经验而不对经验进行深入的思考,那么即使有很多年的教学经验,也许只是相同工作的多次重复。教师除非善于从经验反思中吸取教益,否则其教学水平就不可能有所提升。一言以蔽之,只有拥有教育和教学经验而又不断反思的教师,才能获得真正的成长。

# 第十七篇

注重教育教学中的细节

哲人有言："天下难事，必作于易；天下大事，必作于细。"

学校承载着教育下一代的神圣使命，这是一件容不得半点马虎的大事。要做好教育教学工作，就一定要注重细节。教师的言行和情绪对学生的影响很大，教师一句发自内心的话，一个细微的动作，甚至一个不经意的表情，都会深刻地影响学生。教师给予学生一分关爱，就能燃起学生一分自信；学生有自信，才会有追求，才会有奋斗的行动。

日常教学中，新课的导入、板书的设计、多媒体教学手段的运用以及课堂提问的设计等都是教师要关注的，因为这一个个小小的细节，决定着教学效果的好坏。高效的课堂往往体现于精致的教学细节。只有关注细节的课堂，才是成功的教学；只有关注细节的教师，才是成功的教师。

第八十八则

# 教育无小事

### 1. 教育絮语

教育是树人之本,树人当然无小事。学生犹如一株株幼苗,需要教师的细心培育、精心呵护。只有做好每一件看似很小的事,才能使幼苗得以茁壮成长,甚至长成参天大树。因此,学校教育中没有小事,有时候,教师的一个不经意的微笑、一个不经意的眼神、一个不经意的动作、一句不经意的话语,却能改变学生的一生。

### 2. 经典案例

一次,我无意中发现小郭的脚上穿着一双崭新的白塑料底棉鞋,与她那身洗得发白的运动衣极不协调。再看看班上其他的男生女生,不仅衣服很新潮,而且脚上踏着的是耀眼的皮鞋、洁白的旅游鞋。爱美之心人皆有之,为什么长得很秀气的小郭要穿这么一双非常臃肿的棉鞋呢?

升旗仪式之后,在返回教室的路上,我与她走在一起,顺便问起她怎么穿这样的一双棉鞋。她说家里要供她和弟弟两个人上学,经济不宽余,爸爸这两年又有病,日子有些紧,但想到自己是女孩,妈妈还是给了她买旅游鞋的钱。可她想,买双棉鞋还可以省一个月的饭钱,于是就悄悄地买了双棉鞋。"只要保暖就行了,等将来自己工作了,再买好一点的鞋穿。"她的话很朴实,却让我深深感动了:应该让班上其他学生也来品味一下这些话。

第二天班会时,我把一双崭新的白塑料底棉鞋和一双崭新的旅游鞋放在了讲台上,同学们莫名其妙地看着这两双鞋,不知道我葫芦里卖的什么药。我让大家算一笔账,就是这两双鞋的差别,其价格各占父母一个月收入多少?再想想自己的衣服、用的东西还有哪些可以节省下钱。

学生讨论得很热烈。大部分学生认为多花了父母的钱,觉得很内疚,应该把精力放在学习上,不要在吃穿上攀比,应以最优异的成绩报答父母的养育之恩。最后小郭还谈了她的想法,同学们报以热烈的掌声。

**3. 案例分析**

教师教育学生,总希望有"挟泰山以跃北海"之势,似乎不如此难以显现自己的浩然之气和超然之才。然而,一语定终身的高手毕竟少见。教师在日常平凡的小事中,从一点一滴做起,积少成多,以量升质,不也可以让学生志存高远吗?

案例中的老师利用学生买鞋之事,在班级里展开了一次大讨论。通过讨论,同学们从中学到了一些做人的道理。平凡小事,却带来意想不到的教育效果。可见,成功的教育往往寓于随机之中,关键是你能否做个有心人。

**4. 案例启示**

教师要善于挖掘身边的小事,随时对学生进行教育,只要日积月累一定会收获良好的效果。

**5. 学海泛舟**

道德教育的实效性非常重要,教师对学生的教育工作应体现务实性,并且与学生所关心的升学、就业、生活等问题结合起来。"德育要从小抓起。道德判断、道德行为都有一个发展过程。在小学阶段要加强基本的道德品质的培养,注意行为习惯的养成。以后,再逐步提高理性认识,以理论指导道德行为,并为人生观和世界观的形成打下基础。"

**6. 智慧心语**

在对学生进行道德教育时,以下两点可供参考:其一,立足于现实生活做德育工作。德育仅靠课堂教学远远不够,教师还应该有敏锐的观察力,要善于从学生实际出发,在小事中教育学生。有人说,教师好比"舵手",舵把得稳,可以乘风破浪,否则,桅断舟覆,酿成灾祸。为此,在教学实践中,教师要注意搜集学生日常生活中的小事,从中发掘教育的意蕴。其二,要为学生树立良好的榜样。榜样的力量是无穷的,运用先进的人物事迹(尤其是学生身边的先进人物事迹)来教育学生,对学生的影响是最大的,产生的示范作用也是最好的。因而,教师平时应多留心这方面的先进事例。同时,教育方法要具体形象,这样才易为学生理解和接受,也才适合青少年爱模仿的特点。

## 第八十九则
# 课堂提问的艺术

### 1. 教育絮语

课堂提问是教师组织教学的重要手段,提问在课堂教学过程中是非常重要的一个环节,一个好的课堂提问可以把学生带入"问题情境",使他们的注意力迅速集中到特定的事物、现象、定理或专题上,从而引导学生积极思考,乃至催生创造性思维。在课堂提问时,不仅需要教师用故设悬念的技巧来吸引学生,更需要教师有随机应变的能力。

### 2. 经典案例

万老师在上《愚溪诗序》一课,他问:"同学们,有个问题想问大家,一定要说实话!"学生笑着说:"什么问题?"

师:"大家喜欢别人说你聪明还是愚蠢?"

生:"聪明!"

师:"看样子,好智之心人皆有之,恶愚之心亦人皆有之。说自己愚蠢,在别人看来是愚不可及的。可是在中国古代文学史上,就有一位'愚不可及'的人,他不仅自己称'愚',而且连他所钟爱的也被他以'愚'冠之。你们学过他的《捕蛇者说》,他是柳宗元,为什么他要以'愚'自称,并且称他钟爱的山水为'愚'呢?今天,就让我们欣赏、解读他的《愚溪诗序》。我先读,大家听时请注意几个问题:一是字音是否正确;二是句中节奏是否准确;三是作者以愚自称之处是否读出了悲愤之情;四是此段愚溪七愚景是否读出了层次感。"

万老师故意设计了三处机关:一个节奏出错;一个字音读错;一个字读成了多音字的错音。读完后,他请同学们评判。

生 A：(小声地)我觉得您有两个字的音读错了。此时,老师用鼓励的目光一直注视并等待他回答。

生 A：一个是"塞其流"的"塞"应该读"sāi",您读成了"sè";一个是"夫水,智者乐也"的"乐",应读"lè",您读成了"yào"。

师：能不能说说你的理由?

生 A：因为好像只有在"闭塞"、"堵塞"这些词中,"塞"才读"sè";"乐"在这里的意思是"爱好、喜欢",应读"lè"。

师：好! 能发现这些问题,还能说出理由,关于"塞"的读音,你的意见非常正确。还有吗?

生 B：您在朗读时,确实读出了作者特定的思想感情,抑扬顿挫,读出了层次感。但是我认为第一段的"今予家是溪"的节奏您读错了。

师：你能给老师纠正并说明理由吗?

生 B："今予家是溪"应读成"今予/家是溪",而您却读成了"今予家/是溪",因为这句话的意思是"现在我在这条溪流边安家",若按您的读法,那意思就变成了"现在我的家就是这条溪流"了。

师：精彩!

通过万老师故设悬念的提问方式,学生不但听得津津有味,而且还主动思考,积极地投入课堂中来。

### 3. 案例分析

万老师采用了故设悬念的提问方法,刺激了学生的求知欲,充分调动了学生的积极性,上了一堂妙趣横生的语文课。首先,万老师在导入环节,就用提问设置了一种悬念,引发了学生的好奇心,让学生猜,是一个什么问题呢,从而抓住了学生的注意力,激发了他们思考的欲望。接下来,"在中国古代文学史上有这么一位愚不可及的人",这一说法在学生心中又留下一个疑问："会是谁呢?"老师巧妙地以数个"愚"字,不断地激起学生学习的兴趣和找出并解决问题的欲望。

### 4. 案例启示

课堂教学中,问题的设计和提问的技巧关系到一节课的成败。

### 5. 学海泛舟

《学记》说："善问者如攻坚木,先其易者,后其节目,及其久也,相说以解。不善问者反此。善待问者如撞钟,叩之以小者则小鸣,叩之大者则大鸣,待其从容,然后尽其声。不善答问者反此。此皆进学之道也。"表明在课堂教学中,善于向学生提出带有启发性问题的教师,就像砍伐坚硬的木头一样,总是先砍木头顺理易入的部分,然后再突破节巴坚硬的地方,经过一段时间的努力,问题也就迎刃而解了。不善于提问的教师则与此相反,因而不能顺利地解决问题。

**6. 智慧心语**

要让学生对所学知识产生强烈的兴趣,就需要教师提高课堂设问的技巧。这可以从以下入手:一方面,创设情境,激发学生的求知欲。恰到好处的提问能激发学生的求知欲,但重要的是把握时机。教师要熟悉教学内容,了解学生,观察学生心理,在教学中善于捕捉时机。在课堂教学中抓住导入环节,引起学生的注意力,诱发他们的学习兴趣。通过故设悬念,刺激学生的求知欲。当学生没有及时找到答案时,仍要给予学生赞扬和鼓励,以帮助学生获得自信心。另一方面,坚持难易适度的原则。教师提问应该选取学生力所能及的问题,什么样的标准才是"适度"呢? 即要适合学生的"最近发展区",就是处于学生的现有水平与学生经过思考可以达到的水平之间的区域,使学生"跳一跳能摘果子",也就是既不能让学生不假思索、毫不费力地回答,也不能使他们冥思苦想找不到答案。只有这样的问题,才能激发学生的好奇心、求知欲。

第九十则

# 突出教学重点

### 1. 教育絮语

确定重点,尤其是合理选择和灵活运用各种行之有效的方式方法突出重点,不仅是确保教学质量和效果的关键,而且是衡量一位教师教学能力强弱以及教学水平高低的重要标志。教师一旦明确了教学的重点,把握了课堂的精髓,就能由此及彼,达到触类旁通的教学境地。

### 2. 经典案例

窦老师曾在常州市实验小学上《晏子使楚》一课。

窦老师说:"今天,我们学习的是《晏子使楚》,请同学们不要打开课本,先试着回答老师一个问题,通过预习,你们认为晏子是一个什么样的人呢?"

一名同学说道:"晏子是齐国的大夫,他聪明,口才好,在楚国为国家挣回了面子,为齐国做出了很大贡献。"

"非常好",窦老师继续说,"晏子是一个非常了不起的人物,他在出使楚国时,是用什么为齐国赢得了尊重,并让楚王再也不敢不尊重晏子了呢?"

同学们回答道:"是用他的聪明才智和优秀的口才。"

"课文是从哪几件事突出表现晏子的聪明与优秀的口才呢?"

学生A:"晏子出使楚国就是使节,到别的国家访问,就理应受到尊重,但是楚王看晏子身材矮小,乘机侮辱晏子,于是就让晏子钻狗洞。"

窦老师:"他让晏子感到难堪了吗?"

学生A:"当然没有。"

窦老师:"他用了'当然',很显然楚王是不会得逞的。那么,晏子是怎样用自己的聪明才智和优秀的口才来维护自己和国家的尊严的?"

"晏子说:出使狗国才钻狗洞,让迎接的官员问清楚,自己此次出使的到底是人国还是狗国。于是,楚王就不得不命令人们打开城门来迎接晏子了。"

窦老师:"非常好,还有什么事例吗?"

学生B:"晏子见到楚王后,楚王瞧不起他,说齐国是不是没人了,怎么让你这种人来。"

窦老师:"晏子是不是又用自己的聪明才智应对的呢?"

学生B:"晏子拱手对楚王说:'敝国有个规矩,访问上等的国家,就派上等人去,访问下等的国家,就派下等人去。我最不中用,所以派到这儿来了。'说着,他故意笑了笑,楚王也只好陪着笑。"……

窦老师:"楚王不能不尊重晏子的是什么呢?"

同学们:"口才,聪明才智。"

窦老师:"非常好! 晏子的聪明才智和他优秀的口才,这是本课所要理解的重点。现在请大家再仔细地、大声地读一遍课文,深刻感受晏子语言的精辟和语言中所表达出来的聪明。"

**3. 案例分析**

这是一个突出教学重点的范例。老师巧妙地在课文的关键处提问,使学生在回答问题的同时加深了对重点知识的印象,取得了理解记忆的效果。窦老师讲解这一章节时采用提问的方式,将学生从故事的内容巧妙地吸引到内容所要表达的重点中,集聚了学生的关注点,使学生能了解课文的精髓。课文中的晏子用贬低自己的话来回击楚王,讽刺楚王,用巧妙的口才来维护自己国家的尊严,抨击了楚王的傲气。这几处突出晏子聪明才智的话语,是这节课的重点所在。

**4. 案例启示**

课堂教学中,教师应该在深入、透彻地理解和把握教材的基础上,精心地设计教学,力争把教学的重点展示给学生。

**5. 学海泛舟**

教学内容设计是课堂教学的蓝图。设计指的是"根据教学目标的主次轻重,将复杂的教学内容分解为较小的、易完成的教学单位。其目的在于确定教学内容的范围与深度,明确'教什么';揭示教学内容中各项知识、技能、情感、态度、价值观以及过程、方法的关系,为教学过程安排奠定基础,即为'如何教'服务"。设计教学内容时,教师一定要深入分析研究教学内容,吃透教材,使确定的教学内容、知识点、重点和难点,既能满足学生发展的心理需要,又能照顾到各学习单元之间的连贯性。

### 6. 智慧心语

在课堂教学中,教师要精心钻研教材,把握教材的重点,设计能突出重点的教学方法。所谓"学得多,不如学得精";"伤其十指,不如断其一指"。教师如何把握知识的"精"度和教学的重点呢? 一方面,要充分调动学生的主动性和积极性。在课堂教学中,学生是学习的主体,一切教学活动应充分考虑学生的实际情况,调动学生学习的积极性、主动性和创造性。这样就可以活跃课堂气氛,引发学生的兴趣,提高学习质量,掌握学习的重点内容。另一方面,引导学生通过预习内容来找出知识的重点。教师可以适时地在重点处提出问题,引导学生在预习过程中对所学知识进行分析、归纳,从中发现重点。此外,在练习中对重点问题进行引导。通过精心布置的练习可以让学生在练习的过程中强化课堂知识,琢磨出这堂课的重点所在,从而进一步掌握重点知识。在学习中,学生一旦掌握了重点,就掌握了关键部分,就能够使问题迎刃而解。老师抓住重点,不仅可使学生集中注意力,而且可引起学生的重视,取得"举一反三"的效果。

## 第九十一则
# 教学环境的魅力

### 1. 教育絮语

教学环境是一个由多种因素构成的复杂的整体系统,它对学生学习过程中的认知、情感和行为产生着潜在的影响,干预着教学活动的进程。可以说,教学环境的优劣在某种程度上决定着教学活动的成败。教育心理学强调,教与学宏观结构中的教学环境,包括了教室的物理环境、学生的心理环境和教学的社会环境。只有在适宜的教学环境中,学生才会产生浓厚的学习兴趣。

### 2. 经典案例

开学的第一天,开篇主题"斯特拉斯堡洞穴探险者"就映入学生们的眼帘。

这是我和家人去南部的印第安纳州和北部的肯塔基州进行洞穴探索旅行时想到的。我们一边徒步旅行,一边欣赏着钟乳石和石笋;还坐着一艘玻璃底的船寻找奇特的盲眼小龙虾;我们还拍摄到了五光十色的宝石。我甚至还穿上了洞穴服,跋涉、攀登、爬行了两个小时。我从中体会到,如果我乐意教,学生也会乐意学,这使我的"冒险、弄得乱糟糟的和咯咯地傻笑"的教育理念得到了升华。

这次旅行激发了我的灵感。我到当地的公共图书馆翻阅了 40 本关于洞穴、石头的书,收集了洞穴矿藏的样本——黑曜石、绿长石、方解石、石灰石、黄水晶和蔷薇石英——埋在教室的沙盘里面,然后让学生筛选,淘出有价值的东西,并在日志里和地图上描绘出它们的位置。

我们做了些石钟乳、石笋、台柱和圆柱,挂满了整个教室,把教室变成了马伦戈和蓝泉洞,然后用直尺来测量和计算它们的年龄。我们还在这些石头外面涂上了一层银色和金色的闪粉,显得格外耀眼。还有几只蝙蝠被倒挂在屋顶上——虽然是些老掉牙的小玩意,却栩栩如生。

我和孩子们一起观看了洞穴的录像,写下有创意的故事,还把石头涂上颜色,用来代表绿宝石。我们一起品读《洞穴的奥秘》这本书,把新的单词增加在"词汇墙"上。我们一起写完长达16页的地下冒险日志,并把这个作为参考性的评价成绩。我们还从学前班借来了隧道模型,并用彩纸做了头灯、观赏灯,我们假装在匍匐前进,这可是本单元最精彩的部分。当每个孩子收到一张自己正在探险的相片时都笑了,这笑容无比珍贵。

我知道,当学生把课本、主题内容和生活经验联系起来时,就意味着他们正在享受成功。他们积极专心地学习,彼此之间形成了良好的关系,很少有不恰当的行为。当孩子们把上学路上找到的石头得意洋洋地拿出来给我看时,我看到他们眼中闪烁着光芒。虽然八月份以洞穴为主题的单元已经学完了,但他们仍去学校图书馆查找有关洞穴和矿藏方面的书籍。

我向芝加哥菲尔德自然历史博物馆提出申请,请求他们为250名三年级学生提供一次参加"土壤历险记"的机会。这是博物馆"地下冒险"活动的一个扩展计划。学生们穿梭于各展厅,我听到他们与博物馆向导之间的交谈。他们还在一个站点测试从学校带来的土壤标本。他们把标本放在手掌上,以确定它究竟属于哪种类型。我的一名学生问:他拿的这个样本是不是和洞穴里的土壤差不多?他发挥了主观能动性,把二者联系起来,终于领悟到了知识的力量。

### 3. 案例分析

老师为学生创造了一个非常有趣的教学环境,通过把"矿藏的样本——黑曜石、绿长石、方解石、石灰石、黄水晶和蔷薇石英——埋在教室的沙盘里面,然后让学生筛选,淘出有价值的东西"和学生参加"土壤历险记"等各种活动,不仅调动了学生的学习积极性和主动性,而且也提高了学习效率。

当然,老师为了这节课做了很多准备工作,并且使这节课的内容和课后的生活联系在一起,为学生创造了一个能激发学生学习兴趣的浓厚的学习氛围。这个案例表明:当教师用心教学时,奇迹就会出现,不但能创造有趣味的教学内容,引发学生的探究兴趣,使学生乐在其中,而且教师也会感受到一种不一样的教学氛围。最终结果是,教师怀着兴趣教,学生带着兴趣学,还有什么学(教)不会呢?

### 4. 案例启示

为了培养学生稳定而持久的学习兴趣,教师一定要营造浓厚的学习氛围。

**5. 学海泛舟**

任何教学活动都是在一定的环境中进行的,教学环境是教学活动得以顺利进行的一个不可或缺的构成因素。对于课堂教学环境的研究从 20 世纪 20 年代就开始了,研究的目的在于建设和优化课堂环境,这就需要对课堂教学环境进行设计,包括课堂物理环境和课堂心理环境两个方面。

在此,主要介绍一下课堂物理环境。它是课堂赖以进行的一切物质条件所构成的整体,是课堂教学活动得以顺利进行的物质基础。"它主要由课堂教学的自然环境、设施环境和时空环境等组成。积极的课堂物理环境的创设应当能体现以下三种原则:一是必须适合人的生理心理需要,注重科学性;二是注重提供丰富多彩的事宜来激活学生的智力活动;三是注重其对学生心理的愉悦性,保持积极的学习态度。"苏霍姆林斯基指出:"学校的物质基础(我们把学生周围的一切陈设也包括在内),这首先是一个完备教育过程的必不可少的条件,其次,它又是对学生精神世界施加影响的手段,是培养他们的观点、信念和良好习惯的手段。"

**6. 智慧心语**

新课程强调在课堂教学中体现教师的教和学生的学的整合,这就需要建立和谐的物理课堂环境。在和谐的课堂氛围中,师生的大脑均处于兴奋状态,情绪是高涨的、思维是活跃的。在创建和谐的物理课堂环境时,要从以下几点着手:

其一,教室环境设计要动态化。为了适应新的学习方式,培养学生的探究合作精神,应根据学科要求,采取分组讨论、合作学习、伙伴教学等方式,这就需要教室中的桌椅板凳可以灵活易动、自由组合,应根据不同教学目的安排不同的课堂座位,使学习空间的安排灵活多变。

其二,环境设计要个性化。每个学生都是独特的个体,有其个别性,具有不同的认知特征、兴趣爱好、欲望要求和创造潜能。为了帮助学生发展兴趣、开发潜能,教室设计要有班级文化色彩,应体现班级学生个性,展示学生的创造才能。

其三,环境布置要让学生有归属感。教室是教师、学生和学科内容之间进行交流的媒介,教室布置应具有一定的吸引力,增强学生对班级的向心力与归属感。教师可以通过各种方式布置教室,如在教室贴上学生照片、设置学生成果展览区等,使教室里光线柔和、色彩和谐,给人以温馨的感觉,让置身于其中的学生感到舒适,有归属感。使学生产生主人翁意识,从而表现出真正的自我,从而更乐于主动学习。

第九十二则

# 切忌表演

### 1. 教育絮语

近年来,"公开课"引起了人们的不少非议,有人甚至认为公开课中有许多"作秀"的成分,掺进了不少功利因素,应当废止。确实,有些公开课隐藏着很多令人作呕的虚饰、表演、造假。在这种"作秀"的课堂上,学生的思维不仅没有提升,甚至其品德还遭受了污染。

### 2. 经典案例

在一次教研活动中,我和多年未见的老同学相遇了。他握着我的手说:"老同学,这些年来,你名声大振,我是特意来看你表演的!"我觉得他把"上课"说成是"表演",心里很不舒服。为了上好"公开课",每次都要掉几斤肉。查阅资料、向人请教、制作课件、准备教案、反复试教……一句话,教学过程中的每个细小环节都是经过反复推敲、演练的,真是"千呼万唤始出来",展示在大家面前的"课"是经过千锤百炼的。可以毫不夸张地说,我的"公开课"是比较完美的。教学过程中不但有听、说、读、写能力的训练,而且讨论、探究、合作学习等新的方式一应俱全;吸引学生的课件、激发学生兴趣的道具让人耳目一新。教师潇潇洒洒,学生激情四溢。的确,自己不像平时那样在"上课",而是在遵循"预案"认真地"演课"。

今天的课,得到了大家的全面好评,我心里很高兴。活动结束后,我与老同学叙旧。当谈及上课问题时,老同学微笑着说:"你是想听真话,还是想听假话?""废话!谁愿意听假话呢?""你的教学水平高,这一点是肯定的;表演能力好,也不假。但你不是在'上课',而是在'演课'。""何以见得?"我心里有些紧张。"你冷静地想想,就不难发现,这种精彩的课不实在,是中看不中用的。你没看到课堂上有些孩子是不懂装懂？他们没有说想说的话,而尽说些你想要他们说的话；提的问题不像真问题,更像是照着你的教案提的'假问'……上课时你关注的好像不是学生。你不管学生学到了什么,学得怎样,是怎样学到的,而是只顾自己精彩的'预设'吧?"是的,不得不承认他说得有理。短短40分钟,我一个环节接着一个环节地上课,紧锣密鼓。"学生哪能将你'精心烹制'的'满汉全席'消化呢？特别是那些'学困生',更难跟上节拍。他们只是在凑热闹,能有什么收获呢?"

听了这番真心话,我开始反思自己的整个教学过程。课前,反复考虑的是如何优化课堂教学中的每个环节,如何让课堂展示更有声色……课上,为了完成"预设",背台词,赶时间,过环节。常常被学生"完美"的表现所迷惑,师生都被"胜利"冲昏了头脑,忽视了公开课也是课,也是学生生命发展中的一部分,每个学生都应该得到发展。难怪老同学会说我是在"演课"。是啊,如果"公开课"能多一点"上"的成分,少一点"演"的成分,虽然有些粗糙、"遗憾",但"教学是一门遗憾的艺术",这样的"课"也并不见得是不成功的。

### 3. 案例分析

案例中的老师是一位优秀教师,"公开课"上得很好,他对自己也非常满意,但是听了老同学对他的"公开课"的评价后,他做了认真的反思,觉得自己的"公开课"表演的成分太多,只是关注课堂上各个环节的完善,根本或很少顾及学生实际的学习情况。确实,这样的"公开课"表面上很热闹,对学生(尤其是"学困生")来说,却收效甚微。这种课也许漂亮热闹,但就像塑料花,缺少香气,没有生命力。

### 4. 案例启示

课堂教学中,教师切忌为了一定目的而进行表演,把"上课"变成"演课"。

### 5. 学海泛舟

苏联教育家巴班斯基认为：教学过程,这是教师和学生之间有目的的、不断变化的相互作用,并解决受教育者的教养和一般发展的任务。在教学过程中,人为性、整体性等是教学过程的基本属性。"教学过程的人为性,是指教学过程乃由人的活动所形成的事物。人的活动是有意识、有目的的,是社会性和文化性的存在。教学过程的人为性具体表现为教学过程的主体目的性、结构性和社会文化性。"首先,在教学过程中,从教学目标的确定、过程的实施,到结果的评价,自始至终贯穿着、体现着主体的目的性,充满着人的能动性;其次,教学过程有着明显的结构生成性。教学活动、教学关系、教学文化,都由于建构过程中主体的能动参与而动态地生成。"教学过程的整体性,是指教学过程在其运行、演化的过程中所表现出来的各因素、各环节相互关联、整体发挥作用的特点。"教学的整体性贯穿于教学的全过程,反映在教学的各个层面。

### 6. 智慧心语

课堂需要外在的修饰,比如教师优美的语言、艺术化的情境创设、刻意安排的智慧冲突等,这样的"表演"不仅有效,而且还能为学生打下坚实的认识基础。其实,只有教学的真实才能实现学生发展的真实。但是,现在流行的"表演课"是要不得的,应该克服。当前,要加强公开课教学的理论研究。公开课教学作为一种常见的教学组织形式,在教学实践中占有重要地位,但在理论研究方面还显得很不够。另外,还要加强公开课教学的管理,建立可控、开放、流畅的教学管理系统。一方面,打通教师之间的课堂壁垒,使新教师可随时随堂听老教师的课,老教师也有责任指导新人的成长,这种开放观摩环境既能端正观摩目的,也能有效地防止造假;另一方面,狠抓公开课教学的有关制度,教研组有教研计划,备课组有集体备课方案,还要制定相应的奖惩措施,确保每一节公开课的质量。此外,应发扬民主的评课作风,让每一次公开课后的评议都成为一次实事求是的民主生活会,实现互帮互学,共同前进。

第九十三则
# 板书的妙用

**1. 教育絮语**

　　板书是教学思想和教学内容的浓缩,是课堂教学的重要环节,它直接影响着教学的效果。精心设计的板书,不仅能起到吸引学生注意力的作用,更能起到启发学生创造性思维的作用。板书是教学的门面,它是用来简化教材内容,突出教学重点的,能起到画龙点睛的作用。另外,板书还可以弥补学生听课时的遗漏,激发学生的学习兴趣,加深其对教材的理解。

**2. 经典案例**

　　赵老师上《小石潭记》一课。

　　她一边讲解课文,一边在黑板上写板书:

　　发现小石潭:隔、闻、伐、取、见,移步换景→

　　潭水:清澄、侧面描写、特写镜头→

　　潭中景物→

　　游鱼:动静结合→

　　溪身:曲折蜿蜒、形象比喻→

　　小潭源流→

　　岸势:参差不齐→

　　潭中气氛:幽深冷寂、寓情于景→

　　记录同游者。

　　一堂课上,赵老师讲到哪就写到哪,虽然没有直观的图像,但她却用文字为学生描绘了一幅美丽的图画。而学生也跟随着老师的板书,在脑海里勾画出小石潭的画面,完全没有因为古文的晦涩难懂而出现思想开小差的现象。在老师板书的引领下,学生变成了柳宗元等人的同游者,和他们一起感受这小石潭的美色。

下课后,一些学生谈了自己对这堂课的感受:"赵老师带着我们回到了一千多年前,跟着大文豪游览了一遍小石潭。""我预习的时候觉得这篇古文特别难,可是经过赵老师这么一讲,就跟旅行一次似的,没什么不懂的了。"

### 3. 案例分析

在这个案例中,赵老师"导游式"板书的精妙之处是用一些关键词汇串起了整堂课的重要内容,由点到面,由面到整体,通过"隔、闻、伐、取、见"等词汇,再现了柳宗元等人寻找小石潭的过程,并让学生根据以上词汇和课文内容展开丰富的想象。随着"导游式"板书的引导,学生不再置身课文之外,而是把自己当成了与大文豪结伴的游客。正因为如此,他们才能顺利地"看见"小石潭的清水、游鱼、溪流、岸势等,深涩的古文形容词被赋予了多姿多彩的形象化想象,也变得不那么难懂了。

赵老师并不是简单地写几个字在黑板上,而是将文字有机地组合起来,随着教学的展开,构成了一幅直观的图画,这就增强了课堂语言形象、鲜明的效果,让学生更易于把握教学内容。

### 4. 案例启示

在课堂教学中,教师的板书有着不可替代的独特作用。

### 5. 学海泛舟

教学板书是教师普遍使用的一种教学手段和表现形式,是课堂上最显性的视觉交流信息,是教学内容的重要组成部分。有人说板书是上课内容的"镜子",是教师引人入胜的"导游图",是每一节课的"眼睛",良好的教学板书是一门独特的艺术,是打开学生智慧之门的钥匙。

教学板书一般表现为板书、板演和板画三种形式。通常指"教师在黑板或其他教学载体上所写的文字或数理化公式符号以及所画的图标等教学要点。教学板书技能是指教师通过设计和运用写在黑板或投影上的文字、符号、线条、图表、图画、图像等向学生传递教学信息的教学行为方式"。根据不同的分类标准,可以划分出不同的板书形式。以板书借助的形式来划分,可以分为纲要式板书、表格式板书、表解式板书等;以板书所反映的内容可以分为情节式板书、主题式板书等。

**6. 智慧心语**

成功的板书，能体现出鲜明的层次感与梯度性，就像在学生面前放下了一架"梯子"，顺着这架"梯子"，学生将比较轻松地一步一步跨向更高的知识平台。教师在设计板书时，要有目的、有条理，语言要概括、简洁，应紧扣教材内容，要紧紧抓住学生的眼球，让板书设计与学生的目光、思维同步。

板书设计要体现教师对教材理解的独特性，同时也要展现教师自身的教学特点。一方面，板书的形式要美观大方。教师在进行板书设计时，要尽量选择生动形象的方式，如画图、表格等，必要的话可以用彩色粉笔以示区别、以醒眉目。另一方面，板书应有明确的目的，主次分明，重点突出。只有那些有条理、有系统、重点突出的材料，才有助于学生的记忆。板书内容应少而精，才能起到画龙点睛、提纲挈领的作用。此外，板书要注重创造性和灵活性，还应留下空白，以激发学生的思考和想象。

第九十四则
# 细节决定成败

**1. 教育絮语**

教师工作最大的特点,是寓伟大于平凡,寓崇高于琐碎。细节决定成败,教师要高度注意细节的力量,有时正是那些看似不起眼的细节,往往能变为点石成金的魅力天使。

**2. 经典案例**

案例一

麦当劳是世界著名的大公司,它之所以能成功,与严格细致的管理分不开。

公司生产和管理中的精细的专门技术有25 000条之多,比如:柜台高度统一为29厘米,绝不随意降低或升高,因为研究表明,这一高度最适合顾客掏钱付账;全球麦当劳的吸管直径都是统一的,根据"吸饮料最能体现母乳进入婴儿口中的速度则口感最好"这一实验原理设计;汉堡包的厚度和气孔大小有明确规定,因为研究证明,那样的面包在口中咀嚼时味道最好;牛肉分量45克,烤制时要放在A厘米的铁板上,温度为B度,烤制C分钟,这个ABC当然都有具体的讲究和规定。

正是这些管理的技术和学问,造就了麦当劳这一享誉食品行业的"航空母舰"。那金色的"M"招牌挂遍了全球,连锁店达15 000个以上。

案例二

有一位年轻的特级教师在异地献课,授课的阶梯教室里坐满了上课的学生以及慕名而来的观摩教师,大家都想一睹这位年轻特级教师的风采。

上课铃声响起,从观众席上站起一位相貌平平、腋下夹着讲义的小个子教师,他快步走向讲台,远没有人们想象中的那么"儒雅倜傥"。

年轻人站在讲台上,平和友善地环顾着有些躁动的人群,宣布"上课",全体学生起立,有一些观摩教师睨着眼坐在座位上一动不动。

教师示意大家坐下。当他要放下讲义时,发现讲桌上有一层淡淡的粉笔灰尘,他迅速走下讲台,转身背对学生,面朝黑板,用嘴轻轻的向前方吹灰尘,之后开始上课……

这一细微的动作,使全场师生立即爆发了雷鸣般的掌声。

### 3. 案例分析

在案例一中,麦当劳成功的秘诀,就是严格而精细的管理。

在案例二中,老师"背对学生,面朝黑板,用嘴轻轻地向前方吹灰尘"这一细微的举动,闪烁着一位特级教师处处以学生身心发展为本的教育理念,这一举动并不是每个人都能想到并认认真真地做到的。

按照马斯洛的需要层级理论,即每个人都有生理、安全、归属和爱、尊重、自我实现等渐次提高的需要,这位教师的做法就是对学生尊重需要的满足。学生们见惯了高高在上、惟我是尊的老师,自然会被这么一种细微体贴、为学生着想的老师的行为所感动。

### 4. 案例启示

教师在教育教学中,要发自内心地注意细节,铭记"细节决定成败"。

### 5. 学海泛舟

一位当代教育家说过:"细节,往往反映教师的教学水准,折射着教师的教学思想。"教师日常工作中有很多困难,教师的责任极其重大。"教师的世界观、他的品行、他的生活、他对每一现象的态度都这样或那样地影响着全体学生。这点往往是觉察不出的。但还不止如此。可以大胆地说,如果教师有威信,那么这个教师的影响就会在某些学生身上永远留下痕迹。正因为这样,所以一个教师也必须好好检点自己,他应该感觉到,他的一举一动都处在最严酷的监督之下。"确实,世界上任何其他人都没有受着这样严格的监督。孩子们几十双眼睛能捕捉一切最微妙的事物,这一点教师应当切记。

### 6. 智慧心语

教师必须以认真的态度处事。教学工作中的细节是非常重要的,有时,精妙的教学细节能成为教学的闪光点。在教育教学工作中,教师要从以下几点着手:

其一,重视教学开始时的细节。教师课前准备和安排的一切细节,直接影响教学的效率和质量。教师上课说的第一句话,通常是和学生互致问候,这就需要教师在说话语气上富有激情,以感染学生上课的情绪。其二,关注教学过程中的细节。教师一定要时刻关注学生的学习状态,从学生上课的眼神、说话的语气等观察学生情绪的变化。教师一旦在课堂上抓住了这些细节,就能取得很好的教学实效。其三,注重课后反馈的细节。教学的成功与否往往可以通过咨询、作业等反馈出来,应通过反馈来弥补教学中的不足。所以,教师的课后反馈工作一定要细致认真、扎扎实实。

# 第十八篇

## 常用教学法的妙用

教学方法是教师为完成教学任务而采用的手段。它包括教师教的方法和学生学的方法,是教师引导学生掌握知识技能、获得身心发展而共同活动的方法。教学方法涉及教师与学生共同进行的教与学的活动,要想有效地完成教学任务,就应该正确选择和运用教学方法。

课堂教学要以学生为本,这是开展教学的前提。以学生为本是指教师的课堂教学要根据学生的知识基础、接受能力和成长需要,激发学生的学习热情,让学生积极、主动地投入学习活动,做学习的主人。以学生为本的课堂教学,首先需要教师把学生当作共同学习的伙伴,尊重学生的人格、情感和见解;其次要求教师在选用和创新教学方法时,应着重考虑学生怎样才会积极地投入学习、怎样才能获得知识和掌握学习的方法、怎样才会有好的学习效果。

第九十五则

# 讲授法的妙用

**1. 教育絮语**

由于语言是传递经验和交流思想的主要工具,所以讲授是教学的主要方法之一,运用其他方法,都需要配合一定的讲授。

讲授法是指教师通过语言系统,连贯地向学生传授知识的方法。它通过循序渐进的叙述、描绘、解释、推论来传递信息、传授知识、阐明概念,论证规律、定律或共识,引导学生分析和认识问题,并促进学生智力与品德的发展。

讲授法可以分讲述、讲解和讲演三种。讲述是教师向学生描绘学习的对象、介绍学习的材料、叙述事物产生变化的过程。讲解是教师对概念、原理、规律、公式等进行解释、论证。讲述、讲解各有侧重,但在教学中常常结合使用。讲演通常指在公开场合向听众讲述某一专题的学术知识或对某一问题的研究成果。

课堂教学的目标、学习动机的激励、行为方式的引导等,如果离开老师的讲授都是难以实现的。

**2. 经典案例**

师:今天我们学习新课"黄河象"(板书课题:黄河象)。一说到大象,我国哪儿产大象? 世界上还有哪儿产大象?

生:在我国云南热带丛林里有大象,还有与我国临近的缅甸、柬埔寨、越南也都有大象……

师:你是怎么知道这些知识的?

生:我在书上看的。

师:嗯,很好。咱们多看书,就能知道很多知识。(稍停)我们今天讲的这头黄河象,是两百万年前的古生物。它是什么样子呢? 咱们先看看书上的图,请把书翻开(学生把书翻开)。……你们看,这具黄河象的骨架多大呀! 因为这一具大象的骨架是在黄河流域发现的,所以叫黄河象。据科学家的鉴定,这头象距我们现在有200万年了。我们今天来了解200万年前的古生物,不禁会想:这黄河象的骨架怎么来的? 黄河象生前是什么样子? 它是怎么被发掘出来的? 这篇课文里讲得很清楚,很有趣,咱们好好学,这些问题都会解决的。

在学这篇课文之前,同学们都预习了。有些同学预习得非常认真,比如小迪、小晨……这些同学值得表扬。大家也肯动脑筋了,尤其是有些同学读得比较细,把老师课堂上教给你们的方法用在预习中了。有些同学读到重点句子、重点词时,就在书上写写、画画,这个方法很好。不足之处是有些同学注意字词比较多,注意自学文章内容比较少。……再有一点是,我要求大家在学完字词后,要反复多读课文,但是我们做得还不够,以后预习时要注意。下面根据预习情况,我们先来学习课文的字词(挂字词图)。谁来念?

生:颌 he,下颌。

师:对,下颌。你看看树上的大象图,大象的哪个部位是下颌?

生:大象牙的下边那一块就是下颌。

师:下颌指什么部位,刚才他说对了,大象牙的下边,就是下巴。

生:椎 zhui,尾椎。

师:尾椎,很小的一点儿,要仔细在图上找才能找到,刘秀,你来找找。

生:在大象两腿后边,有一个短尾巴似的,就是尾椎。

师:两条后腿之间,耷拉下来的那块骨骼就是尾椎。

师:图上画的是一具完整的大象骨架,这具骨架是200万年以前那具大象原来的骨骼吗?

生:不是的。

师:那是什么?

生:是骨头的化石。

师:对了,是骨头的化石。古代生物的遗体或一些遗物埋在地下,成年累月,经过很长很长的时间,这些东西慢慢起着变化,最后变成像石头一样的东西,这种东西叫化石。化石的用处可大啦,科学家们通过对化石的分析,就可以研究出这些生物是怎样慢慢发生演变的,进而知道这个地方的地层是怎样变化的。

我国挖掘出来这么一具完整的黄河象古化石,是举世罕见的,这对于进行科学研究和古生物研究是非常有价值的⋯⋯

### 3. 案例分析

教师是以讲解的方式并通过问答的形式来一步步让学生获得关于黄河象的相关知识的。首先,教师提问:"一说到大象,我国哪儿产大象?世界上还有哪儿产大象?"这是启发思考、导入新课的讲授方法。其次,教师运用丰富的语言介绍了黄河象,并提出了几个问题,这不仅激发了学生的学习兴趣,而且有利于引领学生阅读和理解课文。最后,教师用简练、概括的语言说明了古化石的形成、意义和价值,这有助于学生认识的升华。

### 4. 案例启示

讲授法是课堂教学中最常用、最主要,也是最核心的一种教学方法。

### 5. 学海泛舟

美国教育心理学家奥苏贝尔说:"讲授法从来就是任何教学法体系的核心,看来以后也有可能是这样,因为它是传授大量知识唯一可行和有效的方法。"他提出了"先行组织"的教学策略,主张教师有必要在讲授新的学习内容之前向学习者提供"先行组织者",这是奥苏贝尔对知识教学的一大贡献。"所谓'先行组织者'是先于学习任务本身呈现的一种引导性的、起组织作用的材料,它比即将要学习的新材料本身有更高的抽象性、概括性和包摄性,以便为学生即将学习的更分化、更详细、更具体的材料提供固定点,还有助于学生察觉出自己已有的认知结构中与新知识有关的其他知识,提醒学生主动将新知识与这些知识建立各方面的意义联系,从而可以从不同角度对理解新知识提供帮助。"奥苏贝尔主张教师在讲授新知识之前,要以学生既有的先备知识为基础,用学习者能理解的语言和方式来向学生提供一些"先行组织者",以便给学习者在学习新知识时提供一个较好的固定点或提供一个清晰而具体的框架。

### 6. 智慧心语

讲解是教育教学活动中最基本的教学方法,也是使用最频繁、最普遍的教学方法。在具体运用时,应注意:首先,要遵循精讲原则。所谓精讲主要表现在内容的选择和语言的使用两个方面,既要做到简明扼要,又要达到举一反三的功效。其次,讲解要有针对性。教师在进行讲解时要注意教学内容的选择和学生实际水平的关联,也就是说教学内容不能脱离学生的实际情况。

## 第九十六则
# 直观教学

### 1. 教育絮语

直观教学是指利用多种直观手段,通过多种形式的感知,丰富学生的直接经验和感性认识,使学生获得鲜明的表象,为形成正确而深刻的理性认识奠定基础。随着科学技术的进步以及教学思想、教学手段的发展,在当前的课堂教学中,直观教学得到了充分运用。

### 2. 经典案例

《环境保护》一节课的教学是在优美的音乐中开场的。我利用自己在全国旅游时,用数码相机拍到的大量魅力风景照片,制作了两分钟的 Flash。当学生沉浸在大自然赋予他们的乐趣中时,我导入新课:"大自然不仅给我们带来了美的享受,更重要的是为我们提供了宝贵的生存环境。但是目前我们的地球正在遭受前所未有的灾难。"

接着我展示了一些图片,有浓烟笼罩的城市天空、流淌着污水的河流……这些图片我是用"对比"的手法展示的,目的是引导学生进入课本知识。

师:我想大家一定明白这节课所要学习的内容。

生:环境、环境污染、环境保护……

师:通过观察这些图片,你最关心的关于环境的问题是什么?

生:红色的物质是什么,今后该怎么办,怎么解决这些问题……

师:下面我们就来讨论这些问题。

伴随着疑问声、讲解声,展开了对这些问题的讨论并提出了相应的解决办法,期间穿插使用 PPT,结合文字、图片以及影视素材等。为了使学生树立环境保护的意识,增强学生的责任感,我又追问道:"有谁能说出历史上发生过的严重的环境污染事件?"这个问题引发了学生的兴趣,他们踊跃发言,但是只能说出事件的只言片语。这时,我不失时机地展示新的媒体素材——电影。

放电影片段:伦敦烟雾事件。接着,我又播放了迈克尔·杰克逊的一首《地球在哭泣》(MTV形式)。这些内容引起了学生的极大关注。整合的影像材料尚能达到如此教学效果,原创的教学素材就更有吸引力。我在课堂上播放了我和学生合作拍摄的短片《校园周边的环境》,这种贴近生活的素材更具影响力。它让学生真正懂得:保护环境人人有责! 保护环境应从我做起!

最后我选取了学生喜欢的动画片《麦兜儿的故事》。画面上可爱的麦兜儿出现了,美丽的马尔代夫的风光出现了。"妈妈,我要到马尔代夫去! 那里有蓝天、白云、椰树、树影……"在麦兜儿那充满童真的声音中,本节课结束了。

### 3. 案例分析

案例中的教师采集了大量反映水污染、空气污染等的图片资料,揭示了严峻的生态危机,既调动了学生学习的积极性,又起到了应有的教学效果。同时,教师又充分培养了学生的能力,让他们参与环境问题的讨论和影像资料的制作,提高了其信息处理能力和思维能力。课末,教师通过播放电影片段"伦敦烟雾事件"和"地球在哭泣",又对学生进行了直观的环境教育及和平教育。

在这节课中,教师通过直观教学,让学生感知真实、动手操作。通过这些手段,不但活生生地展现了语言词汇难以描绘的事物,而且还培养了学生敏锐的观察力。正如叶圣陶所说:"教学手段多变才绚丽。"

### 4. 案例启示

在课堂教学中,不同直观教学手段的运用能获得意想不到的教学效果。

### 5. 学海泛舟

瑞士教育家裴斯泰洛奇要求改革旧的教学方法,主张实行直观的实物教学。在实践中,他通过一个采用旧教学法的牧师的口吻,强调新教学法的优越性。这个牧师说:"现在,较高的真理已经出现,用行动实践比用语言教导的优越性已经明显地摆在他的眼前……在人民教育的改革方面获得了巨大的进步。他从现在起,已无意使孩子们背诵功课,不让他们读刻板的书。"

捷克教育家夸美纽斯倡导教学的直观性原则,他说:"感觉是记忆的最可信托的仆役……可以使知识一经获得之后,永远可以保住。"同时,他要求"文字应当永远和事物一道教授、一道学习,如同酒同酒桶、剑同剑鞘、树同树皮、果实同果皮永远在一道一样。"他还宣布,可以为教师定下一条金科玉律,即"在可能的范围以内,一切事物都应该尽量地放在感官的跟前,并尽可能用多种感官去感知事物"。他认为,知识的开端永远是从感觉获得,科学的真实性与准确性主要依赖于感觉的证明;强调知识从感觉而来,人只有通过感觉器官,才能得到真实可靠、不会遗忘的知识。

### 6. 智慧心语

直观性原则反映了学生的认识规律,它能给学生以感性、形象而具体的知识,有助于提高学生学习的兴趣与积极性。随着教学手段的现代化和多样化,直观性原则的运用将会更加广泛和重要。进行直观教学要注意:一方面,正确选择教具和现代化教学手段。在教学中,要根据教学的任务、内容和学生年龄特征来正确选择直观教具。如:实物、标本、图片、幻灯片、电视和电影片等。需注意,直观是教学的一种手段而不是目的,并不是越直观越好,一定要根据教学需要来选择合宜的直观手段。另一方面,运用直观教具时,教师要给予适当的讲解。教学中的直观不是让学生独自观看,而应在教师的指导下有目的地观察。同时,教师可以通过问题来进行启发和引导,以便让学生更好地观察,教师则配以适当的讲解。

第九十七则

# 非指导性教学

### 1. 教育絮语

所谓"非指导性教学",即教师不是直接地教学生知识,而是间接地通过促进学生学习,使学生形成新的知识体系。非指导性教学以人本主义心理学为理论基础,其倡导者是美国人本主义心理学家罗杰斯。这种教学活动把学生放在居中的位置上,把学生的自我看成教学的根本要求,主张教师竭尽所能地创造和谐、融洽、宽松的课堂氛围,从而使学生在整个学习过程中都感到安全与自信,充分显露自己的潜能,促进自我实现。

### 2. 经典案例

案例一

在做完伽利略斜面小车的演示实验后,学生通过观察实验得出小车在平面上运动的距离跟受到的阻力有关。

于是教师出示三面不同颜色的小旗,分别代表"小车在棉布表面上运动时停止的位置","小车在镜子表面上运动时停止的位置","小车在比镜子更光滑的表面上(或没有阻力情况)运动时停止的位置",让全班学生推荐三位同学上台,分别把旗子插在你认为小车应停止的位置。这时,教室内展开了热烈的讨论,再经过教师适当的启发、点拨,学生自己便推导出牛顿第一定律。

这是在学生观察实验并感知物理事实的基础上,教师运用"学生拿旗子定位"的暗示方法,成功营造出让全体同学都能亲自参与的推理想象情境,然后由学生自己做主、自己定位,在看似轻松实则紧张的氛围中完成了一次思维推理过程。学生不仅感受到了成功的喜悦,思维能力也得到了发展。

案例二

进行《密度知识的应用》教学时，教师提出问题：能否用量筒"称"出 20 个同等大小的钢球的质量？能否用天平"量"出一卷粗细均匀、面积为 1 毫米² 的铜丝的长度等。

教师引导学生应用密度知识，先讨论解决问题的思路，再设计解决问题的方案，然后利用手头现有的仪器做实验，并将数据和计算结果记录在表格中。

学生活动结束后，由师生共同总结出这堂课的学习方法：明确问题条件—设计实验方案—实验操作—数据处理—得出结论。

**3. 案例分析**

在案例一中，教学的一系列活动是在物理教师和学生的互动中进行的，如："这时教室内展开了热烈的讨论，再经过教师适当的启发、点拨，学生自己便推导出牛顿第一定律"等。在这节课上，物理老师创设了一种和谐、友爱、宽松的心理气氛，使学生处于无拘无束、心情舒畅的心理状态中，学生的思维能力得到了充分、深刻、创造性的发展。

在案例二中，经过老师的引导，师生共同总结出这堂课的学习方法，这印证了非指导性教学的教学目的在于培养学生学会学习，形成良好的学习习惯，并发展学生的认知能力。

**4. 案例启示**

教师可以运用"非指导性教学"来创设情景，引导学生自我追求，自我发展。

**5. 学海泛舟**

美国心理学家罗杰斯主张教育要培养"完整的人"，即培养"能从事自发的活动，并对这些活动负责的人；能理智地选择和自定方向的人；是批判的学习者，能评价他人所做贡献的人；获得有关解决问题知识的人；……能灵活地和理智地适应新的情境的人；在自由地和创造性地运用有关经验时，能融会贯通地处理问题方式的人；能在公正性和活动中有效地与他人合作的人；不是为他人的赞许，而是按照他们自己的社会化目标工作的人。"罗杰斯认为，教学理论必须着眼于未来，他强调："我们已经面临一种全新的教育情境，我们若要生存，则这种教育的目的是：促进变化和学习。惟一受过教育的人是已学会怎样学习的人，已学会怎样适应和变化的人，已认识到任何知识都不是完全可靠、惟有探索知识的过程才是安全基础的人。"

### 6. 智慧心语

在课堂教学中运用罗杰斯的"非指导性教学"原则,需注意:一方面,教师要真诚地对待学生,教师必须从学生的角度来看待教学中的各种现象和问题,设身处地为学生着想;另一方面,教师要充分地相信学生,充分认识到学生所具有的十分优良的发展潜能。

此外,还要注意以下一些细节:第一,教师必须具有良好的处理人际关系的能力,使学生在独立思考或独自学习的时候能体验到一种真正的相互依赖的关系;第二,教师和学生共同承担起对学习的责任;第三,教师提供学习资源,包括来自教师自身经验的、来自书本的或其他材料的等等;第四,学生制定自己的学习计划,选择自己的学习方向,并对这种选择后果负责;第五,在教学中创造一种"促进的"学习气氛,即真实的、关心的和理解性倾听的学习氛围;第六,重点是形成不断持续的学习过程,学习的内容虽然也很重要,但只是第二位的;第七,实现学生自己制定的学习目标必须通过自我训练进行;第八,由学生自己来评价其学习所达到的水平、程度、意义等;第九,通过形成一种促进成长的教学氛围,不仅使学生更有效地学习,而且也对学生的生活习惯和行为习惯产生积极的影响。

## 第九十八则

# 案例教学

### 1. 教育絮语

案例教学是当今比较流行的一种教学方法,案例最大的价值就在于其内容所包含的困境或问题。一方面激发学习者接受一连串的刺激,造成认知失调,引起学习动机;另一方面使学习者经由对困境或问题的分析、思考、问答、讨论等,获得经验启迪与理论知识。

### 2. 经典案例

《研究土豆皮的作用》是联邦德国基础学校三年级《家乡常识课》的教学内容,下面是课例实录。

早在两周前,教师就布置了这样一个"研究"课题,让孩子们各自回家独立地进行观察研究,这是他们两周后在班上举行的"研究"报告会。

研究土豆皮的作用

| 日 期 | 带皮土豆重量(克) | 去皮土豆重量(克) | 情　况 |
|---|---|---|---|
| 4 月 10 日 | 100 克 | 100 克 | 去皮土豆色泽嫩黄 |
| 4 月 11 日 | 100 克 | 90 克 | 去皮土豆色泽变白有些地方出现黑色斑块,带皮土豆无变化 |
| 4 月 12 日 | 100 克 | 70 克 | 去皮土豆色泽灰白,有干瘪现象,带皮土豆无变化 |
| 4 月 13 日 | 100 克 | 60 克 | 去皮土豆色泽灰白,黑色斑块变大,干瘪现象增加,带皮土豆无变化 |

续　表

| 日期 | 带皮土豆重量(克) | 去皮土豆重量(克) | 情　　况 |
|---|---|---|---|
| … | … | … | … |
| … | … | … | … |
| 4月25日 结论： | | 土豆的皮有保持水分不被蒸发,防止腐烂变质的作用 | |

一位孩子自告奋勇地走上讲台,汇报他的"研究"。他首先讲了他是如何选择研究对象的,然后叙述了他是如何进行观察研究的,最后他把研究报告通过投影仪打在屏幕上。下面是这位孩子的研究报告。

研究步骤：

(1) 先选择表皮完整的中等大小的土豆,测得它的重量是100克。再选择一只大一些的土豆,使它削去外皮后的重量也等于100克。

(2) 把它们分别用细线悬挂起来,同时放在通风处(同一个地方)。

(3) 每天下午5:00进行定时观察,并把这两个土豆分别称量。

研究结论：经过几天的观察、记录,可看到去皮土豆越来越干瘪,色泽由新鲜变得暗淡,而且出现黑色斑块。随着时间的推移,黑斑在不断增多,而且有的地方开始霉烂。通过表格中显示的数据的分析,可以看到去皮土豆的重量越来越少,并知道它失去了水分。而带皮土豆则几乎没有变化。从观察现象和记录中可以归纳出如下结论：土豆的皮有保持水分不蒸发,防止土豆腐烂变质的作用。

在这个孩子汇报完研究报告之后,教学进入学习成果迁移的阶段。教师提出一系列的问题,如甘薯的皮有什么作用？苹果的皮有什么作用？水果的皮有什么作用？……让孩子们去联想,去发现新的规律。

**3. 案例分析**

这是一个典型的实验性案例教学。教师用土豆皮作为个案,然后以此与类型相同的植物,如甘薯、苹果等的比较,把土豆皮的作用推广到所有水果表皮的作用,进而找出某种规律。通过展示研究报告和研究结论,使学生不仅掌握了相应的研究方法,而且在理解的基础上掌握了植物皮的作用和规律。

**4. 案例启示**

案例教学的最大优点是有助于学生对教材中的重点进行深入的探究和

学习。

### 5. 学海泛舟

"范例教学"思想是德国教育家瓦根舍因提出的。瓦根舍因指出："教学必须从'上车'开始，而达到基本性后'下车'，并展现出这些基本性。然后，当掌握了基本的原则时，这些原则也就意味着是掌握其他原则的钥匙。"

瓦根舍因所说的范例教学分为三个步骤，第一步是"上车"，就是在一开始的时候探讨一个能激发儿童自发性的问题，并且应该是一个范例性的问题；第二步是探讨由这个范例性的问题所反映出来的基本知识点，进而掌握这个基本知识；第三步是展现这一基本性的知识范例使之反映学科的其他方面，并促使学生各方面的进步，如达到基础性、教养性的要求。

### 6. 智慧心语

案例学习不是要求学习者记忆案例的人物、情节，而是藉着这些内容存在的问题或处境，作为分析、决定、问题解决、提出行动方案、检验理论或原则、结合理论与实务的基础。在案例教学的实施过程中，教师基于促进者和引导者的角色，运用案例来提供学习的刺激和动机，使学生主动地学习。案例教学的最终目的是提高学生在解决问题及提出行动方案等方面的能力。

教师要注意引导学生把握好案例学习中的角色，要求学生养成通读案例，并对案例进行深入分析的习惯，敢于提出自己的观点，不断改进思维水平和分析技能，从而培养独立思考的能力。教师在实施案例教学时要注意其指导方法是否有效恰当，要为学生提供案例的相关信息，启迪学生的思路，为学生学习、分析、讨论案例提供良好的条件，增强学生学习的兴趣。

此外，教师对案例教学的评价要注意从多方面、多角度进行。在组织案例教学时一般要经过三个阶段：个人的良好准备阶段，小组讨论阶段，班级讨论阶段。教师需要变单一评价为多样评价，如可以采用操作的评价、答辩会的评价、书面材料的评价以及对学生的口头发言、参与活动、自我展示的评价等多种方式，将学生的自评、小组评价与教师评价三者结合起来，从多方面、多角度调动学生参与案例学习的积极性。

第九十九则
# 合作学习

### 1. 教育絮语

合作学习指学生为了完成共同的任务,有明确的责任分工的互助性学习。合作学习鼓励学生为集体的利益和个人的利益而一起工作,并在完成共同任务的过程中,实现各自的理想。

### 2. 经典案例

案例一

这是一个小学数学"轴对称图形"的教学片段。

教师提出一个问题:想一想长方形、正方形、平行四边形、梯形、等边三角形各有几条对称轴? 然后宣布小组讨论。但是,讨论的过程和结果并不让人满意。满教室都是嗡嗡的声音,有的小组你一言我一语,每个人都在张嘴,谁也听不清谁在说什么;有的小组组长一人唱"独角戏",其余学生当听众,不做任何补充;有的小组成员将此作为玩耍的最好时机,竟然和同学打闹起来……几分钟后,教室安静下来,教师请一名学习较好的学生发言。这位学生一张口就是"我认为长方形有两条对称轴……","我觉得应该如何如何","我的意见是……",没被叫到发言的学生则唉声叹气,根本没听别人在说什么。

案例二

一教师请班里四人小组讨论:"春雨沙沙,(　　)乐得(　　)。"

学生们很兴奋,四个人开始讨论。第三个同学刚开始说,只听见教师"啪啪啪"三击掌,全班学生立即坐正……教师为了完成教案,赶进度,只用了两三分钟时间,就把学生的"合作探究"给打发了。学生有的还未来得及开口,更谈不上真正进入交流状态,就此草草收兵。

案例三

师:请同学们分组自由朗读课文描写将军俑的部分,并以小组为单位,推选一名成员参加比赛。组内其他成员给予支持,并认真倾听,帮助其纠正朗读中出现的差错,使之有所提高。

此时,学生小组中有的成员能积极配合,帮助被推荐同学的朗读,并给予鼓励;也有的成员坐在一边,一副事不关己、无精打采的样子。

师:现在,请同学们按照刚才学习"将军俑"的方法,自学其他几种兵马俑。

教师挂出小黑板,上面书写着学习的方法和步骤:① 读课文;② 画出描写其他几种兵马俑的神态和外形的句子;③ 用一个词语概括出这些兵马俑的特点;④ 如果你就是秦兵马俑的小导游,请你向游客作介绍。

于是,有的学习小组在组长的主持下,读课文、画句子、讨论问题、推荐小导游排练,有序地开展学习;有的学习小组因组内成员意见不一而争论不休;有的成员在活动中不积极配合小组活动,表现消极;有的则自己干自己的,默默无语;也有的东张西望、做小动作。

**3. 案例分析**

上述三个案例都是关于课堂合作学习的,但它们都存在一定的问题。

案例一,表面上是合作学习,但从学生的回答"认为长方形有两条对称轴……"、"我觉得应该如何如何"即可看出,并没有合作的成果,说明教师在组织教学时对合作学习的本质缺乏真正的理解。

案例二,"第三个同学刚开始说,只听见教师'啪啪啪'三击掌,全班学生立即坐正",这说明有的小组刚刚开始活动,教师就宣布停止探究合作学习的过程,这显然过于仓促,流于形式。

案例三,从实际情况可知,班级合作学习组织有点混乱,教师的指导没有跟上。

**4. 案例启示**

课堂教学中,合作教学越来越受到重视,教师应把握其精髓,灵活、充分、合理且有效地运用。

**5. 学海泛舟**

合作学习是当前教育界较为流行的一种学习方式。约翰逊和霍勒别克将合作学习定义为"一种以小组学习为形式,旨在促进学生合作从而达到最佳学习效果的教学方法"。

前苏联教育家阿莫纳什维利强调在合作的基础上建立师生关系,认为学生既是教育的客体又是教育的主体,于是形成了"合作教育学"。其"合作教育学"思想的核心是"师生之间的'合作',形成教师热爱学生——教师尊重学生——教师信任学生——教师严格要求学生——学生卓有成效地学习——学生信任教师——学生尊重教师——教师热爱学生这样一种'合作'的循环"。

**6. 智慧心语**

合作不仅是一种学习的方法,而且也是一种生活的态度,因此,在教育教学中,教师一定要让学生养成一种好的合作学习的习惯。一方面,明确个体责任。在运用小组学习时,最让教师担心的是有个别学生会尽可能地偷懒,这不仅使他自己丧失了学习的机会,也不利于调动小组的积极性。因此,小组的每个成员都要有为小组学习和组间竞争出力的责任心。教师要采取一定的措施让每个学生对小组有责任感,如让每个组员基于分工做出成绩。另一方面,倡导积极互助。在合作学习时,学生间的互助,不论是说还是写,都能提高学生的能力,因此,教师要发扬合作学习时学生的互帮精神。此外,确保平等参与。教师运用合作学习方式时,要保证让每一个学生都能参与学习,公平、公正地对待每一个学生。教师这样做,不但能让每一个成员有机会参与小组学习,而且也能提高他们在合作学习时的积极性。

# 参 考 文 献

1. 毕继万. 跨文化非语言交际[M]. 北京：外语教学与研究出版社,1999.

2. 曹长德. 教育学案例教学[M]. 合肥：中国科学技术大学出版社,2008.

3. 陈桂生. 教育闲评[M]. 上海：华东师范大学出版社,2007.

4. 陈继周. 中华优秀教育世家[M]. 济南：济南出版社,1998.

5. 陈善卿,顾绍华,邓之光. 教师修养[M]. 南京：南京大学出版社,1997.

6. 陈秀云,陈飞. 陈鹤琴全集(第四卷)[M]. 南京：江苏教育出版社,2008.

7. 陈学恂. 中国教育史研究(1～7卷)[M]. 上海：华东师范大学出版社,2009.

8. 陈友松. 教育学[M]. 武汉：湖北人民出版社,1985.

9. 仇忠海,李敬. 中学教育启示录. 上海：上海社会科学院出版社,2009.

10. 程晓军. 教师工作指导手册[M]. 长春：吉林大学出版社,2009.

11. 崔相录. 素质教育：中小学教育改革的主旋律[M]. 济南：山东教育出版社,1997.

12. 单中惠,朱镜人. 外国经典教育解读[M]. 上海：上海教育出版社,2004.

13. 党宇飞,周文涛. 中学教师语言与行为艺术[M]. 武汉：湖北教育出版社,2008.

14. 邓涛. 让学生爱上课堂：名师高效课堂的引导艺术[M]. 重庆：西南师范大学出版社,2008.

15. 方展画. 罗杰斯"学生为中心"教学理论述评[M]. 北京：教育科学出版社,1990.

16. 冯凤杰,杨俊,徐宝祥. 关于进一步加强和改进未成年人思想道德建设的若干意见[M].北京：开明出版社,2004.

17. 高帆.拿什么吸引学生：名师营造课堂氛围的经典细节[M].北京：九州出版社,2006.

18. 顾明远.思考教育[M].北京：首都师范大学出版社,2008.

19. 郭成.课堂教学设计[M].北京：人民教育出版社,2006.

20. 郭友,杨善禄,白蓝.教师教学技能[M].北京：首都师范大学出版社,1993.

21. 郭元祥.教师的20项修炼[M].上海：华东师范大学出版社,2008.

22. 郝永成.教海拾贝：教育教学案例荟萃[M].北京：国际文化出版公司,1999.

23. 何齐宗.教育原理与艺术[M].北京：中国社会科学出版社,2004.

24. 贺斌.零距离施教：名师和谐师生关系的构建艺术[M].重庆：西南师范大学出版社,2008.

25. 胡德海.人生与教师素养[M].上海：上海教育出版社,1996.

26. 胡东芳.教育新思维：东西方教育对话录[M].桂林：广西师范大学出版社,2003.

27. 胡涛.拿什么调动学生：名师生态课堂的情绪管理[M].重庆：西南师范大学出版社,2008.

28. 胡中锋.现代教育学[M].广州：广东高等教育出版社,2007.

29. 华东师范大学,浙江大学教育系.西方古代教育论著选[M].北京：人民教育出版社,2001.

30. 黄白兰.盲点：中国教育危机报告[M].北京：中国城市出版社,1998.

31. 黄甫全.新课程中的教师角色和教师培训[M].北京：人民教育出版社,2003.

32. 黄景玉,曾庆春,魏庭全.教师职业道德经典案例评析[M].西安：陕西师范大学出版社,2007.

33. 季羡林.胡适全集(第20卷)[M].合肥：安徽教育出版社,2003.

34. 焦晓骏.教师的智慧[M].福州：福建教育出版社,2007.

35. 金一鸣.教育原理[M].北京：高等教育出版社,2002.

36. 金忠明.教师教育的历史、理论与实践[M].上海：上海教育出版社,2008.

37. 金忠明,张彦杰. 和谐教育：文化意蕴与学校实践[M]. 上海：上海教育出版社,2010.

38. 金忠明,林炊利. 教师走出职业倦怠的误区[M]. 上海：华东师范大学出版社,2011.

39. 瞿葆奎. 教育学文集·教学[M]. 北京：人民教育出版社,1985.

40. 雷玲. 故事里有你的梦想：18位名师的精神档案[M]. 上海：华东师范大学出版社,2007.

41. 李冲锋. 教学技能应用指导[M]. 上海：华东师范大学出版社,2007.

42. 李剑萍,魏巍. 教育学导论[M]. 北京：人民出版社,2006.

43. 李茂. 今天怎样"管"学生：西方优秀教师的教学艺术[M]. 上海：华东师范大学出版社,2008.

44. 李明德,金锵. 教育名著评介（外国卷）[M]. 福州：福建教育出版社,2008.

45. 李如密. 教学艺术论[M]. 济南：山东教育出版社,1995.

46. 李淑华. 高中新课程·更有效的评价细节[M]. 重庆：西南师范大学出版社,2009.

47. 李镇西. 用心灵赢得心灵：李镇西教育讲演录[M]. 上海：华东师范大学出版社,2008.

48. 联合国教科文组织国际发展委员会. 学会生存——教育世界的今天和明天[M]. 北京：教育科学出版社,1996.

49. 林华民. 世界经典教育案例启示录[M]. 北京：农村读物出版社,2003.

50. 刘光前,张春悦. 中外教育名文100篇[M]. 海南：海南出版社,2007.

51. 刘国正. 中国著名特级教师教学思想录：中学语文卷[M]. 南京：江苏教育出版社,1996.

52. 刘济良. 生命教育论[M]. 北京：中国社会科学出版社,2004.

53. 刘良慧,张先华. 教育观念的革命[M]. 重庆：重庆大学出版社,2000.

54. 刘世斌. 引领学生高效学习：名师讲述如何提高学生课堂学习效率[M]. 重庆：西南师范大学出版社,2008.

55. 吕型伟. 吕型伟教育文集（第1卷）[M]. 上海：上海教育出版社,2007.

56. 孟庆男. 当代教学理论：概念问题与原理[M]. 长春：东北师范大学出版社,2006.

57. 南京师范大学教育系. 教育学[M]. 北京：人民教育出版社,1987.

58. 南京晓庄师范学校. 陶行知文集（上卷）[M]. 南京：江苏教育出版社,2008.

59. 欧阳芬,谭立义. 影响课堂教学实效的关键问题[M]. 长春：吉林大学出版社,2008.

60. 欧阳明. 读经典故事,悟教育智慧[M]. 成都：四川大学出版社,2007.

61. 裴娣娜. 教学论[M]. 北京：教育科学出版社,2007.

62. 商继宗. 教学方法：现代化的研究[M]. 上海：华东师范大学出版社,2001.

63. 汪风炎,燕良轼. 教育心理学新编[M]. 广州：暨南大学出版社,2006.

64. 王斌兴. 在欢乐中成长：名师讲述最具活力的课堂愉快教学[M]. 重庆：西南师范大学出版社,2008.

65. 王策三. 教学论稿[M]. 北京：人民教育出版社,1995.

66. 王道俊,王汉澜. 教育学[M]. 北京：人民教育出版社,1999.

67. 王汉澜. 王汉澜文集[M]. 开封：河南大学出版社,2007.

68. 王荣德. 现代教师人格塑造[M]. 天津：天津教育出版社,2004.

69. 文学荣. 做智慧的教师：提升课堂教学实效应关注的 55 个问题[M]. 成都：四川教育出版社,2006.

70. 吴式颖,任钟印. 外国教育思想通史（1～10 卷）[M]. 长沙：湖南教育出版社,2002.

71. 吴文侃. 当代国外教学论流派[M]. 福州：福建教育出版社,1990.

72. 夏正江. 一个模子不适合所有的学生：差异教学的原理与实践[M]. 上海：华东师范大学出版社,2008.

73. 肖川. 教育的理想与信念[M]. 长沙：岳麓书社,2002.

74. 肖红伟. 生命快乐成长的教育艺术[M]. 兰州：甘肃文化出版社,2005.

75. 谢利民. 教学设计应用指导[M]. 上海：华东师范大学出版社,2008.

76. 严永金. 让学生思维活跃起来：名师最能激发潜能的课堂提问艺术[M]. 重庆：西南师范大学出版社,2008.

77. 严育洪. 新课程教学问题讨论与案例分析[M]. 北京：首都师范大学出版社, 2006.

78. 鄢月钿. 优秀教师的十大标准[M]. 长春：吉林大学出版社, 2007.

79. 杨志军. 名师转变棘手学生的施教艺术：方法总比问题多[M]. 重庆：西南师范大学出版社, 2008.

80. 叶澜. 命脉[M]. 桂林：广西师范大学出版社, 2009.

81. 袁振国. 当代教育学[M]. 北京：教育科学出版社, 2004.

82. 张楚廷. 张楚廷教育文集(第9卷)[M]. 长沙：湖南教育出版社, 2007.

83. 张传燧, 纪国和. 课程与教学论[M]. 北京：人民教育出版社, 2008.

84. 张娟妙. 教师教学的十大误区[M]. 长春：吉林大学出版社, 2007.

85. 张利. 没有不上进的学生：名师最有效的激励机智[M]. 北京：九州出版社, 2006.

86. 张平. 教育的智慧[M]. 上海：上海教育出版社, 2009.

87. 张素玲, 巴兆成, 泰敬民. 生命教育[M]. 东营：中国石油大学出版社, 2007.

88. 张腾霄. 教育哲学漫谈[M]. 北京：人民教育出版社, 1996.

89. 张文质. 教育从心灵开始：名师讲述最能感动学生的心灵教育[M]. 重庆：西南师范大学出版社, 2008.

90. 赵国忠. 教师最需要什么：中外教育家给教师最有价值的建议[M]. 南京：江苏人民出版社, 2008.

91. 赵国忠. 透视名师课堂管理：名师课堂管理66个细节[M]. 南京：江苏人民出版社, 2007.

92. 赵国忠. 外国优秀教师最有效的建议[M]. 南京：南京大学出版社, 2009.

93. 赵小红. 学生品德问题与教育方案[M]. 北京：中国轻工业出版社, 2009.

94. 赵荣昌, 张济正. 外国教育论著选[M]. 南京：江苏教育出版社, 1990.

95. 郑杰. 给教师的一百条新建议[M]. 上海：华东师范大学出版社, 2004.

96. 中国大百科全书编辑部. 中国大百科全书(教育卷)[M]. 北京：中国大百科全书出版社, 1985.

97. 中华人民共和国教育部基础教育司. 素质教育案例精选(管理类、教学类、教育类)[M]. 北京：中华工商联合出版社,2002.

98. 中央教育科学研究所. 成仿吾教育文选[M]. 北京：教育科学出版社,1984.

99. 中央教育科学研究所. 董纯才教育文选[M]. 北京：教育科学出版社,2005.

100. 钟发全,张朝全. 教师笑着教育[M]. 长春：吉林大学出版社,2009.

101. 周成平. 外国优秀教师的教育特色[M]. 南京：南京大学出版社,2009.

102. 周成平. 外国优秀教师是如何教学的[M]. 南京：南京大学出版社,2009.

103. 朱永新. 新教育之思[M]. 济南：山东友谊出版社,2007.

104. 朱永新. 走近最理想的教育：著名教育家朱永新教育精华[M]. 桂林：漓江出版社,2007.

105. 王炳照,阎国华. 中国教育思想通史(1～8卷)[M]. 长沙：湖南教育出版社,1994.

106. (爱)弗兰克·M·弗拉纳根. 最伟大的教育家：从苏格拉底到杜威[M]. 卢立涛,安传达,译. 上海：华东师范大学出版社,2009.

107. (巴)保罗·弗莱雷. 被压迫者的教育学[M]. 顾建新,何曙荣,译. 上海：华东师范大学出版社,2001.

108. (德)第斯多惠. 德国教师培养指南[M]. 袁一安,译. 北京：人民教育出版社,1990.

109. (德)赫尔巴特. 普通教育学·教育学讲授纲要[M]. 李其龙,译. 北京：人民教育出版社,1989.

110. (德)卡尔·雅斯贝尔斯. 大学之理念[M]. 邱立波,译. 上海：上海人民出版社,2007.

111. (德)康德. 道德形而上学原理[M]. 苗力田,译. 上海：上海人民出版社,2005.

112. (德)鲁道夫·奥伊肯. 生活的意义与价值[M]. 万以,译. 上海：上海译文出版社,1997.

113. (法)保尔·朗格朗. 终身教育引论[M]. 周南照,陈树清,译. 北京：中国对外翻译出版公司,1985.

114. （法）卢梭.爱弥儿——论教育（上卷）[M].李平沤,译.北京：人民教育出版社,2001.

115. （古罗马）昆体良.昆体良教育论著选[M].任钟印,译.北京：人民教育出版社,1989.

116. （加）马克斯·范梅南.教学机智：教育智慧的意蕴[M].李树英,译.北京：教育科学出版社,2001.

117. （捷）夸美纽斯.大教学论[M].傅任敢,译.北京：人民教育出版社,1984.

118. （美）奥苏贝尔,诺瓦克,墨伊西.教育心理学：认知观点[M].余星南,宋钧,译.北京：人民教育出版社,1994.

119. （美）巴格莱.教育与新人[M].袁桂林,译.北京：人民教育出版社,1996.

120. （美）伯克.与问题学生过招[M].郑莉,译.北京：中国轻工业出版社,2008.

121. （美）杜威.民主主义与教育[M].王承绪,译.北京：人民教育出版社,1990.

122. （美）拉齐尔.多元智能教学的艺术：八种教学方法[M].吕良环,等,译.北京：中国轻工业出版社,2004.

123. （美）莫里斯·比格.实证相对主义：一个崭新的教育哲学[M].金冬日,译.上海：上海译文出版社,1980.

124. （美）皮亚杰.教育科学与儿童心理学[M].傅统先,译.北京：文化教育出版社,1981.

125. （美）托德·威特克尔.优秀教师一定要知道的14件事[M].赵菲菲,译.北京：中国青年出版社,2006.

126. （美）雅各布斯,等.合作学习的教师指南[M].杨宁,卢杨,译.北京：中国轻工业出版社,2005.

127. （日）福泽谕吉.福泽谕吉教育论著选[M].王桂,译.北京：人民教育出版社,1991.

128. （日）小原国芳.小原国芳教育论著选（上、下卷）[M].刘剑乔,由其民,吴光威,译.北京：人民教育出版社,1993.

129. （瑞）裴斯泰洛奇.林哈德与葛笃德（下册）[M].北京编译社,译.北京：

人民教育出版社,1984.

130.（苏）巴班斯基.教育学[M].李子桌,等,译.北京：人民教育出版社,1986.

131.（苏）凯洛夫.教育学[M].陈侠,译.北京：人民教育出版社,1951.

132.（苏）克鲁普斯卡娅.克鲁普斯卡娅教育文选（上卷）[M].卫道治,译.北京：人民教育出版社,1987.

133.（苏）马卡连柯.论共产主义教育[M].刘长松,杨慕之,译.北京：人民教育出版社,1957.

134.（苏）苏霍姆林斯基.育人三部曲[M].毕淑芝,译.北京：人民教育出版社,1998.

135.（苏）苏霍姆林斯基.给教师的一百条建议[M].周蕖,等,译.天津：天津人民出版社,1981.

136.（苏）维果茨基.维果茨基教育论著选[M].余震球,译.北京：人民教育出版社,2005.

137.（苏）乌申斯基.乌申斯基教育文选[M].张佩珍,等,译.北京：人民教育出版社,1991.

138.（意）玛利亚·蒙台梭利.蒙台梭利方法[M].江雪,编译.天津：天津人民出版社,2003.

139.（英）赫胥黎.科学与教育[M].单中惠,平波,译.北京：人民教育出版社,2005.

140.（英）洛克.教育漫话[M].傅任敢,译.北京：人民教育出版社,1985.

141. http://home. liyueer. com/

142. http://www. being. org. cn/

143. http://www. bjyqqz. cn/jiaoan/html/? 224. html

144. http://www. hclx. com. cn/teacher/list. asp? id=5352

145. http://www. moe. edu. cn/edoas/website18/56/info7256. htm

146. http://www. yuwen123. com/bzr/20060331193358. html

147. http://www. zxjy. org/s-sitel/? action-viewnews-itemid-11158

148. www. china-holiday. com/blog/user/356/arch